Kurt Kuch
LAND DER DIEBE

Kurt Kuch

LAND DER DIEBE

ecoWIN

Kurt Kuch
Land der Diebe

FSC
Mix

Produktgruppe aus vorbildlich bewirtschafteten Wäldern
und anderen kontrollierten Herkünften

Zert.-Nr. SGS-COC-004295
www.fsc.org
© 1996 Forest Stewardship Council

Das für dieses Buch verwendete FSC-zertifizierte Papier
EOS lieferte Salzer, St. Pölten

Umschlagidee und -gestaltung: kratkys.net

1. Auflage
© 2011 Ecowin Verlag, Salzburg
Lektorat: Dr. Arnold Klaffenböck, Christine Niedermaier MA
Rechtliche Beratung: Lansky, Ganzger & Partner
Coverillustration: Robert Kratschke
Gesamtherstellung: www.theiss.at
Gesetzt aus der Sabon
Printed in Austria
ISBN 978-3-7110-0009-5

1 2 3 4 5 6 7 8 / 13 12 11

www.ecowin.at

Inhaltsverzeichnis

Vorwort 9

Ein vernichtender Bericht und seine Folgen 23
Der österreichische Weg: Wollen ja – müssen nein 25
Das Antikorruptionsgesetz wird kastriert 37
Warum Korruption in Österreich nur halbherzig
bekämpft wird 40
Das vernichtende Ergebnis 46
Part of the game 49
Die „Privatiers" 53
Die Wende als Korruptionsturbo 58
Der Fall Habsburg 63
Der Spitzelskandal und sein absehbares Ende 68
Meine Rolle als Beschuldigter 76
Dieter Böhmdorfer – Haiders Anwalt wird Justizminister 80
Der Fall Meischberger 83
Walter Meischberger und das Geschäft seines Lebens 87
Die „New Economy" des Karl-Heinz Grasser 98
Die Eurofighter – und ein Kaufvertrag,
der geheim bleiben sollte 102

Die Tücken des Vertrages 108

87.600 Euro vom Lobbyisten 113

Das Business der Lobbyisten 116

Die Russen, ihr Spion und die hofierten
Eurofighter-„Experten" 120

Ein Trojanisches Pferd in den Reihen der SPÖ 126

Ernst Strasser – ein Lobbyist und Berater im
EU-Parlament 131

Ein erkaufter Rücktritt – der Fall Gaugg 136

Die Akte Hypo Alpe Adria 142

Wolfgang Kulterer – der Banker mit den exzellenten
Connections 147

Der Fall Styrian Airways 148

Der Fall Guggenbichler 152

Der erste Kärntner Hypo-Untersuchungsausschuss 155

Ein Millionengeschenk für einen Politiker 157

Exkurs: Justizielle Sonderbehandlung für Politiker 159

Kulterer hofft auf eine politische Intervention
in seinem Strafverfahren 163

Ein Landeshauptmann, der lügt und Geld einfordert 167

Der Kärntner Fußball und die Bestechung eines
Amtsträgers 171

Sechs Millionen Euro für sechs Seiten 176

Wie Enthüllungen verhindert werden sollten –
durch kräftige Mithilfe der Justiz 180

Die letzte Amtshandlung der Regierung Schüssel	187
Der schöne Franz und ein brisantes Tagebuch	189
Koloinis Erzählungen über Haider-Millionen in Liechtenstein	195
Die Abhörprotokolle: „Wo woar mei Leistung?"	197
Ein Finanzminister vergisst seine Steuern zu bezahlen	204
Grassers Stiftungen in Liechtenstein	208
Walter Meischberger: Kosten der Abgabenverkürzung als „Betriebsausgabe"	210
Der Fall Toifl – von Meischberger bis zur Formel 1	212
Der Fall Bawag und Verfahren, die nicht stattfinden	216
Das Versagen der Klagenfurter Staatsanwaltschaft in der Causa Hypo	220
Wie Parteienfinanzierung wirklich funktioniert	223
Epilog	231

Vorwort

Wie lange muss man arbeiten, um knapp acht Millionen Euro abzucashen? Keine zwei Monate. Vorausgesetzt, man hat die richtigen Freunde. „Haberer" nennt man solche „Freunde" in Wien. Wer die richtigen Haberer hat, nämlich jene, die Machthaber im wahrsten Sinn des Wortes sind, der braucht in Österreich auch keine überbordende oder gar forsche Strafverfolgung fürchten.

Verfahren werden verschleppt, Ermittlungsaufträge bleiben aus, Legionen hoch bezahlter Staranwälte stehen Staatsanwälten gegenüber, die unter widrigsten Bedingungen zahllose Fälle im Akkord abarbeiten müssen. Aussagen wichtiger Zeugen werden in die Akteneinsicht gelegt, wo sie die Anwälte von Beschuldigten einsehen können, bevor jene Ermittlungsschritte gesetzt werden können, die Licht ins Dunkel bringen könnten.

Jene Sonderstaatsanwaltschaft, die zielgerichtet Korruption, Amtsdelikte und Wirtschaftskriminalität bekämpfen soll, die Korruptionsstaatsanwaltschaft (KStA), wird systematisch ausgehungert. „40 Staatsanwälte" seien seiner Behörde zugesagt worden, beschwerte sich der Leiter der KStA, Walter Geyer, beim „Wiener Rechtssalon" im Januar 2010. Sieben Staatsanwälte hat Geyers Behörde bekommen. Nur zum Vergleich: In der Schweiz sind 40 Staatsanwälte und 20 Experten mit derselben Thematik befasst. Im Rahmen seines Referats brachte Geyer auch gleich aufs Tapet, was Sache ist. Die Grenzen zwischen Lobbying und Korruption verschwimmen in Österreich: „Früher ist ein Kuvert übergeben worden. Heute schreibt man ‚Beratertätigkeit' drauf."

Wenig überraschend ist das Interesse der verantwortlichen Politiker, Geyers Behörde personell vernünftig auszustatten, enden wollend. Das Desinteresse hat gute Gründe, die in diesem Buch umfassend erörtert werden.

Hat ein Fall einen politischen Zusammenhang oder ist ein Politiker involviert, muss der jeweilige Staatsanwalt vor jedem wichtigen Ermittlungsschritt seine vorgesetzten Dienststellen informieren. Nach wie vor sind Staatsanwälte weisungsgebunden. Sprich: Sie haben Anweisungen übergeordneter Stellen Folge zu leisten. An der Spitze der Weisungspyramide steht selbstverständlich die Politik. Der Vorschlaghammer einer Weisung ist im System Österreich jedoch nur von geringer Bedeutung – und auch gar nicht notwendig, um unliebsame Ermittlungen zu torpedieren.

Wer in Österreichs Justiz Karriere machen will, sollte ohnehin wissen, wie er sich zu verhalten hat. Transparenz gibt es faktisch keine. Bis heute müssen Verfahrenseinstellungen nicht öffentlich und umfassend begründet werden. Praktischerweise schützt das Amtsgeheimnis dann auch noch jene, die kein Interesse daran haben, dass öffentlich wird, warum Ermittlungsschritte verzögert werden, warum Verfahren eingestellt werden, warum Anklagen unterblieben.

Gleichzeitig wird nach Kräften versucht, eine umfassende und präzise Information der Öffentlichkeit zu verhindern oder zumindest substanziell einzuschränken. In Österreich ist selbst das Steuergeheimnis stärker als das Recht der Öffentlichkeit, über Fakten präzise informiert zu werden. Wer Steuern hinterzieht, hat gute Chancen, dass dies nie publik wird. Das ist selbst dann der Fall, wenn die hinterzogenen Mittel aus Umsätzen stammen, die durch Verkäufe an die Republik erzielt wurden und dadurch mit Steuerzahlergeld bezahlt worden sind.

Österreich hat ein schlampiges Verhältnis zu vielem. In Deutschland wäre es undenkbar, dass ein Politiker rechtskräftig wegen Steuerhinterziehung vom Obersten Gerichtshof verurteilt wird, ihm wenig später sein freies Mandat abgekauft wird, er dieses Geld wieder nicht versteuert und kurz darauf als wohlbestallter Intimfreund des amtierenden Finanzministers die Chance bekommt, innerhalb weniger Tage mehr Geld zu verdienen, als dies ein Durchschnittsverdiener in mehr als 400 Jahren tun könnte. Die Voraussetzung für so ein Geschäft: Die richtigen Freunde. Haberer eben. Die Leistung: Die Beschaffung einer einzigen Zahl, nämlich jene Anbotshöhe, bei der abzusehen ist, dass ein Bieter den Zuschlag bei der Versilberung von Vermögen der Republik erhält, ohne dass es zu einem preistreibenden Lizitieren kommt. In derartigen Zusammenhängen kann es dann schon mal passieren, dass sich Jahre später Kabarettisten darüber lustig machen, dass Fragen wie „Wo woar mei Leistung?" auftauchen.

Und richtig: Auch diese Provisionsmillionen für die Beratungsleistungen bei der oben genannten Privatisierung flossen an der Finanz vorbei. Über Zypern nach Liechtenstein, wo sich die Spuren verlieren, weil enorme Beträge bar behoben wurden.

Erst als nach dem Crash eines Immobilienkonzerns ruchbar wird, dass die Millionenprovision geflossen ist, wird Selbstanzeige bei der Finanz erstattet. Möglicherweise war diese Selbstanzeige sogar „rechtzeitig" und daher strafbefreiend. Denn solange eine Selbstanzeige einlangt, bevor die zuständige Finanzbehörde Ermittlungen eingeleitet hat, gilt sie als strafbefreiend.

Die Aussage, dass bei diesem Geschäft eine Provision geflossen ist, war zum Zeitpunkt der aller Voraussicht nach strafbefreienden Selbstanzeige schon mehrere Monate alt. Trotzdem gab es offenbar keine „rechtzeitig" eingeleiteten Ermittlungen der zuständigen Behörden. Die Kommunikation zwischen Justiz- und Finanzbehörden hat in diesem Fall schlicht versagt.

Beschuldigte sprechen ihre Aussagen ab, Anträge auf U-Haft unterbleiben. Es wird nicht einmal gewagt, die Telefonanschlüsse des prominentesten Beschuldigten auch abhören zu lassen. So aber ist die Justiz darauf angewiesen, mehr oder weniger zufällig mithören zu dürfen, wenn der prominente Beschuldigte mit weniger prominenten Beschuldigten, deren Anschlüsse abgehört werden, telefoniert.

Wir sind eben in Österreich, nicht in Deutschland und schon gar nicht in Skandinavien. Wien liegt nicht nur aus geografischer Sicht östlich von Prag. Dazu kommt: Österreich hat eine langjährige Tradition an politischen Affären, bei denen es im Wesentlichen immer um dasselbe ging: Geld und Parteipolitik. Die Liste der Skandale mit politischen Verwicklungen ist lang: der AKH-Skandal, die Affäre Lucona, der Noricum-Skandal, der WEB-Skandal, die Affäre um die Bundesländer-Versicherung, der WBO-Skandal, die Konsum-Pleite, der Bawag-Skandal, um nur die schlagzeilenträchtigsten Fälle zu nennen. Einschneidende Konsequenzen wurden aus den Erfahrungen dieser Causen nicht gezogen. Wohl wurden einzelne Protagonisten verurteilt, grundlegende Änderungen des Systems, der Gesetzgebung oder der Ressourcen der Strafverfolgungsbehörden unterblieben jedoch.

In Deutschland treten Politiker zurück, weil sie dienstrechtlich erworbene Flugmeilen privat genutzt oder weil sie bei der Doktorarbeit abgeschrieben haben. In Österreich fahren Politiker auch privat Autos, die ihnen gar nicht gehören, die ihnen im Fall der Fälle „geborgt" wurden. Ruchbar wird das nur bei Unfällen oder alkoholbedingten Verkehrskontrollen. Angesichts der Tatsache, dass es in Österreich möglich ist, als Finanzminister zu „vergessen", seine Steuern zu zahlen, erscheinen derartige Autogeschichten fast schon als vernachlässigbare Bagatelle. In Österreich treten Politiker selbst dann nicht zurück, wenn sie wie Peter Westenthaler oder Susanne Winter gerichtlich verurteilt werden.

Ein Finanzminister zahlt während seiner Amtszeit einen Teil seiner Steuern nicht? In welchem westeuropäischen Land ist Derartiges noch publik geworden? Wo gab es einen vergleichbaren Fall?

Anderswo wird mit Monitoring-Systemen die Vermögensentwicklung von Politikern und Spitzenbeamten kontrolliert. Dort wäre es gar nicht möglich, dass höchstrangige Politiker auf die Zahlung von Steuern vergessen können.

In Österreich gibt es nur eine sehr oberflächliche Liste, die beim Portier des Parlaments eingesehen werden darf. Dort tragen unsere Nationalratsabgeordneten die Namen jener Firmen ein, von denen sie Geld für diverse Tätigkeiten bekommen. Eine falsche oder gar keine Meldung abzugeben, hat keine Konsequenzen. Fehlverhalten wird nur in Ausnahmefällen publik und wurde bisher in keinem einzigen Fall sanktioniert.

Noch schlimmere Zustände gibt es auf der Ebene der Landtage, wo die Liste der Nebeneinkommen ein noch unscheinbareres Dasein führt, das von Land zu Land verschieden geregelt wird. Ein interessanter Fall sei erwähnt: Im Herbst 2010 machte ich öffentlich, dass der FPÖ-Chef Heinz-Christian Strache von einer Ofenrohrfirma über einen längeren Zeitraum hinweg Honorare für die „Marktbeobachtung" in Kroatien erhalten hatte. Diese Honorare betrafen eine Zeit (bis Januar 2005), in der Strache noch Abgeordneter des Wiener Landtags war. Wie spätere Recherchen ergaben, fand sich in der Liste, die nach dem Bezügebegrenzungsgesetz vom Wiener Landtagspräsidenten geführt wird, kein Hinweis auf ein derartiges Einkommen. Dass ein Verstoß gegen das Bezügebegrenzungsgesetz vorläge, wurde vom Freiheitlichen Rathausklub jedenfalls vehement dementiert. Die Beantwortung der eigentlich spannenden Frage, nämlich wie man sich die Beobachtung des kroatischen Ofenrohrmarktes durch den heutigen FPÖ-Chef vorstellen muss und wie viel Geld dafür insgesamt bezahlt wurde, blieb jedoch aus.

Minister wiederum müssen dem Unvereinbarkeitsausschuss des Parlaments melden, über welche Vermögenswerte sie verfügen. Tun sie das nicht oder nur unvollständig, passiert auch nicht viel. Wer soll denn auch überprüfen, ob die Angaben stimmen oder unvollständig sind?

Minister umgehen Unvereinbarkeitsgesetze durch kreative, juristisch nicht zu beanstandende Lösungen und lukrieren so völlig legal Erträge aus privatwirtschaftlicher Tätigkeit. Ein Justizminister bekommt Monat für Monat Geld von einer Rechtsanwaltskanzlei – und das völlig legal.

Österreichs Wähler erfahren nur in Ausnahmefällen, wer auf wessen Payroll steht, wer für welche Leistung oder Unterlassung Geld bekommt, wer wessen Interessen vertritt und dafür welche Summe erhält.

Noch wesentlich intransparenter als bei Nebeneinkünften und der Vermögensentwicklung von Politikern verhält es sich in Österreich mit der Transparenz und Nachvollziehbarkeit von Parteispenden.

Parteispenden müssen hierzulande nicht einmal gestückelt werden, um gesetzliche Schranken zu umgehen. In Österreich darf jeder jeder Partei jede Summe zukommen lassen, ohne dass er Gefahr läuft, dass dies publik wird oder gar verboten sein könnte. Unser Gesetz schützt Partei und Spender. Und es hat noch eine Besonderheit: Dem Gesetz fehlt die Sanktion. Es ist praktisch unmöglich, gegen das heimische Parteienfinanzierungsgesetz zu verstoßen. Und für die Justiz ist es faktisch unmöglich, zu beweisen, dass die Spende X für die Vornahme der Amtshandlung Y erfolgt ist. Denn nur wenn dieser Zusammenhang zweifelsfrei bewiesen werden kann, könnte unter Umständen ein Straftatbestand nachgewiesen werden.

Österreich ist daher nicht ohne Grund ein Paradies für Lobbyisten und Geschäftemacher. Nirgendwo sonst in Europa ist es derart einfach, Einfluss auf die Gesetzgebung und die Vollziehung dieser Gesetze zu gewinnen. Denn es gibt einen gesetzlich garantierten Persilschein für allerlei Vorgänge, bei denen in den meisten zivilisierten Ländern Geld- und Haftstrafen drohen. Passieren doch Ausrutscher und droht die Strafverfolgung, greifen andere Mechanismen: Die Berichtspflicht zwingt die Staatsanwälte, sich jeden Ermittlungsschritt in Richtung Politik von ebendieser im Vorfeld absegnen zu lassen.

Da darf es auch nicht wundern, dass ein Bankdirektor, gegen den ermittelt wird, versucht, Kontakt zu einem Parteichef zu knüpfen. Der Banker weiß nur zu gut, dass es die Politik ist, für die es eine Leichtigkeit darstellt, Einfluss auf ein laufendes Strafverfahren nehmen zu können.

Gelingt es nicht, ein Verfahren niederzuschlagen, werden andere Mechanismen aktiviert. Dann wird eben darauf gedrängt, ein kurzes und schnelles Verfahren durchzuführen. Selbst bei Causen mit vergleichsweise geringem politischen Zusammenhang gibt es immer wieder schnelle Anklagen, deren Inhalt jeder Beschreibung spottet: Schon bei der Anklageerhebung ist allen Beteiligten klar, wie das Verfahren enden wird, da wesentliche Fakten nicht angeklagt wurden, junge Staatsanwälte im letzten Moment für den eigentlichen Ankläger einspringen müssen und Ähnliches mehr.

Auch der umgekehrte Weg wird oft gegangen: Verfahren werden so lange verschleppt, dass ein zeitnahes Aufarbeiten skandalöser Causen unmöglich gemacht wird. Die strafrechtliche Aufarbeitung des pleitegegangenen Papierhändlers Libro dauerte beispielsweise fast zehn Jahre. Andere Causen mit prominenten Darstellern sind nach Jahren weder anklagereif noch fertig ermittelt, die Ankläger wurden aus unterschiedlichsten Gründen mehrfach ausgetauscht, Sachverständige benötigten Jahre für ihre Gutachten, die Verantwortlichen für die Causen wurden bis heute nicht zur Rechenschaft gezogen.

Österreich funktioniert in diesem Punkt nicht viel anders als Italien. Mit einem Unterschied: Bei uns werden keine Richter und Staatsanwälte physisch attackiert oder gar bedroht. Das ist auch nicht notwendig. Das Wechselspiel zwischen einzelnen Richtern und Staatsanwälten mit hoch bezahlten Anwälten, der Politik und der Wirtschaft, all das sorgt schon im Vorfeld dafür, dass wenig schiefgehen kann.

Und tritt dann doch einmal der Fall einer rechtskräftigen Verurteilung ein, dann passiert es in diesem Land auch, dass darauf vergessen wird, dem Verurteilten den Haftantrittsbescheid zuzustellen.

Umso weniger darf es verwundern, wenn Österreich in internationalen Korruptionsrankings Jahr für Jahr Plätze verliert und immer weiter nach hinten rutscht.

Der Titel dieses Buches „Land der Diebe" muss auch in diesem Sinne verstanden werden: Es geht nicht um Ladendiebstahl und auch nicht um Trickbetrug im Bagatellbereich.

Es geht um das systematische und zielgerichtete Ermöglichen von Korruption.

Dieses Land wird seiner zukünftigen wirtschaftlichen Prosperität beraubt, indem Korruption und Nepotismus ermöglicht und zugleich Kontrollmechanismen ausgeschaltet werden. Für vieles – beispielsweise für die Beschaffung von militärischem Gerät – wird „nationales Interesse" vorgeschoben, um Transparenz hintanzuhalten. Dabei sollte etwas anderes von „nationalem Interesse" sein: nämlich die wirtschaftliche Entwicklung Österreichs voranzutreiben.

Das Zulassen oder gar Ermöglichen von Korruption ist somit nichts anderes als Diebstahl an der Zukunft dieses Landes.

Während wir intensive Diskussionen um längst überfällige Reformen im Bildungs-, Gesundheits- und Sozialbereich führen, die regelmäßig damit enden, dass die Finanzierung dieser Investitionen in die Zukuft des Landes nicht leistbar wären, werden widerspruchs- und alternativenlos Milliarden von Euro in die Sanierung von Pleiten gebuttert, die einen unzweifelhaft politischen Hintergrund haben. Das beste Beispiel dafür ist zweifellos der Crash der Hypo Alpe Adria.

Das Geld, mit dem Österreichs Steuerzahler die einstige Haus- und Hofbank Jörg Haiders retten mussten, würde ausreichen, um jede Bildungsreform einschließlich des freien Zugangs zu Universitäten und noch vieles mehr zu finanzieren. Nicht ein Wachzimmer in Österreich müsste geschlossen werden und die Justiz könnte endlich jene Ressourcen bekommen, die sie vor allem im Bereich der Wirtschaftskriminalität dringend benötigt.

Doch statt Investitionen in die Zukunft des Landes tätigen zu können, werden wir immer öfter damit konfrontiert, mit Milliarden Euro an ohnehin knappem Steuerzahlergeld die Folgeschäden der fehlenden Korruptionsbekämpfung und der Begünstigung politisch motivierter Wirtschaftskriminalität beseitigen zu müssen. Daran wird sich auch in naher Zukunft nichts ändern.

Der Fall der Bank Burgenland vor mehr als zehn Jahren hätte eigentlich Anlass geboten, darüber nachzudenken, ob einzelne Bundesländer nicht unverantwortlich hohe Haftungen für ihre Landesbanken eingehen.

Passiert ist nichts. Im Gegenteil. Trotz der SWAP-Affäre der Hypo in Kärnten, bei der Spekulationsverluste durch Bilanzfälschung vertuscht wurden und nach deren Enthüllung es Verurteilungen gab, wurde die Summe der Landeshaftungen für völlig unkontrolliert und unverantwortlich handelnde Finanzinstitute bis ins Unermessliche erhöht. Die Haftung des Landes Kärnten für die Hypo überstieg das jährliche Landesbudget (mit dem ohnehin nie das Auslangen gefunden wurde) um mehr als das Zehnfache.

Als der absehbare Crash dann eintrat, war das Land selbstverständlich nicht in der Lage, für die Haftungen geradezustehen. Schon vorher wusste jeder Involvierte, dass die Republik – und damit alle Steuerzahler vom Boden- bis zum Neusiedlersee – die Zeche für die Kärntner Festspiele wird bezahlen müssen, da Kärnten dazu niemals in der Lage wäre.

Doch auch nach der teuren Rettung der Hypo durch den Bund wurden die Spielregeln nicht geändert. Warum eigentlich nicht? Fehlt der Mut, fehlt die Kompetenz oder geht es hier gar um Vorsatz?

Diese Politik der Mutlosigkeit in Sachen Korruptionsbekämpfung, des Inkaufnehmens gigantischer finanzieller Schäden, beraubt die verantwortlichen Politiker ihres Gestaltungsfreiraums. Die Frage nach der Umsetzung eigener politischer Ziele tritt mangels Finanzierbarkeit zunehmend in den Hintergrund. Denn der fehlende finanzielle Rahmen lässt schon lange keinen großen Wurf mehr zu. Vielmehr geht es um das pragmatische Verwalten der Sünden der Vergangenheit, um das Managen der Altlasten, ohne dass dies für allzu viele Wellen bei der potenziellen Wählerschaft sorgt.

Hat in Kärnten jemand wirklich wahrgenommen, was bei der Hypo-Pleite eigentlich passiert ist? Dass das Land ohne Hilfe aller Österreicher auf Jahrzehnte hin ins totale Finanzchaos gefallen wäre? Ich denke nicht.

Gab es Konsequenzen für die verantwortlichen Politiker, die diesen Zustand mitverursacht haben? Nein.

Denn Wähler und Steuerzahler sind eben auch keine echten Shareholder. Wohl war beispielsweise die Hypo Alpe Adria als Aktiengesellschaft organisiert, mitzureden hatten die Kärntner aber nichts – sie durften lediglich ungefragt Haftungen in Höhe von mehr als 20 Milliarden Euro übernehmen.

Man stelle sich vor, bei einer Generalversammlung der Bank wären die Mitbesitzer der Bank, somit alle Kärntner, damit konfrontiert gewesen, dass ein Milliardenverlust vorliegt, für den sie jetzt gleich an Ort und Stelle persönlich in Anspruch genommen werden. Jeder Kärntner, ob Kleinkind oder Greis, müsste innerhalb kürzester Zeit mehrere tausend Euro für die verantwortungslosen Haftungsübernahmen seiner Politiker auf den Tisch legen. Ob die Wahrnehmung über die Geschehnisse dann eine andere wäre? Mit Sicherheit.

Ob dann wohl eine Debatte darüber eingesetzt hätte, wie es zu dem Finanzdesaster kommen konnte? Es macht eben einen Unterschied, ob ein Problem – in diesem Fall Milliarden Euro an Schulden und Haftungen – einfach nur an die öffentliche Hand delegiert und damit die Lösung der Angelegenheit an die nächste Generation weitergereicht wird, oder ob der verursachte Schaden gleich bezahlt werden muss.

So aber gibt es (scheinbar) keine Konsequenzen. Und heute melden sich im neuen Aufsichtsrat ehemalige Politiker, die ernsthaft davon sprechen, den Blick wieder in die Zukunft zu richten und die Vergangenheit Vergangenheit sein zu lassen.

Ganz so, als wäre nichts passiert.

Ganz so, als wäre es nicht bitter nötig, ein für alle Mal aufzuklären, wer welchen Anteil am Debakel trägt. Dabei geht es nicht nur um strafrechtlich relevante Verantwortung, sondern ganz besonders um die politische Verantwortung.

Es geht um einfache und ganz konkrete Fragen: Wie war es möglich, dass Kredite von Politikern in Millionenhöhe ganz einfach wertberichtigt wurden? Dass Millionen Euro von Steuerzahlergeld auf diesem Weg von unten nach oben umverteilt wurden? Warum konnte eine kleine Clique von Politikern, Managern, echtem Adel und Geldadel ein Vermögen am Verkauf der Bank an die Bayern verdienen, während die Steuerzahler in Österreich und Deutschland dasselbe Geschäft mehrere Milliarden Euro kostet?

Wer war da im Aufsichtsrat? Haben diese Aufsichtsräte ihre Kontrollrechte überhaupt verantwortungsvoll ausgeübt? Gibt es Möglichkeiten, die ehemaligen Aufsichtsräte zivilrechtlich zur Verantwortung zu ziehen? Fragen über Fragen, die bisher öffentlich kaum gestellt geschweige denn beantwortet wurden.

Welche Lehren zog die Bundespolitik aus dem Desaster? Wurden Haftungsobergrenzen für Bundesländer oder andere öffentliche Körperschaften eingeführt? – Nein. Es geht weiter wie bisher.

Wurden Antikorruptionsgesetze verschärft? – Nein. Das Gegenteil ist der Fall. Das einzige Gesetz, das dieses Land hatte und das diesen Namen verdiente, wurde entschärft.

Wurden Monitoring-Systeme eingerichtet, mit denen die Vermögensentwicklung von Politikern, Spitzenbeamten und Managern in Unternehmen, an denen die öffentliche Hand beteiligt ist, überwacht werden? – Nein.

Müssen Politiker oder Parteien ihre Nebeneinkünfte oder Spenden detailliert offenlegen? – Nein.

Wurde das Parteienfinanzierungsgesetz westlichen Mindeststandards angepasst? – Nein.

Wurden die Prüfkompetenzen von Rechnungshöfen auf zumindest jenes Maß erweitert, das heute in fast ganz Osteuropa und zum Teil sogar in der Türkei Standard ist? – Nein.

Wurden Landesrechnungshöfe in eine tatsächliche Unabhängigkeit entlassen? Die Amtsdauer ihrer jeweiligen Leiter verlängert, deren Wiederwählbarkeit abgeschafft, die Initiativprüfungsrechte eingeführt oder ausgeweitet, ihre Kompetenzen österreichweit angeglichen? – Nein.

Wurde das strenge Medienrecht entschärft, die Umgehung des Schutzes des Redaktionsgeheimnisses gesetzlich verboten, wurde das aus der Zeit der Monarchie stammende Amtsgeheimnis den Erfordernissen eines modernen Rechtsstaates im 21. Jahrhundert angepasst? – Nein.

Wurden die Ressourcen der Staatsanwaltschaften der Masse an anhängigen Verfahren angepasst, damit eine zeitnahe Verurteilung von Tätern möglich wird? – Nein. Das Gegenteil ist der Fall: Eine Flut von Fällen klafft wie eine offene Wunde im Bewusstsein jener Angehörigen der Justiz, für die Strafverfolgung noch mehr ist als das Administrieren von Akten- und Karteileichen: Aliyev, Buwog, Bawag, Immofinanz, Constantia Privatbank, Hypo Alpe Adria, Hypo Niederösterreich, Libro, Meinl, Skylink …

Diese Liste einschlägiger Verfahren, die oft seit Jahren anhängig sind, ist bei Weitem nicht vollständig. Trotzdem: Bei vielen dieser Verfahren ist noch nicht einmal absehbar, wann sie anklagereif oder gar rechtskräftig abgeschlossen sein werden.

Gäbe es einschlägige gesetzliche Regelungen, wie sie international längst üblich sind, könnten diese Verfahren ungemein beschleunigt werden. Bisher hat die Politik jedoch davon abgesehen, derartige Regeln auch in Österreich einzuführen. Wohl war für den 1. Januar 2011 wenigstens die Einführung einer Kronzeugenregelung geplant. Jetzt heißt es, dass die Kronzeugenregelung im Herbst 2011 eingeführt werden soll.

Beamte müssen in Österreich noch immer damit rechnen, dass sie sich selbst der Strafverfolgung aussetzen, wenn sie auf offensichtliche Missstände hinweisen. In seiner derzeitigen Form schützt das Amtsgeheimnis Obrigkeit und Täter, die nicht selten identisch oder eben „verhabert" sind.

Und noch etwas: Bankräubern wird nach ihrer Verhaftung die Beute abgenommen. Aber wie sieht es bei Wirtschaftskriminellen im Nadelstreif aus, die eine Bank ausräumen? Wird denen auch ihre Beute abgenommen? Nicht zwingend.

Das Thema „Abschöpfung bei unrechtmäßiger Bereicherung durch eine Straftat" steckt in Österreich seit Jahren in den Kinderschuhen. Selbst der Rechnungshof hat das schon mehrfach beanstandet.

Und zuletzt: Wurde mehr Transparenz geschaffen, die Pressefreiheit gestärkt, damit die vierte Macht im Staat die Wähler und Steuerzahler halbwegs ungehindert über die oben genannten Straftaten und deren oft mangelnde strafrechtliche Würdigung informieren kann? – Nein. Von einem Informationsfreiheitsgesetz, von einem Rechtsanspruch auf Information, gar einem „Freedom of Information Act", ist unser Land so weit entfernt wie Grinzing von Göteborg.

Da die Gesetze in Österreich eben so sind, wie sie sind, wurde der komplette Inhalt dieses Buches durch eine parlamentarische Anfrage des Abgeordneten Karl Öllinger immunisiert. Denn auch die penible Prüfung des Inhaltes dieses Buches durch den profilierten Medien- und Strafrechtsexperten Dr. Gerald Ganzger von der Kanzlei Lansky, Ganzger und Partner schützt nicht vor medien-, straf- oder zivilrechtlichen Klagen, die durch die Erörterung zahlreicher Fakten ausgelöst werden können.

Dieses Buch erhebt auch keinen Anspruch auf Vollständigkeit. Die ausgewählten Fallbeispiele und Causen geben lediglich einen auszugsweisen Überblick über die Vorkommnisse in Österreich wieder, wie ich sie aus meiner Perspektive als Journalist des größten Nachrichtenmagazins des Landes in den letzten 15 Jahren erlebt habe. Alles andere würde den Rahmen dieses Buches sprengen.

Dieses Buch gibt auch keine Lösungsvorschläge vor, um das wuchernde Problem der Korruption und Misswirtschaft in Österreich zu lösen. Es zeigt lediglich bestehende Missstände auf. Nicht mehr – aber auch nicht weniger.

Dieses Buch ist eine Generalanklage. Und es gilt der Generalverdacht für die Protagonisten. Um es diesen Protagonisten schwerer zu machen, gegen diese Generalanklage vorzugehen, wurde dieses Buch durch einen Kunstgriff gegen medienrechtliche Verfolgung immunisiert. Das österreichische Recht verbietet vieles: das Öffentlichmachen von Steuer- und Abgabenhinterziehung, das Zitieren aus Telefonüberwachungsprotokollen, das Verraten sogenannter militärischer Geheimnisse.

Das österreichische Recht legt aber auch fest, dass es außer Strafe gestellt ist, über Verhandlungsgegenstände des Parlaments zu berichten.

Kurt Kuch, im März 2011

Ein vernichtender Bericht und seine Folgen

Im November 2007 erstellte GRECO, eine Organisation von 48 Staaten, die sich zum Zweck der Korruptionsbekämpfung zusammengeschlossen haben, einen Evaluierungsbericht über die Situation der Korruptionsbekämpfung in Österreich.

Das Ergebnis war vernichtend. Einzig: Den österreichischen Bürgern wurde dieses katastrophale Zeugnis so lange wie nur irgendwie möglich vorenthalten. Verantwortlich für diese Heimlichtuerei war das für die Veröffentlichung des Berichtes zuständige Justizministerium, das die Publikation des GRECO-Befundes über die Zustände in Österreich nach Kräften verzögerte.

Der damalige Leiter des BIA (Büro für Interne Angelegenheiten), der Antikorruptionsbehörde in Österreich, Martin Kreutner, der den Inhalt des unveröffentlichten GRECO-Berichtes kannte, kritisierte dieses Vorgehen des Justizressorts massiv. Bei den Leoganger Sicherheitstagen 2008 gab er Journalisten den entscheidenden Hinweis: Österreich, so Kreutner wörtlich, bekomme in dem noch immer nicht veröffentlichten GRECO-Dossier „sein Fett ab".

Dem GRECO-Vorsitzenden Drago Kos riss im Herbst 2008 der Geduldsfaden, weil Österreich sich mit der Veröffentlichung des Berichtes so viel Zeit ließ: „Wenn das nicht bald geschieht, werden wir im Frühjahr ein Mahnschreiben an Österreich schicken", drohte er. Kos berichtete gar von „ernsthaften internationalen Bedenken darüber, dass Österreich gar kein Interesse an Korruptionsaufklärung hat." Ein Befund, der auch aufgrund der zahlreichen Korruptionsfälle in Österreich durchaus nachvollziehbar scheint.

Das Spiel auf Zeit des Justizministeriums hatte gute Gründe: Anfang März 2008 fanden in Niederösterreich Landtagswahlen statt, am 8. Juni 2008 wurde in Tirol gewählt und am 28. September 2008 fand die alles entscheidende Nationalratswahl statt. Warum sollten die Bundesregierung und das Justizressort Interesse daran haben, den Wählern mit Brief und Siegel zu bestätigen, dass bei der Korruptionsbekämpfung in Österreich vieles im Argen liegt?

Erst am 19. Dezember 2008, kurz vor Weihnachten und somit zu einer Zeit, in der einfache Bürger andere Sorgen haben, als sich mit der mangelnden Korruptionsbekämpfung im Land zu beschäftigen, war es dann so weit. Das Justizministerium gab den vernichtenden GRECO-Bericht endlich frei.

Gezählte 24 (!) Empfehlungen gab GRECO vor, die Österreich im Sinne der Korruptionsbekämpfung umsetzen solle. Für ein zivilisiertes Land der westlichen Hemisphäre kommt das einem glatten „Nicht genügend" gleich.

Die Palette der Empfehlung reichte von einer Evaluierung jener Bereiche, die in Österreich am anfälligsten für Korruptionsrisiken sind, über die Neuregelung der Politikerimmunität, von einer fehlenden „Whistle-Blower"-Regelung bis hin zur effektiven Kontrolle der Einkommens- und Vermögensverhältnisse von Parlamentariern.

Gleich vorweg: Eine Reihe von Empfehlungen von GRECO wurden von Österreich bis heute nicht oder nur teilweise umgesetzt. Noch schlimmer ist freilich, dass die Stellungnahme Österreichs zur Umsetzung der geforderten Maßnahmen teilweise schlicht falsch war.

Der österreichische Weg: Wollen ja – müssen nein

Bei der Beantwortung des vernichtenden GRECO-Berichtes schöpfte Österreich abermals den vollen Zeitrahmen aus. Erst nach mehr als einem Jahr, am 31. Dezember 2009, reichten die verantwortlichen österreichischen Behörden ihre RS-Report genannte Stellungnahme zum GRECO-Bericht ein.

Silvio Bonfigli aus Italien und Aslan Yusufov aus der Russischen Föderation hatten diese österreichische Stellungnahme dann als Berichterstatter zu bearbeiten und einen sogenannten RC-Report zu erstellen. Dieser RC-Report ist die Bewertung der in der Zwischenzeit von den österreichischen Behörden ergriffenen Schritte zur Umsetzung der von GRECO empfohlenen Maßnahmen.

Im Juni 2010 wurde dieser Umsetzungsbericht schließlich veröffentlicht – und einmal mehr wurde offenbar, dass Österreich in der Korruptionsbekämpfung massive Defizite hat und vorsätzlich auf Zeit spielt.

Ganze fünf Empfehlungen von GRECO wurden überhaupt „nicht umgesetzt", weitere sieben Empfehlungen nur „teilweise umgesetzt". Im Klartext heißt das: Lediglich jene Hälfte der Beanstandungen, die vergleichsweise harmlos erscheinen, wurde behoben.

Die Punkte der Nichtumsetzung beschreiben recht präzise, wie Korruptionsbekämpfung in Österreich zielgerichtet verhindert wird:

- Einmal ging es um die Neuregelung der parlamentarischen Immunität von Abgeordneten, deren Privileg auf jene Berei-

che beschränkt werden sollte, die zur Ausübung des Mandates nötig sind.
- Ein anderes Mal ging es um mangelnde Transparenz und das sogenannte „Auskunftspflichtgesetz", das eine Wirkung entfaltet, die dem irreführenden Namen des Gesetzes diametral gegenübersteht. Kurzum: Es gibt bis heute keine präzisen Kriterien, nach welchen die Auskunftserteilung verweigert werden kann. Sie wird oft schlicht verweigert. Österreich versteckt sich zum einen hinter dem Datenschutzgesetz und zum anderen ausgerechnet hinter „Erfordernissen der Menschenrechtskonvention", die es unmöglich machen würden, präzise Kriterien für amtliches Schweigen festzuschreiben. Übrigens: In anderen Staaten war es laut GRECO kein Problem, die Kriterien konkret zu benennen.
- GRECO empfahl die Einführung eines Schutzes für sogenannte „whistle blower". Das sind im Regelfall Beamte, die einen Missstand entdecken und befürchten müssen, Schwierigkeiten zu bekommen, wenn sie diese Missstände öffentlich machen. Die Stellungnahme Österreichs beschreibt das Denken der Obrigkeit in unserem Land präzise: Beamte seien ohnehin verpflichtet, verdächtige Handlungen zu melden. Und versetzt oder „einer niederwertigeren Verwendung zugeführt" werde in Österreich ein Beamter nur dann, wenn dies „im besonderen Dienstinteresse" gelegen sei. Dabei weiß der gelernte Österreicher nur zu gut: Ein „besonderes Dienstinteresse" hat sich in Österreich bei der Entfernung widerspenstiger Beamter immer noch gefunden.

Wenig überraschend vermochte diese Argumentation die Korruptions-Bekämpfer von GRECO nicht zu überzeugen.

- GRECO empfahl auch die Kontrolle der Vermögens- und Interessenlagen von Abgeordneten und leitenden Mitarbeitern der Exekutive, insbesondere im Zusammenhang mit dem

Wechsel von derartigen Personen in den Bereich der Privatwirtschaft.

An konkreten Fällen mangelt es in diesem Punkt nicht. Ein Beispiel: Ein Spitzenbeamter des Innenministeriums hatte zuerst für das Ressort die Ausschreibung für ein Großprojekt betrieben, sich danach karenzieren lassen und für gutes Geld für jene Firma gearbeitet, die den Zuschlag bei jener Ausschreibung erhielt, die er als Beamter auf den Weg brachte. Nach Umsetzung des Projektes wechselte der Mann wieder zurück auf die Beamtenseite und zeichnete für die Abnahme des Projektes mitverantwortlich.

Im Hallenfußball würde man dieses trickreiche Spiel über die Bande wohl einen Doppelpass mit sich selbst nennen.

- GRECO empfahl die Schaffung von Anleitungen für Staatsanwälte, das Verbandsverantwortlichkeitsgesetz anzuwenden, und GRECO gab die Empfehlung, eine systematische Fortbildung für die zuständigen Polizeibeamten, Staatsanwälte und Richter zu entwickeln.

Umgesetzt wurde von diesen Empfehlungen nichts.

Bei genauer Betrachtung stellt sich die Analyse des GRECO-Berichtes und der Stellungnahme der österreichischen Behörden freilich noch schlimmer dar: Denn Österreich hat GRECO in zumindest einem Punkt auch noch eine Falschauskunft erteilt.

GRECO hatte gefordert, die Rechnungshöfe in die Lage zu versetzen, effektiv zur Korruptionsbekämpfung beizutragen. Und zwar insbesondere dadurch, dass sie beim Verdacht auf Korruption oder Misswirtschaft die zuständigen Behörden, also die Staatsanwaltschaften, informieren.

Österreich hatte daraufhin geantwortet, dass nach Paragraf 78 der Strafprozessordnung Rechnungshöfe ohnehin verpflichtet seien, bei Polizeibehörden oder Staatsanwaltschaften Anzeige zu erstatten, wenn der Verdacht bestehe, dass eine Straftat verübt wurde.

Wenige Monate später, im März 2010 informierte das Justizministerium jedoch die heimischen Rechnungshöfe und die zuständigen Staatsanwaltschaften in einer sogenannten schriftlichen „Mitteilung", dass für Rechnungshöfe keine Anzeigepflicht bestehe.

Das bedeutet, dass ab sofort jeder politischen Willkür Tür und Tor geöffnet ist – und zwar mit Brief und Siegel des Justizministeriums. Das heißt: Entdeckt ein Rechnungshof im Rahmen einer Rechnungshofprüfung eine Straftat, muss er diese nun nicht mehr bei der Justiz zur Anzeige bringen. GRECO wurde also schlicht angelogen.

Vergegenwärtigt man sich, dass viele Landesrechnungshofdirektoren nur eine vierjährige Amtszeit haben und von der jeweiligen Landtagsmehrheit bestellt werden, wird schnell klar, was das bedeutet: Denn von wem darf ernsthaft erwartet werden, dass er ohne dazu verpflichtet zu sein, seinen Brötchengeber beim Staatsanwalt anzeigt, wenn der Angezeigte nur wenig später über den Job und die weitere Karriere des Anzeigers entscheidet? Die gesetzliche Lage aus Sicht des Justizministeriums basiert offensichtlich auf einem altbewährten österreichischen System des „Lebenlassens", das die Aufdeckung von Korruption und Misswirtschaft zielgerichtet verhindert. Das Motto lautet: Tust du mir nichts, tu ich dir nichts.

Ausgelöst wurde diese „Mitteilung" des Justizministeriums, wonach die Rechnungshöfe keiner Anzeigepflicht unterlägen, durch einen der hartnäckigsten Rechnungshofprüfer der Republik: Franz Katzmann, Rechnungshofdirektor des Burgenländischen Landesrechnungshofes.

Katzmann ist einer der wenigen Landesrechnungshofdirektoren in Österreich, der über eine zehnjährige Amtsdauer verfügt und kein zweites Mal in sein Amt gewählt werden kann. Damit ist er – im Gegensatz zu Kollegen, die über eine kürzere Amtszeit und die Möglichkeit der Wiederwahl verfügen – von der Landespolitik weitgehend unabhängig und kann entsprechend forsch agieren. Lediglich die personelle Ausstattung seiner Behörde wird politisch entschieden. Rücksichten muss Katzmann daher keine nehmen: Nach zehn Jahren muss er sich ohnehin einen neuen Job suchen, gleichgültig, ob er sich mit dem für ihn zuständigen Landtag gut oder schlecht gestellt hat.

Im Jahr 2009 hat Katzmann veranlasst, dass der Burgenländische Landesrechnungshof den burgenländischen Landeshauptmann-Stellvertreter Franz Steindl (ÖVP) bei der Staatsanwaltschaft wegen des Verdachts des Missbrauchs der Amtsgewalt anzeigt.

Es ging dabei um den Bau eines Altenwohnheims im südburgenländischen Dorf Strem. Dort wurde – wie so oft, wenn öffentliche Körperschaften ohne entsprechendes Know-how Bautätigkeiten entfalten – ein wirtschaftliches Debakel angerichtet, das die Gemeinde an den Rand der Pleite führte. Das Dorf errichtete ein Seniorenzentrum, das in keinem Bedarfsplan des Landes vorgesehen war und für dessen Betten es auch keine Tagsatzvereinbarung mit dem Land gab. Um auch wirklich Fakten zu schaffen, errichtete man das Haus in einer Dimension, die geeignet war, jeden potenziellen Bedarf der Region für einen langen Zeitraum abzudecken. „Too big to die" auf gut burgenländisch sozusagen.

Im Zuge der Prüfung durch den Landesrechnungshof stellte sich nun heraus, dass die zuständigen Beamten von der Gemeindeaufsichtsbehörde des Landes bereits frühzeitig erkannten, dass das Stremer Projekt aus dem Ruder läuft. Das Problem war auch für Laien mit freiem Auge zu erkennen: Ohne Tagsatzvereinbarungen ist ein solches Projekt nicht kostendeckend zu bewirtschaften.

Schon im April 2003 teilten diese Beamten ihrem Dienstvorgesetzten Franz Steindl daher gewichtige Gründe für die Nichterteilung der aufsichtsbehördlichen Genehmigungen in der Causa Strem schriftlich mit.

Insbesondere wurde von den Beamten vorgebracht, dass „das Gesamtprojekt für die Gemeinde mit einem erheblichen finanziellen Risiko verbunden" sei. Den zuständigen Beamten erschien „eine Zustimmung zum Projekt bzw. den daraus resultierenden Darlehensaufnahmen aus wirtschaftlichen Überlegungen seitens der Aufsichtsbehörde nicht vertretbar". Es sollte „daher das Projekt von der Gemeinde nochmals überdacht bzw. zumindest bis zu einer positiven Entscheidung hinsichtlich einer Tagsatzvereinbarung aufgehoben werden".

Diesen Warnungen wurde durch Franz Steindl nicht entsprochen. Vielmehr wurde der Beschluss des Stremer Gemeinderates zur Aufnahme eines Darlehens aufsichtsbehördlich genehmigt.

Danach folgten weitere Darlehensaufnahmen durch die Gemeinde Strem und deren aufsichtsbehördliche Genehmigung. Die Baukosten aber stiegen dramatisch an – wie es die Beamten vorhergesehen hatten – und das Ziel, mit den genehmigten Darlehen auszukommen, scheiterte. Daher wurden weitere Darlehen nötig. Im Zuge dessen und in Anbetracht bestehender Ungereimtheiten bei der Refinanzierung bereits aufgenommener Darlehen durch die Marktgemeinde Strem wies der Abteilungsvorstand der Gemeindeaufsichtsbehörde schon am 12. Oktober 2004 ausdrücklich auf die Risiken weiterer Darlehenszusagen hin und ersuchte um eine Weisung, ob das nunmehr in Frage stehende Darlehen einer aufsichtsbehördlichen Genehmigung zugeführt werden solle. Dementsprechend richtete der Büroleiter des Landeshauptmann-Stellvertreters Franz Steindl am 5. November 2004 einen „Dienstzettel" an die Gemeindeaufsichtsbehörde und führte aus:

„Es wird ersucht, einen Akt in Bezug auf die aufsichtsbehördliche Genehmigung des für die Fertigstellung benötigten Darlehens im Sinne der am 28. Oktober 2004 stattgefundenen Besprechung positiv zu erledigen."

Diese Weisung wurde befolgt, das nächste Darlehen genehmigt. Das Ende der Geschichte war dann der Beinahe-Kollaps der Gemeinde. Man hatte ein überdimensioniertes Seniorenzentrum errichtet, das so in keiner überregionalen Bedarfsplanung vorgesehen war. Strem war am Rande des totalen finanziellen Crashs – die Gemeinde wurde als Paradebeispiel für Misswirtschaft österreichweit bekannt. Die Zeche zahlen einmal mehr die Steuerzahler – und die Einwohner Strems. Die tragen keine Verantwortung für das Debakel, müssen ab nun aber mit den Folgen der Affäre leben, die dem ohnehin in einer strukturschwachen Region gelegenen Dorf auf viele Jahre hinaus jeglichen finanziellen Spielraum nimmt.

Rechnungshofdirektor Katzmann betraute zwei ausgewiesene Experten als Gutachter für seinen Rechnungshofbericht: Die Universitätsprofessorin Dr. Gabriele Kucsko-Stadlmayer hatte zu klären, ob es sich beim Dienstzettel um eine „Weisung" handelte, und der renommierte Strafrechtler Dr. Richard Soyer sollte klären, ob Steindl bei der Justiz anzuzeigen ist. Beide bejahten diese Fragen in ihren Gutachten.

Soyer schrieb in seinem Gutachten wörtlich: „Zusammenfassend lässt sich festhalten, dass die wiederholten Darlehensaufnahmen der Marktgemeinde Strem zur Finanzierung der Errichtung eines Seniorenzentrums und deren aufsichtsbehördliche Genehmigung (…) eine Verdachtslage in Richtung Begehung eines Missbrauchs der Amtsgewalt gemäß den §§ 5 Abs 3, 302 StGB durch LH-Stv. Franz Steindl zu begründen vermögen." Und weiter: „Die gegebene Verdachtslage löst eine Anzeigepflicht des Landesrechnungshofes Burgenland gemäß § 78 StPO aus."

Basierend auf diesen Gutachten erstattete der Landesrechnungshof Anzeige gegen Franz Steindl. Folgt man der Stellungnahme Österreichs an GRECO, hätte sich Rechnungshofdirektor Franz Katzmann sogar selbst strafbar gemacht, wenn er diese Anzeige nicht erstattet hätte.

Kurz vor Weihnachten 2009 schickte der zuständige Staatsanwalt in der Causa Steindl dann einen „Vorhabensbericht" an das Justizministerium. Staatsanwälte sind in Österreich verpflichtet, über wichtige Ermittlungsschritte in Fällen mit Politbezug das politisch gesteuerte Ministerium zu informieren und sich die geplanten nächsten Schritte genehmigen zu lassen.

In diesem Fall musste das Justizressort keine Aufpasserrolle annehmen: Denn entgegen der Gutachtermeinung sah die Staatsanwaltschaft keinen Grund, gegen den burgenländischen Landeshauptmann-Stellvertreter vorzugehen. Diesem Vorhabensbericht wurde von oben zügig die Zustimmung erteilt. Der Vorhabensbericht selbst blieb selbstverständlich geheim, da die Öffentlichkeit in Österreich nicht über den exakten Grund der Verfahrenseinstellung informiert werden muss. Lediglich die Tatsache, dass ein Ermittlungsverfahren eingestellt wird, ist bekannt zu geben.

Katzmann ließ jedenfalls nicht locker, zumal ihm in der nach der Anzeige einsetzenden emotional geführten politischen Debatte vorgeworfen wurde, dass die Anzeige gegen Steindl hätte unterbleiben müssen, da die Justiz nun ja festgestellt habe, dass dem Landeshauptmann-Stellvertreter nichts vorzuwerfen sei.

Was freilich Bände spricht: Der Antrag auf Akteneinsicht für den Burgenländischen Landesrechnungshof wurde von der Justiz bis heute zwei Mal abgelehnt – obwohl der Rechnungshofbericht die Grundlage des Ermittlungsverfahrens war und bis zum Redaktionsschluss dieses Buches gegen den früheren Bürgermeister und den Amtsleiter von Strem ermittelt wurde.

Die zweite Ablehnungsbegründung soll sogar von einer Oberbehörde verfasst worden sein, auf Ebene der Staatsanwaltschaft sei bloß noch der Name der mittlerweile neu zuständigen Staatsanwältin einzusetzen gewesen, erzählen Justiz-Insider. Ein klareres Indiz dafür, dass eine Akteneinsicht von übergeordneten Stellen im Justizministerium verhindert wird, gibt es nicht. Ohne vollständige Akteneinsicht und ohne die Offenlegung des Tagebuches der Staatsanwältin wird sich wohl auch nicht klären lassen, wer aus dem Justizapparat allenfalls welche Interventionen getätigt hat.

Der Rechnungshof wird offiziell wohl nie erfahren, mit welcher Begründung die Anzeige gegen den Landeshauptmann-Stellvertreter niedergelegt wurde. Welche Ermittlungsschritte die Staatsanwaltschaft (öffentlich bekannt wurden keine) gesetzt hat, bleibt so auch im Dunkeln.

Rechnungshofdirektor Katzmann schrieb jedoch das Justizministerium an, um ein für alle Mal zu klären, ob Rechnungshöfe einer Anzeigepflicht unterliegen. Damit wäre wenigstens der Vorwurf vom Tisch, dass er die Anzeige quasi mutwillig erstattet hätte.

Die überraschende Antwort des Justizministeriums kam prompt und war ebenso unmissverständlich: Rechnungshöfe unterliegen in Österreich keiner Anzeigepflicht.

Dass dasselbe Ministerium nur wenige Monate zuvor an GRECO das exakte Gegenteil berichtet hat, spielte dabei offensichtlich keine Rolle. Im Fall GRECO war offenbar nur wichtig, behaupten zu können, dass die Bekämpfung von Misswirtschaft und Korruption ohnehin ernst genommen werde.

Beim allerersten Fall, bei dem es um die zuvor gegenüber GRECO behauptete Anzeigepflicht für Rechnungshöfe ging, war diese auch schon wieder als Chimäre entlarvt. Besser hätte sich der Zustand der mangelnden Korruptionsbekämpfung in Österreich gar nicht beschreiben lassen.

Der Fall Strem ist umgangssprachlich zweifellos als „Pimperlcausa" zu bezeichnen, und bei Franz Steindl handelt es sich auch nicht um den Bundespräsidenten höchstpersönlich. Trotzdem wurden in diesem Fall sämtliche Register innerhalb der Justiz gezogen, damit auch ja nichts ins Rutschen kommt. Wenn bei einer vergleichsweise harmlosen Causa jedoch schon derartige Mechanismen Funktionalität entfalten, was passiert dann erst, wenn es wirklich um etwas geht?

Die Botschaft, die durch diese öffentliche Vorführung eines Landesrechnungshofes durch das Justizministerium vermittelt wurde, ist jedoch unmissverständlich: Wenn ein Rechnungshof den Verdacht einer strafbaren Handlung – beispielsweise gegen einen ranghohen Politiker – feststellt, muss dieser Verdacht nicht mehr zur Anzeige gebracht werden.

Künftig muss sich also jeder Leiter eines Rechnungshofes gut überlegen, ob er Verdachtsmomente auch zur Anzeige bringt und dadurch seinen Job und seine Reputation riskiert. Durch dieses Vorgehen ist auch klar dokumentiert, wie die Kräfte im Land verteilt sind: Unabhängige Kontrollinstanzen werden auf dem Weg der schriftlichen „Mitteilung" kaltgestellt, während gleichzeitig ins Ausland gemeldet wird, dass bei der Korruptionsbekämpfung alles zum Besten steht.

Wozu Österreich sich dann jedoch einen Rechnungshof für den Bund, acht Landesrechnungshöfe und zahlreiche Kontrollämter leistet, muss vor diesem Hintergrund allerdings hinterfragt werden. Etwa als Feigenblätter, die sich dazu eignen, internationalen Kontrollinstanzen vorzugaukeln, dass in Österreich in Sachen Korruptionsbekämpfung alles in Ordnung sei?

Etwas Gutes hatte die Auseinandersetzung, die beispielhaft am Fall Strem geführt wurde, dann doch: Ende 2010 wurde im Nationalrat beschlossen, dass künftig auch Gemeinden, die kleiner als 20.000 Einwohner sind, von Rechnungshöfen geprüft werden dürfen. Konkret sieht das jetzt so aus: Gemeinden, die größer als 10.000 Einwohner sind, dürfen künftig vom Rechnungshof des Bundes geprüft werden. Gemeinden mit weniger als 10.000 Einwohnern dürfen künftig von Landesrechnungshöfen geprüft werden. Freilich gibt es auch hier eine – wenig sinnvolle – Einschränkung: Geprüft wird nur, wenn die Landtage die jeweiligen Landesrechnungshöfe auch beauftragen, einen Ort unter die Lupe zu nehmen. Das war schon bisher – siehe Strem – in Einzelfällen möglich. Ein österreichweites Initiativprüfungsrecht der Landesrechnungshöfe, bei dem sie sich willkürlich aussuchen, welche Gemeinde sie prüfen wollen, gibt es auch weiterhin nicht. Eine generalpräventive Wirkung, bei der die Verantwortlichen ständig damit rechnen müssen, eine unangekündigte Rechnungshofprüfung zu bekommen, wird daher auch das neue Gesetz nicht entfalten.

Dem Kampf um die Rechnungshofprüfung der Gemeinden – bisher durften nur 48 von den 2357 Gemeinden Österreichs geprüft werden, weil das im Jahr 1929 (!) so festgelegt wurde – ging übrigens eine harte Abwehrschlacht des einflussreichen Gemeindebundes voraus. Während die Prüfung von Gemeinden durch Rechnungshöfe europaweit längst Standard ist – selbst in der Türkei gilt die Zuständigkeit der Rechnungshöfe für Gemeinden –, nähert sich Österreich dem Thema nur zögerlich und einmal mehr mit einem Gesetz, das man als „halbe Sache" bezeichnen kann.

Dabei gäbe es gerade auf Gemeindeebene Fälle sonder Zahl, die dringendst von Rechnungshöfen geprüft werden müssen. Die Parteizugehörigkeit der jeweils verantwortlichen Bürgermeister ist dabei völlig nebensächlich: Ob im „roten" Fohnsdorf in der Obersteiermark, im „schwarzen" Strem im Südburgenland oder im einst „blauen" Öblarn – überall hätte Schaden vermieden werden können, wenn ein Rechnungshof von sich aus unangekündigt und frühzeitig seine Kontrollfunktion hätte ausüben dürfen.

Fälle, in denen gegen Bürgermeister ermittelt wird, häufen sich derzeit besonders stark: Im Burgenland hatte ein Bürgermeister in seiner Heimatgemeinde die Landtagswahl gefälscht, ähnliche Fälle gab es zuvor in Kärnten und in Niederösterreich. In Oberösterreich wiederum ermittelt die Staatsanwaltschaft gegen den Bürgermeister von Windischgarsten. Es besteht der Verdacht des gewerbsmäßigen Betruges und des Amtsmissbrauchs. Dem Bürgermeister wird vorgeworfen, als Immobilienmakler von Umwidmungen in seiner Gemeinde profitiert zu haben. Durch die Umwidmung einiger Grundstücke soll sich deren Wert von

1,25 Millionen Euro auf acht Millionen Euro erhöht haben. Zusätzlich wird dem Verdacht nachgegangen, dass Dienstreisen doppelt verrechnet worden sind.

Eine Frage drängt sich nun jedoch auf: Wenn schon bei derart „kleinen" Fällen wie etwa in Strem derartige Register gezogen werden – selbst GRECO wurde angelogen –, was passiert dann auf der Ebene der Justiz und der Politik, wenn es wirklich um etwas mehr geht als um ein kleines Dorf oder einen Regionalpolitiker?

Das Antikorruptionsgesetz wird kastriert

Der Fall um die (fehlende) Anzeigepflicht der Rechnungshöfe ist freilich nicht der einzige, bei dem Mechanismen zur Korruptionsbekämpfung von der Politik gezielt ausgehebelt werden. Das bisher mit Abstand gravierendste Beispiel ist das sogenannte Antikorruptionsgesetz.

Anfang 2008 trat – ohnehin um Jahre zu spät – das Antikorruptionsgesetz in Kraft. Dieses Gesetz enthielt umfangreiche Bestimmungen gegen die Bestechung von Amtsträgern, von unerlaubten Geschenken bis hin zum sogenannten „Anfüttern". Dabei wurde eine relativ geringe Grenze von 100 Euro eingezogen. Im Klartext: Geschenkte Eintrittskarten für Beamte bei der auch im Jahr 2008 in Österreich stattgefundenen Fußball-Europameisterschaft wären schon unter Korruption gefallen und hätten zu einer strafrechtlichen Verfolgung geführt.

Das Gesetz selbst war von Beginn an umstritten. Denn die Abgeordneten des Hohen Hauses waren von den scharfen Bestimmungen ausgenommen. Tatbestände wie Bestechung oder der des „Anfütterns" galten für Nationalräte nicht. Dabei war im Gesetzesentwurf eigentlich vorgesehen, dass die strengen Straftatbestimmungen auch für die Abgeordneten gelten sollten. Jene aber, die das Gesetz beschlossen, erwirkten, dass sie vom Gesetz ausgenommen werden.

Auf der anderen Seite gab es starken Druck durch die Wirtschaft, die das Gesetz massiv bekämpfte: Sogar die Annahme von VIP-Karten zu Kultur- und Sportveranstaltungen sei nun mit Haft bedroht, wurde argumentiert. Am meisten Druck machte der Siemens-Konzern, der in der Vergangenheit durch internationale

Korruptionsaffären für Schlagzeilen sorgte. Und – so wurde behauptet – sogar die Salzburger Festspiele seien in ihrer Existenz gefährdet.

Warum? Weil Hofräte, Regierungspolitiker und Spitzenbeamte sich dann keine Gratiskarten mehr schenken lassen dürfen?

Jedenfalls wurde das Gesetz schnell reformiert. Kastriert wäre wohl der treffendere Begriff für die Novelle des Gesetzes.

Franz Fiedler, ehemals Präsident des Rechnungshofes, nannte den Entwurf zur Entschärfung des Antikorruptionsgesetzes bezeichnenderweise eine „Bedienungsanleitung zur Korruption". Das Ergebnis, also das fertige Gesetz, bekam von Fiedler dann das zweifelhafte Prädikat, dass es zu „einer Entkriminalisierung in einer nicht angebrachten Weise" führe.

Das neue Gesetz hatte nämlich die scharfen Strafbestimmungen für das „Anfüttern" von Politikern und Beamten zu „totem Recht" gemacht. Auch die Bestimmung, wer nun als „Amtsträger" zu bezeichnen ist und damit unter das Gesetz fällt, wurde massiv eingeschränkt. Mitglieder von ausgegliederten Unternehmen des Bundes – beispielsweise der ÖBB, der AUA, der Telekom oder des ORF – fallen nun nicht mehr unter den Begriff des Amtsträgers. Damit können sie bei einer geschobenen Auftragsvergabe oder bei der Annahme von Geschenken nicht mehr nach dem Antikorruptionsgesetz belangt werden. Auch das „Anfüttern" selbst ist nun – so Fiedlers Expertise – „so gut wie straflos".

Dass nun auch Abgeordnete unter das Gesetz fallen, macht gar nichts. Denn ihre Einbeziehung in die Antikorruptionsregelungen hatte nur mehr formale Wirkung. Denn faktisch waren dem einst so scharfen Gesetz längst die Zähne gezogen worden. Zuvor war es nämlich grundsätzlich verboten, wiederholt kleine Geschenke an Beamte oder Politiker weiterzureichen. Dieses Anfüttern ist nun jedoch nur mehr dann strafbar, wenn von vornherein klar ist, dass diese Geschenke als Gegenleistung für ein „pflichtwidriges Amtsgeschäft" gewährt werden. Das zu beweisen wird jedoch in der Praxis nicht möglich sein.

Ganz nebenbei: Für Abgeordnete wurde – sicher ist sicher – noch eine weitere Ausnahme geschaffen. Der Paragraf der Vorteilsnahme gilt nicht für National- und Bundesräte, sondern nur für „Amtsträger" im neuen Sinn.

Nicht mehr „Amtsträger" ist, wessen (staatliches) Unternehmen „überwiegend Leistungen im Wettbewerb erbringt". Für diese Staatsbediensteten gelten nun nur mehr die vergleichsweise harmlosen Regelungen der Privatwirtschaft.

Nur zum Vergleich: Zur selben Zeit, als in Österreich das Antikorruptionsgesetz faktisch eliminiert wurde, griff ausgerechnet das viel gescholtene Griechenland scharf durch. Griechenland installierte ein Antikorruptionsgesetz, das seinen Beamten abverlangt, ihre Einkünfte gegenüber einer eigens eingerichteten Kontrollbehörde offenzulegen. Geschieht dies nicht oder nicht in ausreichendem Maß, werden die Konten der betroffenen Beamten geöffnet und überprüft. Das Ergebnis: Allein im Jahr 2009 wurden Verfahren gegen 400 griechische Beamte eingeleitet.

Wie viele Verfahren wären das wohl in Österreich? Einem Land, in dem es üblich ist, Repräsentanten der Verwaltung zum Opernball einzuladen, wo eine Loge bis zu 17.000 Euro kostet. Einem Land, in dem es gar nicht strafbar wäre, wenn beispielsweise ein Lieferant der ÖBB jenen Manager der ÖBB, der für die Auftragsvergaben zuständig ist, in seine Loge einlädt.

Warum Korruption in Österreich nur halbherzig bekämpft wird

Es drängt sich die Frage auf, warum Korruption in Österreich derart lasch und halbherzig bekämpft wird. Es gibt viele Antworten auf diese Frage. Eine davon halte ich für besonders plausibel: Es ist der enorme Geldbedarf der heimischen Parteien, der bezogen auf die „Größe" unseres Landes überproportional hoch ausfällt. Es hat gute Gründe, warum gerade Parteispenden von der lange diskutierten Transparenzdatenbank ausgenommen wurden. Und es ist nicht überraschend, dass sich Österreich ein Parteienfinanzierungsgesetz leistet, das in der westlichen Hemisphäre einzigartig ist: Es enthält faktisch keine Sanktionen und schützt Parteien und Spender. Es ist das Gesetz, das vieles möglich macht.

Der Steuerzahler subventioniert die heimische Parteienlandschaft laut Berechnungen des renommierten Parteienforschers Hubert Sickinger mit rund 190 Millionen Euro pro Jahr (nur Bund und Länder – ohne Gemeinden und Kammern). Das ist umgelegt auf die Größe unseres Landes ein einzigartig hoher Wert. Im OECD-Vergleich verfügt Österreich über die höchste staatliche Parteienfinanzierung. Unter Einschluss der zusätzlichen privaten Finanzierung durch Parteispenden leisten wir uns eines der teuersten Parteiensysteme der Welt. Sickingers harter Befund: Selbst die italienische Parteipolitik gibt es deutlich billiger als die österreichische Parteipolitik.

Der Bedarf nach immer mehr Geld – sei es vom Steuerzahler oder in Form von Parteispenden – wächst dramatisch: Seit dem Jahr 1980 hat sich die Höhe der Parteienförderung vervierfacht. Es ist davon auszugehen, dass sich die Einnahmensteigerungen im

Bereich der Parteispenden, die faktisch nicht deklariert werden, ähnlich entwickelt haben.

Der Grund für die dramatische Ausweitung des Finanzbedarfs ist einfach erklärt: Bis in die späten 1980er Jahre waren die heimischen Parteien ein Staat außerhalb des Staates. Ein Erlass des Finanzministeriums aus den frühen 1950er Jahren sorgte dafür, dass Parteien von der Finanz nicht geprüft werden durften. Das führte zu kuriosen Situationen: Brutto-für-netto-Gehälter, großzügige Spesentöpfe und andere Absonderlichkeiten standen auf der Tagesordnung. Vor allem aber wurde durch diesen Erlass eines möglich: Clevere Unternehmer wussten, dass die Wahrscheinlichkeit, erwischt zu werden, wenn man Geschäfte mit einer Partei „schwarz" macht, extrem gering ist. Der nachvollziehbare Hintergrund: Wenn die Parteien nicht geprüft werden, besteht auch keine Gefahr, bei einer Querprüfung der Finanz ertappt zu werden. „Normale" Unternehmer haben es da nicht so leicht: Im Wege der Querprüfung wird routinemäßig auch kontrolliert, ob Verkäufe eines Lieferanten auch als Einkäufe des belieferten Unternehmens verbucht wurden. Auf diesem Weg lassen sich „schwarz" lukrierte Einnahmen einfach und effizient über die Rechnungsnummern aufspüren.

Die Hoffnung, dass die Finanz bei politischen Parteien nicht so genau hinschaut, war daher seit Jahrzehnten durchaus berechtigt. Ein gutes Beispiel für so einen Fall ist der Anklage gegen den früheren Sturm-Graz-Boss Hannes Kartnig zu entnehmen. Kartnig muss sich im März 2011 vor dem Landesgericht Graz wegen des Verdachts des schweren Betruges, der betrügerischen Krida, grob fahrlässiger Beeinträchtigung von Gläubigerinteressen sowie wegen des Verdachts des Finanzvergehens der Abgabenhinterziehung verantworten. Kartnigs Plakatfirma Perspektiven GmbH & Co KG führte in den Jahren 1999 und 2000 – so ist der Anklageschrift unter anderem zu entnehmen – für die ÖVP-Bundes- und die ÖVP-Landespartei, den ÖVP-Wirtschaftsbund und die SPÖ-Bundespartei Plakatierungsarbeiten aus. Für diese Arbeiten wurde bei den Parteien auch Rechnung gelegt. Allerdings hat Kartnig diese Einnahmen nicht als betriebliche Einnahmen der Perspektiven GmbH & Co KG erfasst. Der Staatsanwalt wirft ihm daher vor, in diesen Fällen die Umsatzsteuer hinterzogen zu haben. Es spricht für sich, dass ein gewiefter Politprofi wie Kartnig ausgerechnet bei Parteien erzielte Einnahmen in dieser Causa nicht versteuert haben soll.

Österreichs Großparteien haben enorm kostenintensive Strukturen zu finanzieren: Parteibüros in faktisch allen Bezirken des Bundesgebietes müssen bezahlt werden. Oft verfügen diese Bezirksgeschäftsstellen über einen eigenen Bezirksgeschäftsführer, mitunter auch über eine eigene Sekretärin, manchmal auch ein Dienstauto. Dazu kamen über viele Jahre hinweg schwer defizitäre Parteizeitungen und Ähnliches mehr.

Der strukturelle Wandel der Parteienlandschaft von Mitglieder- zu Wählerparteien und der zeitgleiche Aufstieg Jörg Haiders verschärften das Problem in zweifacher Weise: Die Mitgliederstände der einstigen Großparteien halbierten sich – und damit auch die Einnahmen aus Mitgliedsbeiträgen. Die teuren Strukturen der Parteiapparate wurden freilich weitestgehend aufrechterhalten.

Durch die Verluste bei den Wahlen fielen ab 1986 auch die Wahlkampfkostenrückerstattungen, die Partei-, die Klub- und die Akademieförderung für die einstigen Großparteien geringer aus.

Die absehbare Antwort der in Bedrängnis geratenen ehemaligen Großparteien: Die Parteienförderung durch die öffentliche Hand wurde drastisch erhöht, um die durch die Wahlen entstandenen Verluste wettzumachen, die Strukturen weiter aufrechterhalten zu können und trotzdem noch ausreichend Mittel für die Öffentlichkeitsarbeit zur Verfügung zu haben.

Die Hoffnung, Haider auf diesem Weg Paroli bieten zu können, erfüllte sich freilich nicht. Das Gegenteil war der Fall: Die FPÖ behielt die flachen Strukturen aus der Zeit, in der sie noch eine Kleinpartei war, und konnte einen entsprechend höheren

Anteil der Parteiförderung direkt in wählerwirksame Öffentlichkeitsarbeit investieren. Durch die Erhöhung der Parteienförderung verstärkte sich dieser Effekt. Während die Großparteien – vor allem die SPÖ – sich Ende der 1990er Jahre immer stärker verschuldeten und die Parteienförderung immer weiter erhöht wurde, konnte Haider durch die rapide steigenden Einnahmen aus den Töpfen der öffentlichen Hand eine Art Dauerwahlkampf über mehrere Jahre führen und SPÖ und ÖVP in immer teurere Materialschlachten zwingen. Dazu kam, dass es für Gönner Haiders aufgrund der laschen Gesetze zur Parteienfinanzierung einfach war, weitgehend anonym Geld für Haiders Politik zu spenden. Ein Vorgang, der in Deutschland undenkbar wäre – in Österreich jedoch völlig legal ist.

Das System der Erhaltung der Parteiapparate wurde so zum unstillbaren Moloch. Die Großparteien hatten nicht den Mut, ihre Strukturen neu aufzusetzen. Zu verlockend war der Weg des geringeren Widerstands, nämlich die Parteienförderung einfach zu erhöhen. Da selbst dieser Weg nicht reichte, um den enormen Kostenzwängen gerecht zu werden, wurde bis heute ein Parteienfinanzierungsgesetz am Leben erhalten, das im internationalen Vergleich in dieser Form wohl nur mehr in Entwicklungsdemokratien Bestand haben kann.

Dieses Parteienfinanzierungsgesetz macht es bis heute möglich, Einnahmen abseits der Parteienförderung zu lukrieren und die Herkunft der Gelder zu verschleiern. Formal müssen nur Einzelspenden in einer Höhe von mehr als 7000 Euro dem jeweiligen Rechnungshofpräsidenten mitgeteilt werden. Werden die Gelder über Interessenvertretungen – wie dem ÖGB oder der Industriellenvereinigung – in die Parteien eingespeist, entfällt selbst diese Regelung. Wird dem Rechnungshofpräsidenten nichts gemeldet – und das soll die letzten Jahre über der Regelfall gewesen sein –, passiert auch nichts.

Ein derartiger Verstoß bleibt jedenfalls straffrei. Umgekehrt gilt: Woher soll der Rechnungshofpräsident wissen, dass es eine

Spende gab, wenn es ihm nicht mitgeteilt wird? Und selbst wenn er es wüsste: Der Rechnungshof ist nicht befugt, die Parteifinanzen auf etwaige Parteispenden hin zu überprüfen.

Nichtsdestotrotz versuchen Parteisekretäre seit Jahren den Eindruck zu erwecken, die heimische Parteienfinanzierung sei vollständig „rechnungshofgeprüft", womit die Täuschung der Steuerzahler vervollständigt wird.

Einmal pro Jahr müssen Parteien ihre Finanzberichte veröffentlichen. Diese Rechenschaftsberichte spotten jeder Beschreibung. Selbst Kleinstgewerbetreibende müssen detailliertere Aufstellungen vorlegen als Österreichs Parteien. Das derzeitige System entspricht einer besonders oberflächlichen Einnahmen-Ausgaben-Rechnung, wobei Kreditaufnahmen skurrilerweise als Einnahmen, sprich Mittelzuflüsse, betrachtet werden.

Zudem haben sich in den letzten Jahren weitere Kuriositäten aufgetan. Die ÖVP leistete sich beispielsweise eine im Parteieigentum stehende Softwarefirma, die SPÖ zog wenig später mit einer ähnlichen Konstruktion nach. Das BZÖ wiederum gründete eine eigene Werbeagentur, um für einfache Studien enorme Beträge an zahlungswillige Firmen verrechnen zu können. Unter der schwarz-blauen Regierung leitete wiederum ein Lobbyist Gelder der teils in Staatseigentum befindlichen Telekom in Richtung ÖVP und FPÖ weiter. Als dann 2007 die SPÖ an die Regierung kam und das zuständige Infrastrukturministerium übernahm, engagierte derselbe Lobbyist einen SPÖ-Abgeordneten als „Berater".

Die Beispiele ließen sich zahllos weiterführen – allein die detaillierte Ausführung der bekannten Fälle würde den Rahmen dieses Buches sprengen.

Parteienfinanzierung kann in Österreich somit auch verschlungene Wege gehen, ohne dass dies per se bereits illegal wäre. Das Gegenteil ist der Fall: In Österreich sind Parteispenden von Privatpersonen, Interessenvertretungen oder Lobbyisten ausdrücklich legalisiert.

In Deutschland wäre ein derartiges Vorgehen eine verbotene Umgehung des Parteienfinanzierungsgesetzes. In Österreich ist die Gesetzgebung zu diesem Thema hingegen „rein symbolisch", wie Parteienforscher Sickinger trocken attestiert. Während in Deutschland Ross und Reiter genannt werden müssen und Spender, Zahler oder Financiers immer bekannt werden, bleibt all dies in Österreich geheim. Schlimmer: Unser Gesetz schützt Parteien und Geldgeber.

Für Lobbyisten, die mit der Republik ins Geschäft kommen wollen oder im Interesse ihrer Auftraggeber maßgeschneiderte Gesetze durchsetzen, ist Österreich ein Schlaraffenland.

Das vernichtende Ergebnis

Das absehbare Ergebnis der österreichischen Form der Nichtbekämpfung von Korruption lässt sich auch empirisch beweisen: Die Anti-Korruptionsorganisation „Transparency International" erstellt jedes Jahr eine Studie zum Thema Korruption, die jeweils am internationalen Anti-Korruptionstag, dem 9. Dezember, präsentiert wird. Für Österreich kam „Transparency International" zu einem vernichtenden Ergebnis.

In Österreich geben neun Prozent der Befragten an, im Vorjahr – in diesem Fall im Jahr 2009 – Schmiergeld gezahlt zu haben. EU-weit sind es nur fünf Prozent. Österreich liegt somit auf dem Niveau von Bulgarien und schneidet sogar deutlich schlechter ab als Spanien, Slowenien, Portugal und Irland. Knapp hinter Österreich liegt Italien, dem wir uns sukzessive nähern.

Die guten Werte von Staaten wie Island, den Niederlanden, Deutschland, Finnland, der Schweiz, Großbritannien oder gar Norwegen und Dänemark sind für uns längst unerreichbar.

Die Umfrage wurde in Österreich vom renommierten Gallup Institut durchgeführt, wobei 1000 repräsentative Personen in Face-to-Face-Interviews befragt wurden. Die Befragten äußerten zudem mehrheitlich die Meinung, dass die Korruption in Österreich im Steigen sei (46 Prozent), 45 Prozent meinen, dass sie gleich hoch geblieben sei, und nur 9 Prozent sehen die Korruption in Österreich im Sinken begriffen.

Die größten Probleme in Österreich werden im Bereich der Privatwirtschaft und – wenig überraschend – bei den politischen Parteien gesehen. Die Ergebnisse Österreichs verschlechtern sich Jahr für Jahr.

Im Ranking des Korruptionswahrnehmungsindex, zu dessen Berechnung Studien der Bertelsmann-Stiftung, der Weltbank, des Weltwirtschaftsforums und anderer renommierter Organisationen herangezogen werden, lag Österreich im Jahr 2005 weltweit noch auf dem zehnten Rang. Im Jahr 2010 war nur mehr der fünfzehnte Platz möglich.

Klar ist auch: Je stärker die Korruption, desto schlechter fällt die künftige wirtschaftliche Entwicklung eines Landes aus. Allein aus der Perspektive der wirtschaftlichen Prosperität eines Landes sollte es daher ein Anliegen von nationalem Interesse sein, Korruption nachhaltig zu bekämpfen.

In Österreich ist das freilich anders: Gesetze zur Korruptionsbekämpfung werden entschärft, und im Gegenzug wird – auch durch gesetzliche Regelungen – verhindert, dass umfassend über Korruption berichtet werden kann.

Ein Beispiel: Die Bundesabgabenordnung legt fest, dass das Steuergeheimnis in Österreich absolut ist. Das bedeutet: Wenn ein Konzern, ein Unternehmen oder eine Partei Steuern hinterzieht, darf grundsätzlich nicht darüber berichtet werden. Es gilt ein Veröffentlichungsverbot und ein Verwertungsverbot für Akten aus der Finanz, die Journalisten zugehen.

Im Gegensatz zum Amtsgeheimnis, das nur von Beamten oder Bediensteten einer öffentlichen Körperschaft gebrochen werden kann, können somit auch Privatpersonen – wie Journalisten – das Steuergeheimnis brechen. Dies kann nicht nur zur Strafverfolgung führen, sondern auch zu ungleich teureren Zivilverfahren, falls der Steuersünder Schadenersatz begehrt.

Kurz gesagt, Steuersünder genießen gesetzlichen Schutz. Jene, die öffentlich machen, wer auf welchem Weg Steuern hinterzogen und so die Gesellschaft betrogen hat, werden hingegen aufgrund der geltenden gesetzlichen Lage verfolgt.

Für Steuersünder ist das eine durchaus komfortable Situation – mitunter auch für Behörden, die sich keinen unangenehmen Fragen stellen müssen, weil sie sich stets hinter dem Steuergeheimnis verstecken können. Denn die vierte Macht im Staat – die Presse – bleibt in derartigen Fällen einfach außen vor.

Part of the game

Wie das Doppelspiel zwischen Parteien und der Privatwirtschaft funktionieren kann, wurde Anfang 2009 offenbar.

Im Januar 2009 konnte ich Tonbandaufzeichnungen veröffentlichen, die ein besonderes Licht auf die Kuriositäten der heimischen Parteienfinanzierung werfen.

In „News" berichtete ich darüber, dass der Kärntner FPK-Chef Uwe Scheuch einem Berater die Bereitschaft signalisiert hatte, einem potenziellen russischen Investor im Gegenzug für ein Investment und eine Parteispende die österreichische Staatsbürgerschaft zu verschaffen. Sobald das besprochene Projekt abgewickelt sei, werde der Russe „no na net" als „part of the game" die Staatsbürgerschaft erhalten.

Diese hätte im vorliegenden Fall wohl vom Amt der Kärntner Landesregierung beantragt werden müssen. Vergeben werden Staatsbürgerschaften vom Bund, sie werden im nicht öffentlichen Teil der Ministerratssitzungen beschlossen – falls dem Antrag aus einem Bundesland zugestimmt wird. Scheuch sagte auf dem Tonband: „Ich werde dann schon meine Meinung kundtun, wenn es in die Regierung kommt."

Scheuch sagte auch: „Ich will, falls der Investor kommt, in irgendeiner Form davon auch profitieren können für die Partei. In Form einer Spende." Als Größenordnung nannte Scheuch „zwischen fünf und zehn Prozent". Die Abwicklung über eine „Agentur" fände er „ganz gut". Zitat: „Man muss nur irgendwie zuwikommen."

Scheuch zeigte nach der Enthüllung keinerlei Unrechtsbewusstsein. In einer Aussendung schrieb er: „Aus keiner einzigen Passage der zitierten Aussagen geht hervor, was daran problematisch sein soll." Und für Parteispenden gebe es „Spielregeln", die Gelder müssten „so oder so versteuert werden".

Wenig später verlor Scheuch dann sein Erinnerungsvermögen. Er wisse nicht, ob das von „News" veröffentlichte Tonband echt sei, sagte Scheuch am Abend des Tages der Enthüllung in der „Zeit im Bild 2". Möglicherweise seien ja seine Zitate „aus dem Zusammenhang gerissen" worden. Wobei angemerkt sei: Wie können Zitate „aus dem Zusammenhang gerissen" werden, wenn bestritten wird, dass das Gespräch stattgefunden hat?

Wieder einen Tag später kündigte Scheuch Klagen an – bei „News" langte freilich nie eine ein. Das Ganze sei „eine gesteuerte Aktion". Erinnern könne er sich an das veröffentlichte Gespräch noch immer nicht, aber: „Selbst wenn es das gegeben hat, so ist nichts daran ehrenrührig oder strafbar". Und: „Wer immer dieses Tonband angefertigt hat, geht ins Gefängnis." Er lasse sich diese „Schmutzkübelkampagne" nicht bieten.

Erst eine Woche später, nachdem der Berater, mit dem Scheuch einst das inkriminierte Gespräch führte, „News" ein umfassendes Interview gegeben hat, fand Scheuch sein Gedächtnis wieder. Es habe „öfter" Gespräche mit diesem Berater gegeben, er könne sich nur nicht „konkret" an das betreffende Gespräch erinnern. Wenig überraschend stellte sich Heinz-Christian Strache, Parteikollege Scheuchs, gleich hinter seinen Kärntner Parteifreund: „Die FPÖ ist eine Partei, die nichts mit Korruption zu tun hat."

Etwas später stellte sich heraus, dass in mehreren Fällen Staatsbürgerschaften für russische Investoren verliehen wurden, die in Kärnten investierten. Und in noch mehr Fällen hatte das Amt der Kärntner Landesregierung den Antrag auf Verleihung von Staatsbürgerschaften gestellt, die allerdings nicht zur Gänze vom Bund genehmigt wurden. Nun ist davon auszugehen, dass die Beamten des Amtes der Kärntner Landesregierung nicht aus eigenem Antrieb wahllos Anträge zur Verleihung von Staatsbürgerschaften für Russen stellen, die im politiknahen Bereich in Kärnten Investitionen tätigen oder tätigen wollen. Vielmehr muss davon ausgegangen werden, dass diese Anträge politisch initiiert wurden und auch handfeste politische Hintergründe haben.

Die Korruptionsstaatsanwaltschaft nahm schließlich Ermittlungen auf. Ende Januar 2011 konnte ich öffentlich machen, dass die Korruptionsstaatsanwaltschaft einen Vorhabensbericht an die Oberbehörde geschickt hat, in welchem sie erklärt, dass sie gegen Uwe Scheuch einen Strafantrag stellen will. Ende Februar 2011 vermeldete der „Kurier" schließlich, dass das Justizministerium das Vorhaben der Korruptionsstaatsanwaltschaft zum Teil genehmigt hat. Uwe Scheuch muss sich wegen des Verdachts der Vorteilsannahme sowie der Vorbereitung darauf vor Gericht verantworten. Der von der Korruptionsstaatsanwaltschaft erhobene Vorwuf des Verdachts der Bestechlichkeit wurde hingegen fallengelassen.

Ohne der noch ausstehenden Gerichtsentscheidung vorgreifen zu wollen, steht allerdings eines fest: Scheuchs offenherzige Erzählungen haben einen durchaus interessanten Beitrag für die Debatte um die Praktiken heimischer Parteien in Sachen Parteienfinanzierung geliefert. Sein Zitat, dies sei eben „part of the game", also „Teil des Spieles", beschreibt recht zutreffend, was sich hinter den Kulissen der heimischen Parteipolitik mitunter abspielt.

Grob gesagt, stellt sich das System wie folgt dar: Ein investitionswilliger Ausländer kommt und lässt abklären, ob das jeweilige Bundesland seine Investition unterstützen möchte. Im Regelfall ist es so, dass derartige Projekte aufseiten der Landespolitik nahezu schlüsselfertig in den Schubladen liegen.

Meist geht es um regionale Vorzeigeprojekte oder um nötig werdende Verkäufe aus ausgegliederten Unternehmen im Einflussbereich des Landes. Die Investition selbst kann unter Umständen mit einer regionalen Wirtschaftsförderung versehen werden. Ein Teil dieser Wirtschaftsförderung würde dann in Form einer Parteispende an die Politik zurückfließen. Folglich trägt der Investor für die Parteispende keine zusätzlichen Kosten. Im Gegenzug ermöglicht das jeweilige Bundesland die Beantragung einer Staatsbürgerschaft beim Bund über die jeweilige Landesamtsdirektion. Im Klartext: Über die Wirtschaftsförderung zahlt der heimische Steuerzahler dem ausländischen Investor die Parteispende an jene Partei, die es ihm möglich macht, Österreicher zu werden.

Da das Parteienfinanzierungsgesetz die Partei und den Spender schützt und zugleich bewiesen werden müsste, dass die Staatsbürgerschaft nur deshalb verliehen wurde, weil eine Parteispende bezahlt wurde, wird es den Strafverfolgungsbehörden fast unmöglich gemacht, derartige Fälle anklagereif durchzuermitteln. Erschwerend kommt hinzu: Rein formal wird die Staatsbürgerschaft von der jeweiligen Landesamtsdirektion beantragt. Kassiert wird jedoch von Politikern, die mit der Beantragung – formal betrachtet – wenig bis gar nichts zu tun haben. Hat aber jene Person, die für eine Partei eine Spende einhebt, nichts mit der Verleihung der Staatsbürgerschaft zu tun, kann auch kein Verkauf von Staatsbürgerschaften bewiesen werden.

Die „Privatiers"

Während Asylwerber auch im Fall von erfolgreicher Integration und mitunter sogar dann abgeschoben werden, wenn sie in unserem Land aufgewachsen sind, öffnen wir sogenannten „Investoren" zweifelhafter Provenienz gelegentlich sehr schnell den Weg zur österreichischen Staatsbürgerschaft.

Die Interessen sind dabei klar verteilt: So drängen viele russische und osteuropäische Geschäftsleute, die auf undurchsichtige Weise gewaltige Vermögen angehäuft haben, auf die Erteilung der österreichischen Staatsbürgerschaft. Die Idee dahinter ist ebenso klar wie nachvollziehbar: Wer es schafft, Österreicher zu werden, entzieht sich dem Zugriff der russischen Justiz. Diese hat wohl nur in Einzelfällen ihre Probleme mit der Anhäufung von Vermögen zweifelhaften Ursprungs. Allerdings weiß auch jeder russische Oligarch durch das Schicksal des einst reichsten Russen Michail Chodorkowski, was es heißt, in das Visier russischer Behörden zu geraten. Chodorkowski hatte es gewagt, sich mit dem Kreml anzulegen. Das Ergebnis war ein Verfahren, das nach westeuropäischen Standards einem Tribunal glich und mit Haft in Sibirien endete. Das Imperium Chodorkowskis wurde zerschlagen, andere Oligarchen auf diesem Weg widerspruchslos auf Linie gebracht.

Verständlicherweise drängen seither russische Millionäre, für die die Botschaft des Kremls unmissverständlich war, in den Westen. Wer es schafft, Österreicher zu werden, braucht sich vor der russischen Justiz oder Finanz nicht mehr zu fürchten. Denn Österreich liefert seine Staatsbürger nicht an Russland aus.

Doch auch Österreichs Interessen sind klar abgesteckt: Uns – oder zumindest maßgeblichen Entscheidungsträgern – geht es ums Geld. Wer genügend Geld mitbringt, bekommt in Österreich einen Aufenthaltstitel. So einfach ist das. Und es ist auch noch völlig legal. Wer außerdem lange genug über einen Aufenthaltstitel verfügt, hat auch Anspruch auf die österreichische Staatsbürgerschaft.

Das Instrument, das diesen Weg in vergleichsweise kurzer Zeit möglich macht, nennt sich „Privatierslösung". Sie bedeutet, dass auch bei voller Quote durch die Bundesländer Aufenthaltstitel vergeben werden können. Diese sind freilich an eine ganze Reihe von Bedingungen geknüpft, die sicherstellen, dass nur besonders reiche Persönlichkeiten in den Genuss dieses Privilegs kommen. So dürfen die Antragsteller keiner Erwerbstätigkeit nachgehen, müssen aber trotzdem ein Einkommen von mehr als 3500 Euro pro Monat nachweisen. Das funktioniert im Regelfall so, dass entweder eine Geldsumme bei einer heimischen Bank hinterlegt wird, deren Zinsertrag das nötige Einkommen garantiert, oder dadurch, dass Immobilien in Österreich angekauft werden.

Aus russischer Sicht macht das kaum einen Unterschied: Den „Investoren" ist zuerst wichtig, dass sie ihr Geld im sicheren Hafen Österreich haben. Welche Rendite da eine Immobilie oder ein Sparbuch abwirft, ist vorerst zweitrangig. Den Antrag für eine Staatsbürgerschaft muss wiederum eine Landesregierung stellen. Wie sich am Beispiel Kärntens herausgestellt hat, spielen die sonst üblichen Sorgen vor „Überfremdung" in diesen Fällen keine Rolle. Das Gegenteil ist der Fall: Schon nach kürzester Zeit werden Anträge für die Erteilung der österreichischen Staatsbürgerschaft für die hofierten „Investoren" gestellt. Behübscht werden derartige Anträge dann mit Bekundungsschreiben, die belegen sollen, dass sich der Einbürgerungswillige mit „besonderen Verdiensten" um die Region, die Wirtschaft, die Kultur oder den Sport verdient gemacht habe.

Ob dabei auch regelmäßig Parteienfinanzierung „part of the game" ist? Wir werden es kaum erfahren. Denn Parteien sind nicht verpflichtet, die Namen ihrer Gönner öffentlich zu machen. So will es das Gesetz. Die Investoren selbst haben auch kein Interesse daran, dass öffentlich wird, wie sie zur Staatsbürgerschaft gelangt sind. Bei diesem „Spiel" gibt es somit scheinbar nur Gewinner: die Parteien, die Investoren, die Regionen, in denen investiert wird. Auf der Strecke bleibt hingegen ein fairer politischer Wettbewerb, mitunter der Steuerzahler, ganz sicher die repräsentative Demokratie. Doch wen kümmert das, solange die Kasse stimmt?

Und selbst wenn eine Partei so töricht wäre und dem Rechnungshofpräsidenten melden würde, dass soeben ein eingebürgerter Russe eine Parteispende abgeliefert habe, deren Höhe den Betrag von 7000 Euro übersteigt, wird das die Öffentlichkeit nicht erfahren. Schließlich ist der Rechnungshofpräsident an das Amtsgeheimnis gebunden. Er muss schweigen, andernfalls macht er sich selbst strafbar. Er könnte sich bestenfalls seinen Teil denken. Und das auch nur, falls jemand auf die – wegen der gültigen Gesetzeslage völlig abstruse – Idee käme, ihn von der Existenz einer Parteispende oder gar über deren Hintergrund zu informieren.

Im Übrigen gilt: Solange die Spende nicht ausdrücklich als Gegenleistung für die Verleihung einer Staatsbürgerschaft deklariert wurde, hat alles seine Ordnung, dann wurde auch gegen kein österreichisches Gesetz verstoßen.

Da klingt es nur noch zynisch, wenn just jene, die die Mechanismen der heimischen Politik kennen, im Fall von vergleichsweise wenig begüterten, dafür aber gut integrierten Ausländern, die abgeschoben werden, ständig davon sprechen, dass Recht Recht bleiben müsse. Welches Recht? Jenes, das illegaler Parteienfinanzierung durch Vermögen aus zweifelhaften Quellen Tür und Tor öffnet? Oder jenes, das sicherstellt, dass derartige Praktiken jedenfalls dem Buchstaben des Gesetzes entsprechen? Was ist das für ein Land, in dem achtjährige Kinder, durch Sondereinheiten der Polizei von der Mutter getrennt, abgeholt und ausgeflogen werden, wenn gleichzeitig Spitzenbeamte des Innenministeriums intervenieren, damit – wie bereits geschehen – ein Millionär, gegen den ein Strafverfahren anhängig ist, einen Aufenthaltstitel erhält?

Besonders bemerkenswert: Mit Beschluss der Bundesregierung wurde am 14. Dezember 2010 per Verordnung festgelegt, wie die Quoten für die Zahl der Niederlassungs- und Aufenthaltsbewilligungen für das Jahr 2011 aussehen. Insgesamt dürfen 2011 höchstens 8145 quotenpflichtige Niederlassungsbewilligungen erteilt werden. Interessant ist ein Vergleich mit den Vorjahren: Die Zahl der Privatiers stieg, während die Gesamtzahl der Niederlassungs- und Aufenthaltsbewilligungen gleich blieb. Es wurde somit innerhalb der Gesamtquote eine Umverteilung zugunsten der „Privatiers" vorgenommen. Im sogenannten „Vorblatt" für die Mitglieder des Hauptausschusses des Parlaments wird erklärt, dass über diese Verordnung das Ziel der „Steuerung der Zuwanderung" erreicht werden soll. In den „Erläuterungen", somit dem letzten Blatt des Konvolutes, wird beiläufig erklärt, dass es eben „im Detail" nun „minimale Änderungen" gäbe: „So soll lediglich die Quote für so genannte ‚Privatiers' geringfügig angehoben und die Quote für die so genannte ‚Zweckwanderung' geringfügig gesenkt werden." Treffender kann gar nicht beschrieben werden, wohin die Reise geht und von welchen Absichten die verantwortlichen Politiker getrieben sind. Einer kontinuierlichen Ausweitung des Phänomens „part of the game" scheint somit österreichweit immer weniger im Wege zu stehen. Die Botschaft lautet: Mehr „Privatiers", dafür weniger Familienzusammenführung, da Familienmitglieder mit ihrer „Niederlassungsbewilligung – beschränkt" nun in jene Quotenkategorie fallen, die zugunsten der „Privatiers" gekürzt wurde.

Bei dieser Gelegenheit sei auch auf die sogenannte Kasachen-Affäre verwiesen. In dieser Angelegenheit wurde ein Aufenthaltstitel an einen kasachischen Staatsbürger bei laufendem Strafverfahren und voller Quote erteilt. Die zuständige Bezirkshauptmannschaft im niederösterreichischen Horn will an diesem Umstand jedenfalls keine Schuld tragen. Der Aufenthaltstitel wurde vergeben, weil das Innenministerium darauf drängte. Das ist jene Behörde, die im Auftrag der Justiz die Ermittlungen gegen jene Person führen sollte, die den Titel genehmigt bekommen hat.

Besonders starken Druck übt die Justiz ohnehin nicht aus, was die polizeilichen Erhebungen gegen den Kasachen betrifft. Der zuständige Staatsanwalt wurde mehrfach angezeigt, weil er des Amtsmissbrauchs durch Unterlassung (nämlich der Ermittlungen gegen den Kasachen) bezichtigt wird. Wenig überraschend schloss sich die Linzer Justiz, an die das Verfahren gegen den Wiener Kollegen delegiert wurde, nicht der Meinung an, dass die Ermittlungen gegen den Kasachen verschleppt würden. Die Frage, wie es möglich war, dass der Mann einen Aufenthaltstitel bekam, wäre nach wie vor zu klären. Diese Aufgabe wurde dem Büro für Korruptionsbekämpfung und Korruptionsprävention erteilt, das der Linzer Staatsanwaltschaft mittlerweile einen schriftlichen Bericht erstattet hat, dessen Inhalt bisher jedoch geheim geblieben ist. Es fällt auf, dass sich die Bezirkshauptmannschaft Horn in dem Ermittlungsverfahren anwaltlich vertreten lässt. Richtig, eine Behörde nimmt sich einen Anwalt, sogar einen sehr prominenten: Die Vertretung hatte just jene Kanzlei inne, für die bis Anfang 2011 der frühere Anwalt von Walter Meischberger, Gerald Toifl, tätig war.

Die Wende als Korruptionsturbo

Anfang Februar 2000 musste sich die SPÖ nach 30 Jahren in Regierungsverantwortung aus dem Bundeskanzleramt verabschieden. Viktor Klima, scheidender Kanzler der SPÖ, sprach den Satz aus: „Passen Sie mir auf unser Land auf", und Wolfgang Schüssel vereinbarte mit Jörg Haider eine schwarz-blaue Koalitionsregierung. Der Begriff der „Wende" in Bezug auf die österreichische Politiklandschaft war geboren. An innen- und außenpolitischen Auswirkungen mangelte es nicht: Die Regierungen der damals 14 anderen EU-Länder reduzierten wegen der Regierungsbeteiligung der FPÖ (und etlicher rassistischer Aussagen maßgeblicher FPÖ-Funktionäre) die offiziellen Kontakte zur österreichischen Bundesregierung auf das nötigste Mindestmaß, drei „Weisen" erstellten einen Bericht über die Lage in Österreich. Am Rande sei erwähnt, dass diese „Weisen" in ihrem Bericht mehrfach darauf hingewiesen hatten, dass es Mängel im österreichischen Rechtssystem gibt.

Innenpolitisch entscheidend war, dass es durch die Wende eine Machtverschiebung weg von der Sozialpartnerschaft und weg vom Einfluss der Gewerkschaften hin zur Industriellenvereinigung und zur Wirtschaft gab. Als neue wirtschaftspolitische Ziele wurden die Sanierung des Staatshaushaltes sowie die Privatisierung zahlreicher in Staatseigentum befindlicher Unternehmen und Liegenschaften ausgegeben. Den Slogan „Mehr privat – weniger Staat" dürften einige Protagonisten der Wende jedenfalls weidlich missbraucht haben, wie dieses Buch belegt. Dass es im Rahmen der anstehenden Privatisierungswelle zu Nepotismus, Misswirtschaft und Bereicherung kommen würde, war für politische Beobachter schon vor der Wende abzusehen.

Eine gewisse Schamlosigkeit im Umgang mit Parteispenden und öffentlichen Geldern war der heimischen Innenpolitik nie fremd. Und dass Geld vom Steuerzahler auch so verwendet werden kann, dass es möglichst einfach ins private Umfeld von Politikern fließt, hat der Fall des früheren EU-Abgeordneten Peter Sichrovsky eindrucksvoll belegt:

Im April 1999 berichtete das Wochenmagazin „Format", dass die FPÖ ihre Abgeordneten aufgefordert hatte, ihre Konten offenzulegen, „um gegen alle Angriffe unserer politischen Mitbewerber gewappnet zu sein", wie der damalige Bundesgeschäftsführer der FPÖ, Gernot Rumpold, in einem Brief schrieb. Hintergrund des Schreibens war laut „Format" ein Aktenvermerk des ehemaligen Wirtschaftssprechers Thomas Prinzhorn, wonach einige freiheitliche EU-Abgeordnete Mitarbeiter ohne Gegenleistung bezahlen würden.

Der „Format"-Bericht wurde vom damaligen FPÖ-Generalsekretär Peter Westenthaler prompt zurückgewiesen: Es handle sich um eine „Uraltgeschichte", „alle Vorwürfe" seien längst „widerlegt worden". Ein „findiger Journalist" habe wohl den alten Aktenvermerk „aus dem Mistkübel gezogen, wo wir ihn hinbefördert haben, weil die Sache erledigt" gewesen sei. Außerdem, so behauptete Westenthaler, würden die EU-Abgeordneten vom EU-Rechnungshof auch noch geprüft. Alles sei in Ordnung.

Ich wurde neugierig und begann zu recherchieren. Mitte Mai 1999 hatte ich alle Unterlagen zusammen. Der Clou an der Sache war, dass der FP-Abgeordnete Peter Sichrovsky seine amerikanische Ehefrau zur parlamentarischen Mitarbeiterin gemacht hatte. Die Reaktion der FPÖ ließ nicht lange warten: Die Geschichte sei „falsch" und würde eine „Millionenklage" nach US-Recht nach sich ziehen. In einer Presseaussendung wurde gar behauptet, dass Sichrovskys Anwälte mit Datum vom 20. Mai 1999 bereits eine Klage über seine US-Anwälte in Höhe von fünf Millionen Dollar eingebracht haben. Die „Anti-FPÖ-Kampftruppe" hätte sich den „FPÖ-Hassartikel aus den Fingern gesogen". Der freiheitliche

Pressedienst behauptete zudem, dass mein Kollege, der US-Korrespondent Herbert Bauernebel, in den USA „verhaftet" worden sei, weil er „tagelangen Psychoterror" gegen eine ehemalige US-Mitarbeiterin Sichrovskys ausgeübt hätte. Sichrovsky selbst sprach in diesem Zusammenhang von einer „Schande für den ganzen Berufsstand", es werde nicht einmal vor „kriminellen Methoden" zurückgeschreckt.

Doch es gab einen Haken: Die ganze Geschichte mit der „Verhaftung" war nämlich frei erfunden – was Sichrovsky jedoch nicht daran hinderte, von „Journalismus im Stürmerstil" zu sprechen, der die „Pressefreiheit zur Narrenfreiheit jener Zeitungsmacher" mache, die „ihren krampfhaften Hass auf die Freiheitlichen mit einer Nachricht verwechseln."

Anwaltlich vertreten wurde Sichrovsky damals von der Kanzlei Dieter Böhmdorfers, der einige Zeit später Justizminister wurde.

Eines gleich vorweg: Im Europäischen Parlament ist es – im Gegensatz zum österreichischen – nicht untersagt, Ehepartner oder Kinder zu parlamentarischen Mitarbeitern zu machen.

Die Unterlagen waren freilich unmissverständlich: An die in den USA lebende Ehefrau von Sichrovsky wurden von November 1996 bis Dezember 1997 insgesamt 704.667 Schilling überwiesen.

Das ging aus den Unterlagen der EU-Dienststelle „Vergütungen für Mitglieder" hervor, die ich im Lauf der Recherche erhalten hatte. Unter der Vertragsnummer „AO7848" und der internen Verrechnungsnummer „D1334" floss das Geld.

Wenige Tage später tischte Sichrovsky der Öffentlichkeit eine neue Variante der Geschichte auf: Das Geld sei lediglich an seine Frau angewiesen worden, diese habe es an eine Assistentin Sichrovskys in den USA weitergeleitet.

Ein Begriff tauchte erstmals auf, der die Öffentlichkeit für einige Zeit beschäftigen sollte: Sichrovskys Frau sei „selbsteintretende Dritte" gewesen. Sie hätte somit – so die Argumentation des

Ehemannes – nur als eine Art „Zahlstelle" fungiert, das Geld sei an eine US-Amerikanerin gegangen, die tatsächlich als Sekretärin tätig gewesen sei.

Eine derartige Behauptung ist freilich nicht einfach zu widerlegen. Angesichts der angedrohten Klagen nach US-Recht besorgten wir uns in den USA die Steuererklärungen der angeblichen amerikanischen Assistentin des EU-Parlaments. Das Ergebnis: Die Frau war eine penible Steuerzahlerin. Bloß Geld vom Europäischen Parlament fand sich in den Steuererklärungen keines, was den Schluss zuließ, dass sie dieses Geld auch nicht erhalten hat.

Noch wichtiger: Beim „Antrag auf Gewährung von Sekretariatszulage" im Europäischen Parlament wurde Sichrovskys Ehefrau als „Assistentin" gemeldet.

Wenig überraschend blitzte Peter Sichrovsky mit einem Antrag auf „Einstweilige Verfügung" beim Handelsgericht Wien ab. Der Richter begründete dies mit klaren Worten: „Nun ist aber die Tatsache, dass Frau Sichrovsky im Jahr 1997 – zumindest einige Monate hindurch – Zahlungen in der aufgezeigten Höhe erhalten hat, ebenso richtig und wahr wie der Umstand, dass sie keine EU-relevante Assistententätigkeit für den Kläger, ihren Ehemann, entfaltete." Und weiter: „Sollte sie in der Tat nur als Zahlstelle für einen nicht einmal in der Klage namentlich genannten (US-amerikanischen) Mitarbeiter fungiert haben, so wurde diese Konstruktion vom Kläger gegenüber den auszahlenden Stellen des Europäischen Parlaments augenscheinlich nicht offengelegt." Damit „erweist sich aber auch der Vorwurf des ‚Spesenskandals', welcher der Beklagten gleichfalls verboten werden soll, zumindest in seinem Kern als wahr."

Auch ein Antrag auf Gegendarstellung Sichrovskys wurde letztlich vom Oberlandesgericht Wien rechtskräftig abgewiesen. Im September 2000, als bereits einiges Gras über die im EU-Wahlkampffinale so heftig diskutierte Affäre gewachsen war, zog Sichrovsky schließlich seine letzten Klagen zurück. Obwohl er eine ganze Reihe von Verfahren eröffnet hatte, konnte er kein einziges gewinnen. Und eine Klage in den USA, deren angebliche Einbringung der freiheitliche Pressedienst verkündet hatte, traf nie ein.

Seiner politischen Karriere schadete die Affäre freilich nicht: Sichrovsky stieg zum Generalsekretär der FPÖ auf. Der Anspruch der damaligen Haider-FPÖ, besonders „sauber" zu agieren, war schon verloren, bevor die FPÖ im Jahr 2000 Regierungsverantwortung in Österreich übernahm. Es war für die Partei damals kein Problem, dass Sichrovsky seine eigene Ehefrau zur wohlbestallten „Assistentin" gemacht hatte.

Der Fall Habsburg

Die absurden Wege heimischer Politikfinanzierung brachte eine zweite Affäre zutage, die ebenfalls im Vorfeld der „Wende" stattfand. Im Mittelpunkt dieses Skandals stand ebenfalls ein EU-Abgeordneter: Karl Habsburg.

Im November 1998 wurde ich von zwei Informanten darauf aufmerksam gemacht, dass bei der Spendenorganisation „World Vision" Spendengelder, die für notleidende Kinder in der Dritten Welt bestimmt waren, verschwunden seien. Es ginge um 15 Millionen Schilling. Teile dieses Geldes seien für den Vorzugsstimmenwahlkampf des EU-Abgeordneten Karl Habsburg (ÖVP) verwendet worden. Entsprechende Sachverhaltsdarstellungen wurden mir mitgegeben.

Ich konfrontierte zu Redaktionsschluss die damalige „World-Vision"-Chefin, eine frühere ÖVP-Ministersekretärin, telefonisch mit den Vorwürfen. Die Dame war recht barsch: Am Telefon würde sie nicht mit mir über die Causa sprechen, ich solle doch sofort zu ihr ins Büro kommen, dann würde sie mir die Sache erklären.

Eine Viertelstunde später war ich in der damaligen „World-Vision"-Zentrale, um ein Interview mit der Dame zu führen. Nach etwa zehn Minuten ging die Tür auf und zwei Herren mittleren Alters betraten den Sitzungsraum und baten die Dame, mitzukommen. Sie sprang auf und meinte: „Herr Kuch, ich bin in einer Sekunde wieder bei Ihnen". Einer der beiden zivil gekleideten Herren grinste mich an und sagte: „Des glaub i net. Wir sind von der Wirtschaftspolizei".

Die Dame, einst Spitzenkandidatin der rechtskonservativen und monarchistischen Studentenfraktion JES (Junge Europäische Studenten), ging in U-Haft.

Ihr Ehemann war damals einer der wichtigsten Mitarbeiter Karl Habsburgs und dessen Wahlkampfmanager. Habsburg selbst war zuvor kurze Zeit Vorstand bei „World Vision". Schon in meiner ersten Veröffentlichung berichtete ich darüber, dass nun dem Verdacht nachgegangen werde, ob Spendengelder für hungernde Kinder in der Dritten Welt in den Wahlkampf Habsburgs umgeleitet wurden.

Die Reaktionen fielen entsprechend heftig aus: Die Paneuropabewegung, eine Art Habsburg-Unterstützungsverein, wies die Vorwürfe prompt zurück: „So viel Spekulationssteuer kann ‚News' gar nicht zahlen", vermeldete der Pressesprecher des Vereins. Die „absurden Vorwürfe" würden sich bald „entkräften lassen". Habsburg selbst erklärte, dass er die in „News" erhobenen Vorwürfe „auf das Schärfste" zurückweise. Und die damalige ÖVP-Generalsekretärin Maria Rauch-Kallat dementierte sofort jede Verbindung ihrer Partei zur Affäre.

Am Freitagnachmittag, also zwei Tage nach der Enthüllung der Geschichte, verhängte das Landesgericht Wien die U-Haft über die „World-Vision"-Chefin und ihren Mann wegen des dringenden Tatverdachts der Untreue und der Veruntreuung.

Am Montag folgte dann der Knalleffekt: Die Paneuropabewegung teilte mit, dass bei einer internen Überprüfung festgestellt worden sei, dass es „tatsächlich unkorrekte Geldflüsse" gegeben hatte. Druckereirechnungen der Paneuropabewegung seien von „World Vision" bezahlt worden. Habsburg selbst zeigte sich „erschüttert".

Die Strategie der Vorwärtsverteidigung kam nicht überraschend: Zu diesem Zeitpunkt war ich bereits im Besitz der Rechnungen und der gestempelten Zahlscheine – und die Paneuropabewegung war von mir mit den Vorwürfen schon konfrontiert worden. Aus den Rechnungen ging auch hervor, was mit „World-Vision"-Geld bezahlt wurde: 10.000 Wahlwerbebriefe, die die Unterschrift Habsburgs trugen, und mehrere Ausgaben der Paneuropa-Zeitung. Schnell wurde klar: Spendengelder für notleidende Kinder in der Dritten Welt wurden zur Wahlkampffinanzierung missbraucht.

Grund für einen Rücktritt sah Karl Habsburg freilich nicht. Jene Gelder, die für den Wahlkampf verwendet wurden, zahlte er unverzüglich zurück.

Politisch war der Kaiser-Enkel freilich nicht mehr zu retten. Im Januar 1999 gab die ÖVP bekannt, dass Habsburg nicht mehr aufgestellt wird. Der reagierte prompt mit einer eigenen Liste: Die CSA (Christlich-Soziale Allianz) sollte ihn wieder ins Europäische Parlament bringen. Aus dem Vorhaben wurde erwartungsgemäß nichts: Mit 1,5 Prozent der Stimmen scheiterte Habsburg kläglich.

Der wahre Skandal fand freilich auf anderer Ebene statt: Es sollte sechs Jahre dauern, bis die Hauptverantwortliche der Spendenaffäre vor Gericht verurteilt wurde. Erst im September 2004 wurde die Dame zu drei Jahren unbedingter Haft verurteilt.

Im Juni 2005 war ich beim Landesgericht für Zivilrechtssachen am Schwarzenbergplatz, um bei einer Verhandlung zwischen dem Ex-FPÖ-Politiker Reinhart Gaugg und der FPÖ zuzuhören. Nach Verhandlungsende überredete ich Gaugg, mit mir doch noch ein kurzes Gespräch im gegenüberliegenden Café Schwarzenberg zu führen.

Als wir das Café betraten, traute ich meinen Augen nicht: Denn am Nebentisch saß die ehemalige „World-Vision"-Chefin, die sich eigentlich im Gefängnis befinden sollte. Noch vom Café aus rief ich die Pressestelle der Staatsanwaltschaft Wien an. Dort wurde mir mitgeteilt, dass die Dame wohl um „Strafaufschub" angesucht hätte, dieses Ansuchen aber abgelehnt worden sei. Ich solle mich an das Straflandesgericht Wien wenden.

Dort wurde ich sogleich mit der zuständigen Richterin verbunden. Ihr Kommentar: „Jössas. Da ist etwas passiert." Es wurde nämlich vergessen, der zu drei Jahren Haft verurteilten früheren Habsburg-Vertrauten den „Haftantrittsbescheid" zuzustellen. Prompt erging die Anordnung, die Dame zum Haftantritt vorzuführen.

Was freilich nicht mehr möglich war. Denn unmittelbar nachdem ich über das überraschende Zusammentreffen mit der einstigen „World-Vision"-Chefin berichtet hatte, entzog sich diese durch Flucht dem Haftantritt.

Und wieder mahlten die Mühlen der heimischen Justiz überraschend langsam. Erst am 5. August 2005 wurde ein Haftbefehl ausgestellt. Die Schuld am peinlichen Vorfall schoben sich das Justizministerium und das Straflandesgericht wechselseitig zu: Durch den „personellen Engpass im nichtrichterlichen Bereich" sei es so weit gekommen und ein „pensionsbedingter Richterwechsel" habe auch zu dem Problem beigetragen.

Erst Ende August 2005 klicken die Handschellen. Die Flucht, die für so viele Schlagzeilen sorgte, hatte ein Ende. Polizeibeamte hatten die Dame bei ihrer Badener Villa verhaftet. Die drei Jahre Haft sollten nun also angetreten werden.

Bereits im Februar 2006 bekam ich den Hinweis, dass sich die Dame wieder in Freiheit bewegen würde. Zusätzlich erhielt ich ihre Mobilnummer. Ich rief an: „Warum haben Sie eigentlich ein Handy?" Die Antwort: „Woher haben Sie meine Telefonnummer?" – „Darf man zur Freilassung gratulieren?" – „Nein." – „Warum hat man Sie dann vorige Woche mehrfach in Wien gesehen?" Die kecke Antwort: „Sie sollten wissen, dass es verschiedenste Formen der Haft gibt."

Also habe ich wieder beim Straflandesgericht Wien nachgefragt. Dort hieß es: „Das war nicht unsere Entscheidung. Diese Veranlassung kam vom Justizministerium."

Im Büro der damaligen Justizministerin Karin Gastinger wollte man davon wiederum nicht gewusst haben. Letztlich stellte sich heraus: Der Anstaltsleiter hatte den „gelockerten Vollzug" genehmigt, weil die Dame – und das schlägt dem Fass angesichts der Flucht im Vorjahr den Boden aus – „nicht fluchtgefährdet" sei. Die rechtskräftig verurteilte Straftäterin, die sich der Haft schon einmal durch Flucht entzogen hatte, musste bloß in der Zelle übernachten und durfte mit ausdrücklicher Genehmigung der Justiz in dem Wirtschaftsunternehmen eines mit ihr befreundeten prominenten Wiener Arztes tätig sein. Resozialisierung auf wienerisch, sozusagen.

Wir lernen: Mit den richtigen Beziehungen – und die hatte die frühere Kabinettsmitarbeiterin der Minister Erhard Busek und Hans Tuppy, deren Vater jahrelang hauptverantwortlich für die immens wichtige Bewertung der Gegengeschäfte bei Rüstungskäufen der Republik war – geht in Österreich vieles. Da werden Haftantrittsbescheide nicht ausgestellt, Haftbefehle nur zögerlich erteilt und danach eben „gelockerter Vollzug" trotz vorhergehender Flucht mit der Begründung, dass eben die Fluchtgefahr nicht bestünde, genehmigt. Am Rande sei erwähnt: Im gleichen Zeitraum, als die Dame eigentlich in Haft befindlich sein sollte, trat sie als Alleineigentümerin und Geschäftsführerin einer Vermögensverwaltungsfirma auf. Die dafür nötigen Gewerbeberechtigungen wurden widerspruchslos ausgestellt. Die Justiz hatte einfach vergessen, der zuständigen Gewerbebehörde zwecks Löschung der Gewerbescheine die entsprechende Mitteilung zu übermitteln.

Der Spitzelskandal und sein absehbares Ende

Ende September 2009 wartete das Nachrichtenmagazin „profil" mit einer aufschlussreichen Kurzmeldung auf: Der Wiener FPÖ-Obmann Hilmar Kabas stünde offenbar vor dem politischen Aus. Anlass dafür sei ein „Enthüllungsbuch" des früheren Polizisten und FPÖ-Gewerkschafters Josef Kleindienst. Kleindienst war Mitbegründer der freiheitlichen Gewerkschaft und als Polizist Querverbinder zwischen Polizei und Partei.

Wenige Tage später konnte ich als erster Journalist über die Inhalte des Buches mit dem Titel „Ich gestehe" berichten. Die Rolle von Hilmar Kabas war freilich eine eher beschämende. Kleindienst beschrieb im Kapitel „Politik, Polizei und Puff", wie er mit Kabas und einer Parteidelegation das Bordell „Playgirl" im 19. Wiener Gemeindebezirk besuchte.

Ich konfrontierte Kabas mit dem Sachverhalt und bekam eine überraschende Antwort: Es habe sich um einen „Sicherheitslokalaugenschein" gehandelt. Wörtlich lautete die Rechtfertigung so: „Es kann sein, dass man als Politiker immer wieder den Sicherheitslokalaugenschein macht. Und da dürfte im konkreten Fall nach der Opernballdemonstration einem konkreten Sicherheitsnachweis nachgegangen worden sein."

Abseits dieser eher belustigenden Anekdote der heimischen Innenpolitik wartete Kleindienst in seinem Buch freilich auch mit einer Reihe strafrechtlich relevanter Vorgänge auf. Der zentrale Vorwurf, der die Medienbebatte für die nächsten Monate dominieren sollte, lautete, freiheitliche Polizisten hätten aus dem Computersystem des Innenministeriums Informationen gegen politische Gegner besorgt. Auch er selbst habe auf Bitten von

Funktionären Daten aus dem Polizeicomputer beschafft. Der „Spitzelskandal" war geboren.

Ein halbes Jahr lang folgte Enthüllung auf Enthüllung. Trotzdem war bereits recht bald absehbar, dass Teile der Strafverfolgungsbehörden nur sehr zögerlich agierten, sobald die Causa politisch brisant wurde.

Das beste Beispiel dafür ist jenes, als in der Untersuchung der Affäre Anfang November 2000 publik wurde, dass der Industrielle Herbert Turnauer Jörg Haider nach einem Besuch bei Turnauer in Salmannsdorf fünf Millionen Schilling „im Plastiksackerl" mitgegeben hatte.

Am 8. November 2000 war Kleindienst zur Einvernahme bei der Wirtschaftspolizei. Mit dabei hatte er einen Aktenvermerk über ein Gespräch mit einem früheren Mitarbeiter Haiders, den Kleindienst tags zuvor im Wiener Hotel Regina getroffen hatte. Ich selbst war bei diesem Treffen anwesend.

Der Ex-Mitarbeiter Haiders erzählte, dass er im Spätherbst 1996 von Haider fünf Millionen Schilling übernommen hatte. Haider habe dieses Geld von Turnauer „im Plastiksackerl" bekommen. Der Fahrer musste das Geld schließlich im freiheitlichen Parlamentsklub abgeben, von dort gingen die Millionen dann weiter in die damalige Rechtsanwaltskanzlei von Dieter Böhmdorfer.

Ein früherer Kanzleipartner Böhmdorfers hielt das Eintreffen des Geldes in einem Aktenvermerk fest. Er schrieb: „Ich war eines Abends, glaublich ein Freitag Ende 1996, allein in der Kanzlei als Josef Moser (Anmerkung: der heutige Rechnungshofpräsident und damalige Klubdirektor der FPÖ) zur Tür hereinkam, sich erkundigte, ob ‚Böhmi' noch da sei, und als ich verneinte, sagte er, er habe etwas für ihn privat, es handle sich um ein Buch. Darauf legte er ein nicht adressiertes, nicht verklebtes braunes Kuvert auf den Tisch und verabschiedete sich wieder. Ich nahm das Kuvert in die Hand und erkannte sofort an der Beschaffenheit, dass im Kuvert Geld ist. Ich schaute ins Kuvert hinein und stellte fest, dass drinnen zwei dicke Stöße Fünftausenderscheine waren. Da ich in Sorge war, das Geld könne wegkommen, versteckte ich es im Koffer des Herrn Dr. Böhmdorfer. Am späteren Abend wurde ich von einer aufgeregten Huberta Gheneff (Anmerkung: damals Mitarbeiterin in der Kanzlei Böhmdorfers) im Manhatten (Anmerkung: ein Fitnessstudio) angerufen und nach dem Verbleib des Kuverts befragt. Ich teilte ihr mit, in welchem Koffer das Kuvert versteckt sei."

Die Existenz der fünf Millionen Schilling ist damit unbestritten. Und unbestritten war auch, dass das Geld in keinem Rechenschaftsbericht der FPÖ deklariert wurde.

Zum Verständnis: Zum Zeitpunkt dieser Aussage von Kleindienst war Böhmdorfer bereits Justizminister.

Kleindienst legte noch nach: Der Zeuge habe ausgesagt, dass er nun von Haider persönlich angerufen worden sei und dieser seine „Loyalität" eingemahnt habe. Kleindienst: „Haider hat ihn aufgefordert, bei einer Einvernahme nichts zu verraten."

Kleindienst hat damit eine – strafbare – Zeugenbeeinflussung behauptet. Um diese zu beweisen, wäre es freilich nötig gewesen, die Rufdaten des früheren Haider-Fahrers auszuheben, um zu überprüfen, ob es ein Telefongespräch zwischen dem Mann und Haider zum angegebenen Zeitpunkt gab. Und natürlich musste der Haider-Fahrer so schnell wie möglich einvernommen werden.

Das freilich dauerte, denn die weisungsgebundene Staatsanwaltschaft ließ sich mit dem Erhebungsauftrag an die Wirtschaftspolizei, den Zeugen einzuvernehmen, einige Zeit. Während dieser Phase erfuhren die Betroffenen, dass es den Zeugen gibt, wer er ist und was er laut Kleindienst aussagen wird. Wie die Beschuldigten überhaupt von der Existenz des Zeugen und vom Inhalt seiner bevorstehenden Aussage erfahren konnten, ist zudem ein wenig schmeichelvolles Kapitel für die Staatsanwaltschaft Wien.

Das Ergebnis war jedoch klar: Noch vor seiner Einvernahme durch die Wirtschaftspolizei wurde der Zeuge von involvierten Personen intensiv kontaktiert.

Am deutlichsten wurde das durch einen Anruf vom damaligen Haider-Sekretär Gerald Mikscha. (Das ist jener Mann, der im Zusammenhang mit ominösen Haider-Geldern in Liechtenstein im Sommer 2010 wieder in die Schlagzeilen geriet.)

Mikscha hat bei dem Telefonat nicht lange gefackelt und den Kleindienst-Informanten mit umfangreichem Insiderwissen festgenagelt. Er wisse, dass sich der Mann am 7. November mit Kleindienst im Hotel Regina getroffen habe. Er wisse auch, dass über die Turnauer-Spende geredet worden sei. Und er wisse, dass behauptet worden sei, dass er, also Mikscha, bei anderen Geldübergaben dabei gewesen sei.

Wenige Tage später wurde mir sogar ein Tonbandmitschnitt eines Telefongesprächs zwischen Mikscha und dem Zeugen zugespielt. Das Gespräch zwischen dem Haider-Sekretär Mikscha und dem aussagewilligen Zeugen lässt wenig Zweifel offen:

Mikscha: „Gerald is do. Hörst du mich?"
Zeuge: „Jo, servas. Ich höre dich ganz normal."
Mikscha: „Du, i kriag da heute einen Hinweis, dass du angeblich mit dem Kleindienst zusammen warst. Der gibt an, dass er mit dir – lass mich kurz nachschauen – um 14 Uhr am 7.11.2000 im Hotel Regina zusammen war. Er hat da ein Gedächtnisprotokoll gemacht und hat mehrere Sachen niedergeschrieben, die du ihm gesagt haben sollst. Unter anderem, dass du in der Causa Fünf-Millionen-Schilling-Übergabe Zeuge gewesen sein solltest. Nach einem Besuch bei Turnauer und der Jörg dir dieses Geld angeblich übergab, du das Geld dann eine Zeit lang aufbewahrt hast und dann in die Reichsratsstraße gebracht und dem Jomo (Anmerkung: Klubdirektor Josef Moser) übergeben hättest. Du sollst dann noch erwähnt haben, dass es mehrere Besuche gegeben hat, dass sich der Lauf des Geldes bei den anderen Besuchen anders zugetragen hätte. Nämlich, dass ich da Geldbote gewesen sein sollte. Ich weiß nicht, wie du auf das kommst. Ich weiß ja nicht, ob es dieses

Gespräch wirklich gegeben hat und was auch immer du da ausgesagt haben mögest."

Zeuge: „Tatsache ist, dass ich den Kleindienst nie gesehen habe. Mehr kann ich dazu nicht sagen."

Mikscha: „Und du hast solche Aussagen nie getätigt?"

Zeuge: „Nein. Ich bin darauf angesprochen worden, ob das stimmt. Zum Beispiel das mit den fünf Millionen. Ich hab gesagt, ich weiß es nicht."

Mikscha: „Hast du gesagt, dass du das Geld erhalten und weitergegeben hast? Weil das ist der Punkt."

Zeuge: „Nie."

Mikscha: „Ich schätze, dass ‚News' das morgen bringen wird. Zum Zweiten: Der Staatsanwalt wird bei den Einvernahmen natürlich auf diese Punkte eingehen."

Zeuge: „Ich weiß ja, was ich gesagt habe. Der K. hat mich auf das auch angesprochen und hat gesagt, ich bin verpflichtet, die Wahrheit zu sagen, und hat das so hingedreht, dass ich der bin, der übrig bleibt, wenn ich was Falsches sage. Und auf das hin habe ich den Jörg angerufen und mit dem Koloini (Anmerkung: Mitarbeiter von Jörg Haider) geredet. Und der Jörg hat mich zurückgerufen, und da habe ich den Jörg gefragt, wie das ist."

Mikscha: „Schau. In dem Fall wirst du belastet. Und so wie die das darstellen, belastest du auch den Jörg und auch mich. Das ergibt natürlich Erhebungen. Jetzt ist nur die Frage ..."

Zeuge: „Ich will damit nix zu tun haben! Das ist der Grund, warum ich den Jörg kontaktiert habe. Weil ich über Umwege erfahren habe, dass ich einvernommen werden soll ..."

Mikscha: „Warst du am 7.11. in Wien oder nicht?"

Zeuge: „Ich war in Wien, weil ich gearbeitet habe. Ich habe gar niemanden, auch nicht den Kleindienst getroffen. Ich will in nix hineingezogen werden."

Mikscha: „Es hat ja auch nix gegeben ..."

Zeuge: „Wenn mir jemand sagt, ich muss etwas aussagen, dann sage ich: Tut mir leid. Ich sage jedem, dass ich nichts mehr weiß, weil ich mich nicht mehr erinnern kann."
Mikscha: „Es ist ja niemandem zu verübeln, wenn er nicht mehr weiß, was vor drei oder vier Jahren war. Vor allem, wenn es nix Belastendes ist. Wenn es jetzt auch eine Lüge war, dass du mit denen zusammen warst, dann musst du jetzt auch etwas unternehmen! Und eine eidesstättige Erklärung machen. Ich würde das an deiner Stelle auch machen, weil du sonst auch belastet bist."

Das Gespräch macht deutlich: Haiders Leute wussten bereits vor der Einvernahme des Kronzeugen, dass dieser Kleindienst getroffen hatte und aussagen könnte. Zeitgleich ließ der Erhebungsauftrag der Staatsanwaltschaft an die Wirtschaftspolizei, damit diese den Zeugen endlich einvernehmen kann, auf sich warten. Warum das möglich war, ist einfach erklärt: Der zuständige Staatsanwalt Michael Klackl gab die Aussagen Kleindiensts und dessen Aktenvermerk über das Gespräch mit dem Zeugen im Hotel Regina prompt zu den Gerichtsakten. Schon am 10. November nahm die FPÖ-Anwältin dort Akteneinsicht.

Am besten beschreibt der zuständige U-Richter Stefan Erdei, der im Gegensatz zum Staatsanwalt weisungsfrei war, die aufklärungswürdigen Vorgänge.

Im März 2003 platzte Untersuchungsrichter Erdei nämlich der Kragen. Er beschwerte sich schriftlich (!) über die Vorgangsweise der Staatsanwaltschaft. In dem dreiseitigen Dokument listete er penibel auf, wie das Verfahren hintertrieben wurde:

- Akten vorenthalten. „Bei Durchsicht des gestern Nachmittag von der Staatsanwaltschaft Wien in fünf Kartons übermittelten Aktes stelle ich fest (…) Eine erste Durchsicht ergibt, dass der von der Wirtschaftspolizei Wien und der Staatsanwaltschaft Wien in den letzten Monaten mehrfach medial ange-

kündigte Schlussbericht oder sonst eine als Vollanzeige zu wertende Aufstellung der Verdachtsfälle und deren Zuordnung zu konkreten Verdächtigen sich nicht in dem übermittelten Konvolut befindet."
- Aktenchaos: Berichte der Wirtschaftspolizei wurden ohne Eingangsvermerk der Staatsanwaltschaft weitergeleitet, was eine chronologische Ordnung unmöglich macht. Zitat: „Die Aktenordner tragen auf dem Rücken Bezugsvermerke, die offenbar auf eine interne Ordnung der Inhalte oder auf eine Auflistung Bezug nehmen, die jedoch nicht vorliegt."
- Vernichtende Bilanz. Und Erdei schrieb weiters: „Insgesamt ergibt sich folgendes Bild: Offenbar wurde von der Wirtschaftspolizei eine Faktenliste angefertigt, die zumindest 42 Fakten aufzählt. Auch unter Berücksichtigung der bereits vorliegenden Berichte und Ergebnisse liegen derzeit nur Unterlagen zu insgesamt elf Fakten, somit zu knapp ¼ der offenbar von der Wirtschaftspolizei angezeigten Fakten, dem Gericht vor."

Und selbst bei diesen elf Fakten scheint die Staatsanwaltschaft im Chaos zu versinken. Erdei: „Die Einordnung der nunmehr dem Gericht übermittelten Unterlagen in den Gesamtbezug ist mangels Vorliegen einer Gesamtdarstellung (,Schlussbericht') sowie Angaben zur Nummerierung (,Faktenliste') nicht möglich."

Erdei: „Mangels Vorliegen eines Schlussberichtes ist daher zumindest nicht in allen Fällen mit Sicherheit erkennbar, welche Handlungen einzelnen Verdächtigen nach Abschluss der Erhebungen tatsächlich zur Last gelegt werden. Die nunmehr gestellten Anträge der Staatsanwaltschaft Wien verweisen nur auf die mitgelieferten Unterlagenkonvolute und enthalten keine Darstellung des als rechtswidrig verdächtigen Verhaltens."

„Da die übermittelten Ordner offenbar aus dem Zusammenhang gerissen wurden, ist eine dem Sinn der §§ 375, 378 Geschäftsordnung entsprechende Seiten- und Bandnummerierung faktisch nicht möglich." Unterschrift: Dr. Stefan Erdei.

Erdeis Einschätzung erwies sich in der Folge als völlig zutreffend. Vom Spitzelskandal blieb (fast) nichts übrig. Erdei selbst hätte schon zum Zeitpunkt seines Aktenvermerks versetzt werden sollen. Die FPÖ forderte offen seine Ablöse. Angesichts des zu erwartenden Aufruhrs verzichtete die Justiz darauf. Ein halbes Jahr später wurde Erdei schließlich Jugendrichter. Für die „Spitzelaffäre" stand er somit nicht mehr zur Verfügung.

Meine Rolle als Beschuldigter

Was ich bis heute nicht öffentlich gemacht hatte: Ich selbst war im Spitzelskandal „Beschuldigter". Das mag einigermaßen überraschend klingen, da die anderen Beschuldigten durchwegs FPÖ-Politiker oder Polizisten der freiheitlichen Polizeigewerkschaft AUF gewesen sind.

Meine Überraschung war damals ebenfalls recht groß – zumal ich wegen einer Angelegenheit verfolgt wurde, die ich erfolglos recherchiert und daher auch nie veröffentlicht hatte.

Zur Vorgeschichte: Mitte 1998 erreichte mich ein anonymes Schreiben, das aus einem Deckblatt und knapp 30 Seiten mit zahllosen aufgelisteten Exekutionstiteln gegen einen damaligen Haider-Vertrauten bestand. Auf dem Deckblatt fanden sich einige Anmerkungen über diesen Haider-Vertrauten. Dieser habe seiner Frau Gewalt angetan, sei mit einem Waffenverbot belegt, weil er sie mit einer Waffe bedroht hätte, und zudem sei der Mann, wie den beigelegten Exekutionstiteln zu entnehmen sei, pleite.

Ich solle doch in Kärnten recherchieren. Konkret wurde mir sogar ein Gendarmerieposten im Bezirk Wolfsberg genannt, wo man Bescheid wisse.

Ich begann also zu telefonieren und fand relativ schnell den Namen jenes Gendarmen heraus, der einst mit der Causa befasst gewesen sein soll. Ich kontaktierte den Mann und vereinbarte ein Treffen bei einer Autobahnraststation in Kärnten.

Dort angekommen, teilte ich ihm mit, welche Informationen ich erhalten hatte. Der Gendarm schien relativ unbeeindruckt, doch mit der Sache durchaus vertraut. Zumindest schien der Mann nicht überrascht. Ich fragte ihn, warum er – obwohl örtlich unzuständig – mit der Angelegenheit betraut gewesen sei und ob er den entsprechenden Akt hätte. Seine Antwort war knapp und unmissverständlich: Er habe den Akt nicht.

Das Gespräch war somit auch relativ schnell wieder beendet. Ich hatte mit dem Mann vorher noch nie zu tun, er reagierte abweisend und eine vertrauensvolle Gesprächsbasis konnte sich so nicht entwickeln. Ich fuhr ohne Ergebnis zurück nach Wien. Mangels erfolgreicher Recherche erschien von mir auch kein Bericht zu der Causa.

Gut ein Jahr später, die Spitzelaffäre war bereits voll im Laufen, bekam der Beamte Besuch von einer Sonderkommission, die bei ihm zur Hausdurchsuchung auftauchte. Der Beamte war bei der freiheitlichen Polizeigewerkschaft aktiv und im Zusammenhang mit Datenbeschaffungen (zu Unrecht) beschuldigt worden, was die Hausdurchsuchung auslöste. Bei dieser Hausdurchsuchung wurde ein Aktenvermerk gefunden, den der Mann über unser Treffen bei der Autobahnraststätte angelegt hatte.

Wenige Tage später rief mich Nikolaus Koch an. Er war Leiter jener Sonderkommission, die außerhalb Wiens (wo die Wirtschaftspolizei zuständig war) die Ermittlungen zum Spitzelskandal durchführte. Die Beamten dieser Sonderkommission stammten – so wie Koch – aus dem Burgenland. Meine Freude darüber, dass mich der zuständige Chefermittler anrief, hielt jedoch nur kurz an.

Koch teilte mir mit, dass er sich mit mir in einer nahe gelegenen Pizzeria treffen wolle. Es gebe in Sachen Spitzelskandal etwas zu besprechen.

Das Gespräch selbst war dann recht kurz. Koch erzählte mir von dem beschlagnahmten Aktenvermerk und dass ich einvernommen werden müsse. Zu diesem Zeitpunkt war noch davon die Rede, dass ich Zeuge sei. Meine Antwort: Ich müsse mit meinem Verlag und dem Anwalt klären, inwieweit ich Aussagen treffen könne, da ich an das Redaktionsgeheimnis gebunden bin.

Wenig später bekam ich bereits eine Beschuldigtenladung vom Landesgericht Klagenfurt. Anders als die FP-Parteigänger in

Wien wurde ich nicht von einem (weisungsgebundenen) Staatsanwalt, sondern gleich vom U-Richter einvernommen.

Die Einvernahme selbst bleibt mir unvergessen. Ich war auch stark verunsichert. Denn ich wusste nicht, was jener Kärntner Polizist ausgesagt hatte, bei dem der Aktenvermerk über das Treffen an der Autobahnraststätte gefunden wurde. Der Akt wurde zur Verschlusssache erklärt, vor meiner Einvernahme bekam ich keine Akteneinsicht.

Da ich am Tag meiner Einvernahme in Klagenfurt noch in Wien gebraucht wurde, entschied der Verlag, dass ich zur Beschuldigteneinvernahme nach Kärnten fliegen sollte.

Meine Stimmung wurde nicht besser, als ich den Flieger nach Klagenfurt betrat: Ich hatte das zweifelhafte Vergnügen, neben dem damaligen Justizminister Dieter Böhmdorfer und dem Banker Michael Lielacher zu sitzen, die dieselbe Maschine genommen hatten. Obwohl mich Böhmdorfer nicht erkannte, unterließ ich es, mich im Flugzeug in Vorbereitung auf meine Einvernahme mit meiner Anwältin zu besprechen.

Die Einvernahme selbst lief so ab, wie ich es in Kärnten erwarten durfte: Der U-Richter behandelte mich entsprechend unwirsch. Er fragte, ich antwortete, er fasste das Gesagte auf einem Tonband zusammen. Ich korrigierte ihn, dass ich das so nicht ausgesagt hätte, er belehrte mich, dass ich ihn nicht zu belehren hätte.

Am Ende der Einvernahme strich ich weite Teile des vom U-Richter erstellten Protokolls wieder durch und schrieb meine Antworten auf seine Fragen handschriftlich so nieder, wie ich die Fragen beantworten wollte – was einen erheblichen und wesentlichen Unterschied zur zusammenfassenden Protokollierung des U-Richters machte. Erst dann unterschrieb ich das Einvernahmeprotokoll. Dieses aufwendige Prozedere hätte auch unterbleiben können, wenn sich das Protokoll mit meiner Aussage wörtlich gedeckt hätte.

Letztlich wurde das Verfahren gegen mich eingestellt. Dies aus einem einfachen Grund: Ich hatte den Beamten gefragt, ob er den von mir gesuchten Akt habe. Das ist nicht verboten, zumal ich ja auch zu überprüfen hatte, warum ein örtlich unzuständiger Beamter im vorliegenden Fall tätig gewesen sein sollte. Das Überprüfen einer Kompetenz steht jedoch jedenfalls außer Strafe.

Hätte ich jedoch gesagt: „Geben Sie mir den Akt", dann hätte ich mich der Anstiftung zum Amtsmissbrauch schuldig gemacht.

Seit diesem Verfahren habe ich meinen Umgang mit beamteten Informanten standardisiert. Ich frage nun: „Haben Sie die Akte?" Falls ich eine Antwort bekomme, die auch den Inhalt der Akte umfasst, habe ich jedenfalls keine Anstiftung zum Amtsmissbrauch getätigt. Der Beamte – und so ist die gesetzliche Lage in Österreich – hat es da wesentlich schwerer: Er unterliegt immer dem Amtsgeheimnis, es sei denn, er wurde explizit von der Amtsverschwiegenheit entbunden.

Dieter Böhmdorfer –
Haiders Anwalt wird Justizminister

Dieter Böhmdorfer gilt als einer der politisch einflussreichsten Rechtsanwälte des Landes. Lange Jahre vertrat Böhmdorfer Jörg Haider. Im Jahr 2010 war er unter anderem Anwalt von Wolfgang Kulterer, dem ehemaligen Chef der Hypo Alpe Adria. Lange davor, zwischen Februar 2000 und Juni 2004, war Dieter Böhmdorfer Justizminister.

Ministern ist – wie Klubobleuten, Mitgliedern von Landesregierungen oder Parlamentspräsidenten – jede zusätzliche Erwerbstätigkeit untersagt. Nicht verboten sind freilich Einnahmen aus Vermietung und Verpachtung. Es soll ja niemand sein Zinshaus oder seinen Wald oder den Erbacker verkaufen müssen, nur weil er Minister wird.

Der Zweck des Gesetzes ist einfach erklärt: Unvereinbarkeiten sollen verhindert werden. Etwa, dass ein Finanzminister eine Steuerberatungskanzlei betreibt. Oder dass etwa ein Justizminister, der ausgestattet mit dem Weisungsrecht oder durch geschickte Personalpolitik in der Lage wäre, Verfahren zu beeinflussen, nebenbei Rechtsanwalt ist.

Im Sommer 2002 bekam ich von einem Informanten ein wichtiges Dossier zugesteckt. Es ging um den Justizminister und sein Nebeneinkommen.

Böhmdorfer hatte ein hochinteressantes Geheimnis: Der Justizminister bekam von seiner früheren Kanzlei monatlich 100.000 Schilling plus 20 Prozent Umsatzsteuer – und zwar „für die Verpachtung" seines Klientenstammes.

Unmittelbar nach seiner Angelobung zum Justizminister – Böhmdorfer folgte Michael Krüger nach, der das Amt nach kürzester Zeit verließ – stellte Böhmdorfer seine Rechtsanwaltschaft ruhend. Einen Monat danach, am 20. März 2000, errichtete er einen Abtretungsvertrag, in dem er seinen 50-Prozent-Anteil an der „Rechtsanwälte Böhmdorfer-Gheneff KEG" an seine frühere Kanzleipartnerin Huberta Gheneff abtrat.

So weit, so gut. Dem Gesetz war damit Genüge getan. Angriffe der Opposition konnte Böhmdorfer locker wegstecken. Völlig richtig entgegnete er: „Ich bin in keiner Weise an der Kanzlei beteiligt."

Was er jedoch verschwieg, war, dass er einen Tag vor der Abtretung einen Pachtvertrag abgeschlossen hatte. Die Vertragspartner: Böhmdorfer als Verpächter und die „Böhmdorfer-Gheneff Rechtsanwaltskanzlei" als Pächter.

Zitat aus dem Vertrag: „Gegenstand des Pachtvertrages ist die seit 27 Jahren bestehende Rechtsanwaltskanzlei Dr. Dieter Böhmdorfer samt Klientenstock und Anlagevermögen. Der Pachtvertrag wird für die Dauer der Ausübung der Amtstätigkeit als Bundesminister für Justiz durch Herrn Dr. Dieter Böhmdorfer abgeschlossen. (…) Der monatliche Pachtzins beträgt S 100.000 netto zuzüglich Umsatzsteuer und ist jeweils am Monatsersten (…) fällig."

Böhmdorfer selbst reagierte unwirsch, als ich ihn mit dem Pachtvertrag konfrontierte: „Was erwarten Sie von mir? Soll ich mein Vermögen verschenken?" Der Vertrag stünde in keinem Zusammenhang damit, dass er Justizminister wurde.

Tatsächlich findet sich im Pachtvertrag eine Präambel, in der festgehalten wird, dass bereits seit 1998 ein mündlicher Pachtvertrag existiere. „Durch die Ernennung des Verpächters zum Bundesminister für Justiz", heißt es im Vertrag, „wurde jedoch nunmehr das Pachtverhältnis (…) verlängert und in Schriftform gebracht."

Bleibt die Frage, warum Böhmdorfer den Pachtvertrag der Öffentlichkeit so lange verschwiegen hatte. Im August 2000 erklärte er beispielsweise in einer Presseaussendung: „Der Vorwurf, dass es nach wie vor eine Verquickung von Dr. Böhmdorfer mit der Rechtsanwälte Böhmdorfer-Gheneff KEG gibt, ist nicht nur unsachlich, sondern unrichtig." Die Pacht wurde dabei mit keiner Silbe erwähnt.

Michael Graff, damals selbst Rechtsanwalt und einst ÖVP-Generalsekretär, brachte die Sache schließlich auf den Punkt: „Rechtlich scheint die von Böhmdorfer gewählte Lösung mit der Verpachtung möglich, politisch sieht diese Art der Trennung freilich wirklich schlecht aus." Und Barbara Helige, damals Präsidentin der österreichischen Richtervereinigung, meinte: „Die Problematik ist die gleiche wie vor zwei Jahren. Die Erwartungshaltung von Klienten kann beeinflusst werden." Die Richtervereinigung wolle aber vermitteln, dass „es für einen Richter keine Rolle spielt, wenn der Name Böhmdorfer auf einem Briefkopf steht."

Diskutiert wurde im Zuge der Veröffentlichung von Böhmdorfers Pachtvertrag auch der Vorschlag, ein Monitoring-System einzuführen, das die Vermögensentwicklung von Politikern und deren Ehepartnern überwacht.

Geschehen ist seither freilich nichts dergleichen.

Der Fall Meischberger

Im Zuge der „Buwog"-Affäre trat ein Mann in den Blickpunkt der Öffentlichkeit, der ein alter Bekannter Dieter Böhmdorfers ist: Walter Meischberger, eines der Ur-Buberl aus Haiders „Buberlpartie".

Meischberger, einst jüngster Bundesrat des Landes, war von 1990 bis 1999 Abgeordneter der FPÖ im Nationalrat, von 1995 bis 1999 auch stellvertretender Klubobmann. Meischbergers politische Karriere erfuhr jedoch einen abrupten Knick: Im Dezember 1998 hatte der Oberste Gerichtshof die Verurteilung Meischbergers in der sogenannten „Bar-aufs-Handerl"-Affäre rund um den FC Tirol bestätigt. Meischberger war als Spielervermittler des Fußballers Peter Stöger tätig und hatte drei Millionen Schilling „bar aufs Handerl" für einen Spielertransfer zum FC Tirol erhalten. Für die FPÖ war das ein großes Problem, stand doch ein Superwahljahr vor der Partei, die für sich in Anspruch nahm, die „Ordentlichen" und „Anständigen" zu vertreten.

Meischberger wollte freilich nicht zurücktreten. Ihm fehlten nur noch 39 Tage, um Anspruch auf eine Politpensionsberechtigung nach dem lukrativen alten System zu erwerben.

Die politischen Mitbewerber der FPÖ nutzten dies weidlich aus. Mit Taferln wurde im Parlament kameragerecht heruntergezählt, wie viele Tage Meischberger noch fehlen, um den begehrten Anspruch auf die Politikerrente zu erwerben.

Am 20. Februar 1999 konnte Haider schließlich zum Befreiungsschlag ansetzen: Gemeinsam mit Meischberger verkündete er dessen Rücktritt. Meischberger durfte bei dieser Pressekonferenz betonen, dass „wir Freiheitliche anständige Menschen" sind und dass er immer schon gegen „Pensionsprivilegien" von Politikern gekämpft habe. Die Welt der „Anständigen" und „Ehrlichen" schien wieder in Ordnung. Der Slogan der FPÖ für das 1999er Jahr schien gerettet: „Er hat Euch nicht belogen."

Die ganze Wahrheit kam freilich erst elf Jahre später ans Tageslicht. Denn im Zuge der Hausdurchsuchungen in der Buwog-Affäre fanden die Ermittler bei Meischbergers Vertrautem, dem Immobilienmakler Ernst Plech, brisante Unterlagen, darunter den Entwurf eines Geheimvertrages zwischen Meischberger und Haider über Meischbergers Rücktritt im Jahr 1999.

Die Wahrheit war ganz simpel – und grundlegend anders, als Meischberger und Haider dies einst dargestellt hatten: Meischberger ließ sich bei seinem Rücktritt seine Bezugs- und Pensionsansprüche einfach abkaufen. Per Überbringersparbuch erhielt er 2,5 Millionen Schilling. Für das Geld wurde keine Steuer bezahlt – was besonders kaltschnäuzig scheint, musste Meischberger doch ausgerechnet aufgrund einer Verurteilung wegen Steuerhinterziehung zurücktreten.

Den Gläubigern Meischbergers, der damals wegen eines schlecht gehenden Textilhandels einige Probleme hatte, wurde die Zahlung ebenso verheimlicht wie den Wählern der FPÖ. Meischbergers größter Gläubiger war damals die Bank Austria. In einer seiner Beschuldigteneinvernahmen sagte Meischberger dazu Folgendes aus: „Ich war rund elf Millionen Schilling schuldig und habe bis 25. Juni 2000 2,5 Millionen Schilling an die Bank Austria rückgeführt. Auf die Differenz hat die Bank Austria verzichtet."

Konkret sah der Deal um Meischbergers Rücktritt so aus: Meischberger bekam seine Pensionskasseneinzahlungen und den Einkommensverlust aus der vorzeitigen Mandatsrücklegung ersetzt. Im Falle einer späteren Rückkehr ins Mandat sollte er das Geld wieder zurückgeben. Im Gegenzug verpflichtete sich die Partei, Meischberger in das ORF-Kuratorium zu entsenden. Hinsichtlich der strafrechtlichen Verurteilung Meischbergers erklärte die Partei zudem, „mit Nachdruck" entlastende Argumente zu vertreten. Für die Zukunft sollte eine Zusammenarbeit in Form von „Werkverträgen bzw. Konsulentenverträgen" vereinbart werden.

Als Sachwalter der Vereinbarung waren der damalige FPÖ-Politiker Gilbert Trattner, der wie Meischberger aus Tirol stammt, und Meischbergers Vertrauter, der Immobilienmakler Ernst Plech vorgesehen.

Am 6. August 1999 wurden die vereinbarten 2,5 Millionen Schilling auf das Überbringersparbuch 2513-49527 bei der Erste Bank einbezahlt.

Und nun fällt wieder der Name Böhmdorfer. Denn laut einem nicht unterzeichneten Schriftstück wurde das Sparbuch am selben Tag in der Kanzlei Böhmdorfer übergeben. Die damals anwesende Ehefrau Böhmdorfers hätte das Losungswort sinnigerweise mit „Rückgabe" benannt.

Wie sich aufgrund der sichergestellten Beweismittel zeigte, war dies freilich nicht der einzige aufklärungswürdige Berührungspunkt Meischbergers zu Böhmdorfer. Denn die Ermittler der Sonderkommission „Constantia", die die Erhebungen im Buwog-Skandal durchführten, fanden auch einen Vertrag zwischen Meischberger und Plech, aus dem hervorgeht, dass Meischberger von Plech „im Hinblick" auf Meischbergers „spezielle Kontakte" Geld bekommt – und zwar „im Falle des Zustandekommens eines Miet- bzw. Kaufvertrages mit dem Justizministerium".

Das Ziel war somit klar definiert: Das Bezirksgericht Innere Stadt und das Handelsgericht sollten aus dem Gebäude in der Riemergasse aus- und in den sogenannten „Justiztower" beim Bahnhof Wien-Mitte einziehen. „50 % zuzüglich Umsatzsteuer des eingehenden Honorars" wurden Meischberger in dem Vertrag zugesichert. Tatsächlich zog das Handelsgericht Wien in der Amtszeit von Justizminister Dieter Böhmdorfer aus der Riemergasse aus und in den ohnehin umstrittenen Justiztower ein. Das Honorar Walter Meischbergers aus dem Vertrag mit Plech betrug 630.218,64 Schilling.

Hier drängen sich mehrere Fragen auf: Warum kassiert Meischberger eine Provision, wenn eine Justizbehörde von einem Gebäude in ein anderes umzieht? Hatte es überhaupt Sinn, dass die Gerichte übersiedeln? Die Personalvertreter der Richterschaft in der Riemergasse waren stets Gegner der Übersiedlung. Jedem Journalisten, der es wissen wollte, rechneten sie penibel vor, wie hoch die Mehrkosten des Justiztowers seien. Und zudem stand von Beginn an fest, dass das nun leer werdende Objekt in der Riemergasse nur unter schwierigen Umständen zu verwerten sein würde: Denn der Großteil des Hauses stand unter Denkmalschutz. Wer aber sollte ein Gebäude kaufen, wenn er kaum etwas an der Innenausstattung des Objekts ändern kann? Welcher Investor braucht Gerichtssäle, die er faktisch nicht umbauen darf?

Walter Meischberger und das Geschäft seines Lebens

Als Meischberger 1999 aus der Politik ausschied, bewahrte er sein exzellentes freundschaftliches Verhältnis zu Karl-Heinz Grasser, der im Februar 2000 Finanzminister wurde. Was in anderen Ländern undenkbar scheint, war in Österreich kein Problem: Ein Finanzminister und ein wegen Steuerhinterziehung verurteilter und zurückgetretener Ex-Politiker zelebrierten in aller Öffentlichkeit ihre enge Freundschaft. Selbst den damals hohen Popularitätswerten Grassers fügte Meischbergers Omnipräsenz nicht den geringsten Schaden zu. Ein Steuerhinterzieher und ein Finanzminister, die auf dem Golfplatz ihrer Freundschaft frönen? In Deutschland oder gar in Skandinavien wäre das wohl undenkbar – in Österreich stört das kaum jemanden.

Grasser war bereits mit 26 Jahren Landeshauptmann-Stellvertreter in Kärnten geworden, galt als Shootingstar Haiders. 1998 erfolgte der (vorübergehende) Bruch mit seinem Mentor: Grasser wechselte in die Privatwirtschaft zur Magna-Gruppe. Im Superwahljahr 1999 folgte die Versöhnung mit Haider, Grasser – damals noch ein echter Wählermagnet – kehrte zur FPÖ zurück.

Nach dem „Putsch von Knittelfeld" und der dadurch ausgelösten Nationalratswahl 2002 trat Grasser wieder aus der FPÖ aus und wurde parteiloser Finanzminister im Kabinett Schüssel II.

Einer war immer auf Grassers Seite: Walter Meischberger. So auch, als Grasser die Swarovski-Erbin Fiona Pacifico Griffini heiratete. Trauzeuge war Meischberger.

Im September 2009 – Grasser war längst aus der Politik ausgeschieden – wurde bekannt, dass der PR-Berater Peter Hochegger und Grassers Spezi Walter Meischberger Selbstanzeige in Sachen Buwog erstattet hatten. Die beiden hatten für Vermittlungstätigkeiten bei der Privatisierung von 60.000 Buwog-Wohnungen während der Amtszeit Grassers 9,6 Millionen Euro Provision erhalten, die über die zypriotische Firma Astropolis an der Finanz vorbei abgewickelt wurden.

Durch die am 18. September 2009 bei den Steuerbehörden erstatteten Selbstanzeigen konnten Hochegger und Meischberger darauf hoffen, einem Finanzstrafverfahren zu entgehen.

Meischberger nannte diese Zahlung in einem „Format"-Interview „korrekt und marktüblich". Lediglich die steuerliche Abwicklung sei falsch gewesen: „Mit meiner Selbstanzeige habe ich Einsicht bewiesen", so Grassers Freund.

Am 26. Januar 2010 hatte die Justiz dann endlich genug. Ich war gerade zu einem anderen Thema zum Hintergrundgespräch im Justizministerium, als mich ein Informant anrief: Beim gemeinsamen Freund von Grasser und Meischberger, dem Immobilienmakler Ernst Plech, würde soeben eine Hausdurchsuchung stattfinden. Die weitere Recherche war dann nicht mehr schwierig: In Österreich und Liechtenstein waren zeitgleich 15 Hausdurchsuchungen durchgeführt worden. Ich rief einen Fotografen an, der die Hausdurchsuchung in Plechs Büro noch fotografieren konnte, und ging sofort per Aussendung an die Öffentlichkeit.

Drei Staatsanwälte, 40 Beamte des Bundeskriminalamtes, Beamte von Landeskriminalämtern und die Fürstliche Landespolizei in Liechtenstein waren ausgerückt, um Fakten zu schaffen.

Der zuständige Staatsanwalt hatte zuvor eine brillante Idee. Noch bevor die Beamten zu den Hausdurchsuchungen ausrückten, ließ er sich vom Gericht Telefonüberwachungsbeschlüsse ausstellen. Vom 20. Januar an wurden 22 Telefone, darunter 9 Festnetzanschlüsse, rund um die Uhr abgehört. Erfasst wurden nicht nur die Gesprächsinhalte, sondern auch die Verkehrs-, Zugangs- und Stammdaten sowie ein- und ausgehende SMS und MMS.

Die Telefone von Ernst Plech und Walter Meischberger waren von der Aktion betroffen, Anschlüsse des früheren Finanzministers Karl-Heinz Grasser wurden nicht überwacht. Gespräche allerdings, die Grasser mit von der Überwachung betroffenen Personen – beispielsweise Meischberger – führte, wurden zwangsläufig aufgezeichnet.

Begründet wurden die Abhörmaßnahmen damit, dass Absprachen zu erwarten seien und die „Verbringung der Geldmittel der Beschuldigten" möglich wäre.

Die Kalkulation des Staatsanwalts war aufgegangen. Als zeitgleich die Hausdurchsuchungen stattfanden, griffen – wie zuvor erwartet – mehrere Beschuldigte zu den Telefonen.

Zu dieser Zeit wurde auch schon klar, wie die unversteuerte Buwog-Provision abgewickelt worden sein dürfte: Als die Immofinanz-Gruppe den Zuschlag für die 60.000 Buwog-Wohnungen bekam, zahlte die Firma CPB, eine Tochter der Constantia Privatbank, die Summe von einem Prozent des Kaufpreises, somit 9,9 Millionen Euro, an die zypriotische Firma Astropolis. Diese Firma wurde dem PR-Berater Peter Hochegger zugerechnet, der einst auch für Karl-Heinz Grasser tätig war.

Von der Astropolis flossen dann 7.726.000 Euro auf das Liechtensteiner Konto der in Delaware, USA, residierenden Firma „Omega". Dieses Geld wurde – so der damalige Ermittlungsstand – dann von Treuhändern bar behoben und auf drei Konten bei der Hypo Invest Bank in Liechtenstein einbezahlt.

Verfügungsberechtigt für die Konten bei der Hypo Invest Bank war dann Grassers alter Vertrauter Walter Meischberger. Die Nummernkonten bekamen drei wohlvertraute Namen: „Walter", „Karin" und „Natalie". Von diesen Konten wurde wiederum Geld behoben und bar nach Wien gebracht. Wie sich herausstellte, wickelten diesen außergewöhnlichen Service österreichische Bankangestellte ab, die in Liechtenstein arbeiteten. Verständlich, dass diese Geldboten im Ermittlungsverfahren dann als Beschuldigte wegen des Verdachts der Geldwäsche geführt wurden.

Meischberger selbst hatte bei seiner Einvernahme angegeben, dass die Familie Plech für das Konto „Karin" zeichnungsberechtigt sei. Von diesem Konto wurden 701.812,59 Euro behoben und an eine „Sirena Beach Invest Pty" mit Sitz im australischen Brisbane bezahlt. Durch sichergestellte Unterlagen ergab sich zudem, dass sich Meischberger und Plech ein Motorboot vom Typ „Pershing 37" geleistet hatten, für das ebenfalls Geld von den Liechtensteiner Konten überwiesen wurde. Und: Meischberger legte Verträge vor, aus denen sich ergeben soll, dass er im Innenverhältnis – also für Außenstehende nicht erkennbar – an Gesellschaften von Plech beteiligt sein soll. Aus dem Firmenbuch waren diese Beteiligungen nicht ersichtlich.

Doch zurück zur Buwog-Privatisierung in der Ära Grasser: Bei der Ausschreibung im Jahr 2004 setzte sich ein Bieterkonsortium rund um die Immofinanz durch. Ihr Gebot betrug 961,2 Millionen Euro. Das war ein durchaus attraktiver Preis. Für eine Wohnung zahlte man somit knapp mehr als 16.000 Euro. Auf Platz zwei landete die zuvor meistbietende CA Immo. Ihr Gebot war nur knapp eine Million Euro niedriger als das der Immofinanz-Gruppe.

Mit entscheidend, dass die Immofinanz vor der CA landen konnte, war Jörg Haider. Denn erst im letzten Moment verzichtete er auf ein Vorkaufsrecht für die im Paket enthaltene Villacher Wohnungsgesellschaft ESG. Ohne diese Maßnahme wäre das Anbot der CA-Gruppe um 20 Millionen Euro besser gewesen als jenes der Immofinanz-Gruppe. Dass Haider auf das Vorkaufsrecht für die ESG verzichtete, ist Karl-Heinz Grasser zu verdanken. Der überzeugte Haider, zu verzichten. Konkret war es so, dass bei der letzten Sitzung der Auswahlkommission zum „Projekt Bundeswohnbaugesellschaften" am 13. Juni 2004 die Angebote abschließend bewertet wurden. Laut Sitzungsprotokoll wurde festgehalten, dass der Bestbieter klar definiert sei, allerdings variiere, und zwar je nachdem, „ob das Paket mit oder ohne ESG Villach verkauft wird."

Im Protokoll heißt es auch: „Dieses Anbotsergebnis hat zur Folge, dass abhängig, ob das Land Kärnten von seinem Vorkaufsrecht Gebrauch macht, das Österreich-Konsortium oder die CA Immo Bestbieter ist. Mit den ESG-Anteilen bietet die Immofinanz 951,2 Millionen Euro, ohne ESG 840,8 Millionen Euro. Hingegen bietet die CA Immo insgesamt 959,3 Millionen Euro, ohne ESG 862,4 Millionen Euro."

Auch Grassers Verhalten in der Sitzung wird genau beschrieben: „Der Herr Bundesminister kommt zur Sitzung hinzu und wird vom Ergebnis der zweiten Bieterrunde und von den oben dargestellten Empfehlungen der Kommission in Kenntnis gesetzt. Der Herr Bundesminister bespricht zugleich telefonisch die weitere Vorgangsweise mit Landeshauptmann Dr. Haider." Haider verzichtete schließlich auf sein Vorkaufsrecht. Der Weg war frei für die Immofinanz-Gruppe, die als Lobbyisten Grassers Vertraute Meischberger und Hochegger eingesetzt hatte. Spektakulär daran war, dass das Engagement der Lobbyisten erst Anfang Juni 2004 schriftlich fixiert wurde. Für eine Tätigkeit von knapp zwei Wochen wurde somit eine Provision von knapp zehn Millionen Euro gewährt.

Nur zum Vergleich: Laut Statistik Austria betrug das durchschnittliche Bruttojahreseinkommen der Österreicher pro Kopf 24.243,90 Euro. Ein Durchschnittsösterreicher müsste somit etwas mehr als 412 Jahre arbeiten, um dieselbe Summe zu verdienen, die die Lobbyisten in knapp zwei Monaten erwirtschaften konnten. Dass über einen derart langen, ohnehin nur theoretisch möglichen Zeitraum auch noch die Zahlung von Steuern an die heimische Finanz über eine Zypern-Liechtenstein-Konstruktion vermieden werden kann, scheint zudem ausgeschlossen. Der einfache Durchschnittsösterreicher muss Steuern und Sozialversicherungsabgaben leisten. Die beiden „Lobbyisten" konnten sich diesen Zahlungen lange Zeit entziehen.

Angesichts der geringen Preisdifferenz beim Letztgebot – vergleichsweise lächerliche 1,19 Millionen Euro – gab es von Beginn an den Verdacht, dass Insiderinformationen zu dem geringen Unterschied der abgegebenen Preise geführt haben könnten. Karl-Heinz Grasser hat diese Vorwürfe immer entschieden zurückgewiesen.

Der PR-Berater Peter Hochegger hat in seiner Einvernahme angegeben, er habe Informationen aus dem Vergabeverfahren an die letztlich siegreiche Immofinanz-Gruppe weitergegeben. Erhalten habe er diese Information von Meischberger, der angeregt habe, dass das Anbot nicht unter 960 Millionen Euro liegen dürfe.

Grasser wiederum betont, dass er „hundertprozentig keine Informationen weitergegeben" habe. Seiner Meinung nach müsse die undichte Stelle auch gar nicht im Finanzministerium gewesen sein. Die Vergabe sei jedenfalls „juristisch einwandfrei" abgelaufen. Dass Meischberger und Plech einen Lobbyingvertrag mit einem der Bieter hatten, habe er „nicht gewusst".

Die Frage lautet nun: Wofür haben Grassers Freunde Meischberger, Plech und Hochegger eine geheime und steuerfreie Provision bei der Buwog-Privatisierung erhalten? Welche Gegenleistungen gab es dafür? Und vor allem: Wie sollte jemals bewiesen werden, ob die letztlich siegreiche Bietergruppe wusste, welchen Preis die Konkurrenz abgegeben hatte?

Ein Indiz dafür, dass sich alle Beteiligten der Brisanz der Causa bewusst waren, ist die Tatsache, dass nicht die Immofinanz die Provision auszahlte, sondern die Firma CPB, deren Spitzenmanagement mit jenem der Immofinanz faktisch identisch war. Für die CPB hatten Meischberger und Hochegger jedoch nie eine Leistung erbracht. Die Folge: Die Staatsanwaltschaft ermittelte gegen die CPB-Chefs wegen des Verdachts der Untreue. Denn sie hatten Gelder der CPB ausbezahlt, ohne dass das Unternehmen dafür eine Gegenleistung erhalten hatte.

Bei einem regulären Beratungsgeschäft wäre es jedoch gar nicht nötig gewesen, zu verschleiern, wer in Sachen Buwog als Berater eingesetzt worden war. Doch die Manager wollten offensichtlich verhindern, dass publik wird, dass der Trauzeuge und der frühere PR-Berater des zuständigen Finanzministers im Rahmen der Privatisierung Millionen abkassierten.

Bei der Aufarbeitung der Geldflüsse in Liechtenstein stießen die Ermittler dann auf eine „Mandarin Group". Die residiert offiziell im mittelamerikanischen Belize und unterhält auch Konten in Europa. Die Eigentümer der „Mandarin Group" sind bis heute unbekannt. Walter Meischberger nutzte die „Mandarin Group", um Wertpapiergeschäfte zu tätigen.

Die „Mandarin Group" war den Ermittlern aber noch aus zwei weiteren wichtigen Affären bekannt: dem Skandal um die Hypo Alpe Adria Bank und aus den Ermittlungen zum Fall Meinl. In allen drei Causen taucht die „Mandarin Group" im Zusammenhang mit dem Ex-Finanzminister Karl-Heinz Grasser auf.

Im Jahr 2006 schickte sich der deutsch-österreichische Investor Tilo Berlin an, Anteile an der Hypo zu übernehmen. Dafür suchte er Investoren, die sich per Genussschein beteiligen konnten. Ein Genussschein kostete 500.000 Euro.

Im Ermittlungsakt zur Hypo-Affäre fand ich im März 2010 eine interessante E-Mail. Diese stammte vom 22. Dezember 2006 und wurde von einer Mitarbeiterin Tilo Berlins an die E-Mail-Adresse meischi@mac.com verschickt, die Walter Meischberger zugeordnet werden konnte. Der Text der Nachricht lautete: „Sehr geehrter Herr Minister Grasser, im Auftrag von Dr. Berlin übermittle ich Ihnen den Zeichnungsschein samt Genuss-Schein Bedingungen der 1. Tranche." Danach folgten Angaben zum Konto, auf das „der eingesetzte Betrag", in diesem Fall eben 500.000 Euro, bezahlt werden soll. Für Rückfragen wurde in der E-Mail sogar die Mobilnummer Tilo Berlins angegeben.

Im Klartext: Tilo Berlin ließ den damals noch amtierenden Finanzminister Karl-Heinz Grasser anschreiben und die Modalitäten für den Kauf eines Genussscheins mitteilen. Gerichtet wurde das Schreiben für Grasser allerdings an dessen engen Vertrauten Walter Meischberger.

Bei den Ermittlungen zur Causa Meinl wurden dann weitere Details bekannt. Das Investment, über das in der E-Mail Berlins an Grassers Freund Meischberger gesprochen wurde, war über die Schweizer Treuhandgesellschaft Ferint AG abgewickelt worden. Aus den eingesetzten 500.000 Euro waren 763.000 Euro geworden, die auf einem Konto der Ferint AG bei der Meinl Bank festgestellt wurden. Von dort ging das Geld dann auf ein Konto der Mandarin Group bei der Raiffeisen Bank Liechtenstein AG.

Grassers Anwalt Manfred Ainedter bemühte sich jedenfalls zu dementieren, dass Grasser selbst vom Genussschein und somit am Hypo-Deal profitiert hätte: „Mein Mandant hat weder direkt noch indirekt vom Hypo-Deal profitiert. Das gilt nicht nur für ihn persönlich, sondern auch für Verwandte und Familienmitglieder." Im Rahmen eines Interviews im Mai 2010 hatte ich die Möglichkeit, Grasser selbst zu dieser Angelegenheit zu befragen. Seine Antwort: „Ich weiß nicht, warum Herr Berlin dem Herrn Meischberger diese E-Mail geschrieben hat. Was ich Ihnen sagen kann, ist, dass ich mein Geld nicht in Hypo-Genussscheine investiert habe." Auf die Frage, ob das äußerst lukrative Investment von einer Person aus seinem Umfeld umgesetzt wurde, antwortete Grasser: „Ich kann nicht für mein Umfeld sprechen."

Tilo Berlin habe ihn im Dezember 2006 angerufen, von seinem Hypo-Projekt erzählt und ihm angeboten, dort zu investieren. Grasser: „Ich hätte damals genau gar nichts dabei gesehen, dort zu investieren. Ich wusste, dass ich wenig später aus der Regierung ausscheide." Er könne jedenfalls „nicht ausschließen", dass er zu Berlin gesagt habe, „dass er sich in Sachen Investoren an Walter Meischberger wenden könne, der vielleicht Interesse haben könnte."

Klar ist auch, dass Grasser und Berlin sich schon lange vor dem Hypo-Investment kennengelernt hatten. In Tilo Berlins Terminkalender existieren Eintragungen, die das untermauern: „16:00 bis 19:00. Kieler Yachtclub. Treffen Finanzminister Grasser" ist dort etwa am 31. Januar 2005 eingetragen. Auf Einladung Berlins hielt Grasser im Sommer 2005 einen Vortrag im deutschen Sindelfingen. Das Thema wirkt aus heutiger Sicht bezeichnend: „Wir sind der natürliche Freund des Kapitals."

Selbst nach dem Hypo-Deal gab es noch Berührungspunkte. Am Freitag, den 30. November 2007 ist in Berlins Terminkalender eingetragen: „09:00 bis 09:15. Telefonkonferenz Mag. Grasser."

Doch wenn Grasser nicht vom Hypo-Deal profitiert hat, wie er selbst betont, wer hat dann das Geld? Und warum tut sich die österreichische Justiz so schwer damit, diese Frage zu beantworten? Umgekehrt gilt: Warum macht Grasser nicht einfach öffentlich, wer der Profiteur dieses undurchsichtigen Geschäfts war?

Walter Meischberger sprach dann in seiner Einvernahme zur „Mandarin Group" darüber, warum er einen Teil seiner Buwog-Provision an diese weitergeleitet hatte. Meischberger hatte im Dezember 2007 einen Kreditvertrag mit der „Mandarin Group" abgeschlossen, über den er jetzt erstmals sprach: „Der Vertrag hat den eigentlichen tieferen Sinn, Meinl-International-Power-Aktien zu kaufen."

Ein Hinweis am Rande: Zu diesem Zeitpunkt war Karl-Heinz Grasser Manager der Meinl International Power. Warum also musste Meischberger ausgerechnet über eine in Mittelamerika ansässige Firma Aktien jener Firma kaufen, für die sein Freund Grasser tätig war? Das wäre auch einfacher gegangen. Später kam noch mehr zutage: Über die Mandarin Group wurden auch Aktien der Investmentgesellschaft C-Quadrat gekauft. Aufsichtsratspräsident bei der C-Quadrat war Karl-Heinz Grasser.

Bei den Ermittlungen wurde noch mehr entdeckt: Als es bei der Meinl International Power zum Aufstand der sogenannten Rebellen kam, die Meinls Vertraute aus den Schlüsselpositionen verdrängen wollten und die Machtübernahme anstrebten, stand die alles entscheidende Generalversammlung vor der Tür. Auch Meischberger wollte von seinen Stimmrechten Gebrauch machen – und zwar im Sinne seines Freundes Grasser. Doch dann wäre zwangsläufig auch publik geworden, dass Meischberger Meinl-International-Power-Papiere in Millionenhöhe hält. Alle Versuche, das Stimmrecht auszuüben und trotzdem zu verschleiern, wer die Papiere hält, scheiterten. Meischberger konnte Grasser gegen die „Rebellen" nicht helfen.

Die Nähe von Grasser zu Meischberger auch in finanziellen Angelegenheiten ist freilich noch anderweitig dokumentiert: In den Ermittlungsakten zum Fall Buwog finden sich nämlich auch Rechnungen über Grassers Seychellen-Urlaub im April 2004, sechs Wochen vor dem Verkauf der Buwog-Wohnungen.

Die Rechnung des „Sainte Anne Resort & Spa, Seychelles", datiert mit 27. April 2004 für den „Stay Mar. And Mas. Grasser/Coralez Dies" für den Zeitraum vom 5. bis zum 11. April 2004, lautete auf 4600 Euro. Bezahlt wurde diese Rechnung am 6. Mai 2004, und zwar von der Agentur ZehnVierzig. Und diese gehört Grassers Freund Walter Meischberger, der damals als Lobbyist für die später erfolgreiche Immofinanz-Gruppe in Sachen Buwog tätig war.

In seiner Einvernahme sagte Meischberger zur Zahlung: „Es kann sein, dass ich mit diesem Ressort ein Gegengeschäft gehabt habe. Wahrscheinlich hat das Seitenblicke Magazin (Anmerkung: an dem Meischberger über seine Agentur beteiligt war) Werbung für dieses Ressort gemacht. (…) Der Wert der Werbeschaltung wird dem Wert des Aufenthaltes gegengerechnet. Ich glaube, dass ich mir vom Grasser das Geld geholt habe. Ich bin mir sogar sicher. Er wird es mir in bar gegeben haben oder hat es mir überwiesen. (…) ZehnVierzig (Anmerkung: die Agentur Meischbergers) war Gesellschafter des Seitenblicke Magazins. Es kann sein, dass es eine Vereinbarung zwischen der ZehnVierzig und dem Seitenblicke Magazin gegeben hat. Die Gesellschafter haben sich untereinander Gegengeschäfte verkauft."

Auf diese Antwort folgte ein kluger Einwand des Staatsanwalts: „Grasser war aber kein Gesellschafter!" Darauf Meischberger: „Ich kann es Grasser verkauft haben. Ich weiß nicht mehr, ob er es mir bar gegeben hat. Es kann sein, dass es im vorliegenden Fall nur eine Aufzahlung war und der Rest des Preises auf Gegengeschäftsbasis war. Vielleicht habe ich einen billigeren Preis bekommen und es ist deshalb in den Unterlagen nicht von einem Voucher die Rede."

Grassers Anwalt Manfred Ainedter präzisierte dann auf Presseanfragen: „Mein Mandant hat den damaligen Urlaub zur Gänze bezahlt. Meischberger hat diesen lediglich gebucht, weil er Sonderkonditionen in diesem Ressort hatte."

Und Grasser selbst meinte: „Das ist eine offensichtlich von Hass getriebene Verfolgung meiner Person auf niedrigstem Niveau. Noch niveauloser geht es nicht. Den Urlaub habe natürlich ich bezahlt. Ich habe meine Urlaube immer selber bezahlt. So auch diese Reise auf die Seychellen." Meischberger hätte, so Grasser, „gute Geschäftsbeziehungen zu dem Ressort und hat Sonderkonditionen bekommen – also hab ich zu ihm gesagt: Buch' das bitte für mich und ich geb' dir dann das Geld. Genauso war es dann: Meischberger hat die Buchung für mich gemacht und ich habe ihm das Geld gegeben."

Die „New Economy" des Karl-Heinz Grasser

Als Karl-Heinz Grasser im Jahr 2000 das Amt des Finanzministers antrat, war er einer der beliebtesten Politiker des Landes. In den „Schwiegersohn der Nation" setzten viele Wähler ihre Hoffnungen. Er selbst wurde den Österreichern als „Mister Nulldefizit" verkauft. Im Jahr 2002 gewann er – ohne Übertreibung – für Wolfgang Schüssel die Nationalratswahl.

Die Marke Grasser war freilich teuer erkauft. Einer Anfragebeantwortung nach einer parlamentarischen Anfrage durch die SPÖ im Jahr 2004 war zu entnehmen, dass der damalige Finanzminister für Consulting und Marketing bereits mehr als 24 Millionen Euro ausgegeben hatte. Im Zuge dieser Anfrage wurde auch gefragt, wie die Internet-Webseite www.karlheinzgrasser.at finanziert werde. Grassers damalige Antwort: „Natürlich ist diese Homepage privat und über Sponsoren finanziert."

Die Spur führte prompt zu einem „Verein zur Förderung der New Economy", der in Wien-Margareten in der Pilgramgasse residierte.

Von der Industriellen-Vereinigung wurde der Verein mit 175.000 Euro unterstützt, weitere Gönner aus dem Bereich der Industrie stockten die Mittel noch weiter auf. Am Ende ging es um 283.000 Euro. Offiziell sollte der Verein Veranstaltungen, Kurse und Seminare betreiben, ein eigenes Mitteilungsblatt unterhalten und die Einrichtung einer Bibliothek fördern.

Tatsächlich gab es eine Homepage, die Grasser als Baby und Kind zeigte, Grasser im Fasching, Grasser mit Wolfgang Schüssel, Grasser am Wörthersee.

Nach und nach kam rund um die Homepage eine ganze Affäre ins Rollen:

Für Tätigkeiten im Zusammenhang mit der Homepage bekam die Firma FirstInEx vom Verein 114.164 Euro bezahlt. Die FirstInEx war ursprünglich ein Tochterunternehmen der später spektakulär in die Pleite geschlitterten Firma YLine. Bis zum Juli 2001 war Dieter Jandl, ein alter Freund Grassers, Geschäftsführer der FirstInEx. Die FirstInEx hatte zuvor schon, im November 2000 den Auftrag bekommen, die offizielle Homepage des Finanzministeriums zu gestalten. Das damalige Auftragsvolumen betrug 59.649 Euro. Ein Detail am Rande: Grassers Vater war zum damaligen Zeitpunkt an der FirstInEx beteiligt.

Von der FirstInEx floss Geld weiter an Subunternehmer, darunter Firmen wie „Martrix" und ZehnVierzig. Die Martrix gehörte zum Reich des Peter Hochegger, der später als Lobbyist in der Buwog-Affäre Berühmtheit erlangte. Die ZehnVierzig wiederum war Walter Meischberger zuzuordnen.

Hochegger war maßgeblich dafür verantwortlich, dass die Marke KHG damals nahezu unantastbar wurde. Unter anderem organisierte Hochegger eine 2,3 Millionen Euro teure Roadshow für den jungen Finanzminister, bei der die Klein- und Mittelunternehmer des Landes für KHG begeistert wurden. Mehr als 6000 Personen besuchten Grassers Roadshow. Pro kontaktiertem Unternehmer kostete die Kampagne damit etwas mehr als 380 Euro Steuerzahlergeld.

Hocheggers Tätigkeit wurde schon damals solide honoriert: 313.000 Euro betrug das Agenturhonorar, weitere 139.800 Euro kamen für einen zusätzlichen Auftrag hinzu.

Auch Meischberger war damals nicht weit: Hochegger war mit knapp zehn Prozent an der Seitenblicke Events Veranstaltungs-Sponsoring GmbH beteiligt. Ebenfalls Gesellschafter war Meischberger. Die Firma, die Ende 2006 gelöscht wurde, entstand ursprünglich aus Meischbergers Tankstellen- und Heizölhandel in Tirol und endete als hochegger events GmbH. Das Wort

„Seitenblicke" im Firmenwortlaut kam auch nicht von ungefähr: Meischberger gab einst das „Seitenblicke Magazin" heraus. Dort war ein weiterer Grasser-Vertrauter mit von der Partie: der Immobilienmakler Ernst Plech.

Letztlich wurden die Homepage und ihre Finanzierung zu einer Art Staatsaffäre. Das Finanzministerium stellte sich auf den Standpunkt, dass die Zuwendungen für den Verein „New Economy" nicht steuerpflichtig wären. Ein Verfahren wurde wohl eingeleitet, bereits im Jahr 2005 jedoch wieder eingestellt.

Wirklich verziehen dürften die Finanzer ihrem früheren Chef die Affäre freilich nicht haben. Zu viele Steuerexperten meinten einst, die Zahlungen für den Verein wären zumindest schenkungssteuerpflichtig gewesen.

Ende 2010 bekam die Finanz dann die Chance, ihren seit der Homepage-Affäre angekratzten Ruf aufzupolieren und zu beweisen, dass man auch bei prominenten Namen unparteiisch handeln kann. Grassers Weggefährte, Walter Meischberger, bekam Post vom Finanzamt Nußdorferstraße. Für die Jahre 2004 bis 2007 soll Meischberger 6,9 Millionen Euro an Steuern nachzahlen. Im Detail heißt das: 4,6 Millionen Euro Einkommenssteuer, 1,6 Millionen Euro Umsatzsteuer, 734.000 Euro Anspruchszinsen und 31.000 Euro Säumniszuschlag. Von den 7,7 Millionen Euro, die Meischberger über die Astropolis in Zypern nach Liechtenstein bezahlt bekommen hat, bliebe dann nicht mehr viel übrig.

Die Pikanterie dabei: Sollte Meischberger den geforderten Betrag nicht zahlen können, verliert seine Selbstanzeige aus dem Herbst des Vorjahres ihre strafbefreiende Wirkung. Dann droht im Extremfall sogar eine Haftstrafe.

Im Vergleich zu Normalbürgern konnte Meischberger in den letzten zehn Jahren jedenfalls ein enormes Vermögen aufbauen: Als er im Februar 1999 mehr oder weniger unfreiwillig und gegen eine geheime und unversteuerte Abschlagszahlung der Politik den Rücken kehrte, galt Meischberger als finanziell schwer angeschlagen.

Seine Firma Sport Pro Shop GmbH, die früher Boutiquen betrieb, krachte wie eine Kaisersemmel. Der Oberste Gerichtshof hatte gerade seine Verurteilung wegen Steuerhinterziehung bestätigt, die Bank Austria wollte Geld sehen.

Nach den Jahren als Politlobbyist im Umfeld Grassers geht es Meischberger da wesentlich besser: Er hat eine noble Villa in Grinzing (auf die sich das Finanzamt ein Pfandrecht über zwei Millionen Euro hat grundbücherlich eintragen lassen), er verfügt gemeinsam mit Ernst Plech über ein Luxusapartment im australischen Brisbane, er hat ein traumhaft gelegenes Apartment auf Ibiza und Meischberger gehört – wieder gemeinsam mit Ernst Plech – die Hälfte eines Powerbootes vom Typ Pershing 37.

Dazu kommen laut Aussagen Meischbergers vor den Ermittlern noch 75 Prozent von den von Plech gehaltenen Geschäftsanteilen der Donau Immobilien Treuhand GmbH, 50 Prozent der von Plech gehaltenen Anteile an der Schadekgasse 16 Grundstücksverwertungs GmbH und 50 Prozent an der Verena Thöni GmbH.

Zudem ist Meischberger Alleineigentümer der Agentur Zehn-Vierzig, die wiederum Alleineigentümerin der Valora Solutions Projektbegleitung GmbH ist.

Außerdem ist Meischberger noch unbeschränkt haftender Gesellschafter der Sport Pro Shop Nachfolger KG und der Meischberger OHG Sanitäre-Heizung-Lüftung in seiner Tiroler Heimat Kematen.

Gäbe es nicht die Millionenforderung des Finanzamtes Nußdorferstraße, wäre Meischberger wohl für alle Zeiten ein gemachter Mann.

Die Eurofighter – und ein Kaufvertrag, der geheim bleiben sollte

Zu Weihnachten 2005 hatte ich mein alljährliches Jahresgespräch mit meinem damaligen Chefredakteur Josef Votzi. Der hatte ein ziemlich klares Anliegen für das Jahr 2006: Ich solle doch versuchen, den Eurofighter-Kaufvertrag aufzutreiben. Wenn es eine Geschichte gäbe, die nach Aufklärung schreie, dann wäre es wohl diese.

Anfang April 2006 war es so weit: Ich hatte den gesamten Vertrag einschließlich jener Teile, die als NATO-restricted und als NATO-Secret klassifiziert waren.

Der Veröffentlichung gingen freilich noch mehrere Wochen an „Nacharbeit" voraus: Die Rechtsanwaltskanzlei der Verlagsgruppe prüfte die rechtlichen Risiken einer Veröffentlichung. Denn neben medienrechtlichen Schritten des Eurofighter-Herstellers oder des Verteidigungsministeriums drohten unter Umständen auch strafrechtliche Ermittlungen, Schadenersatzklagen in enormer Höhe und Ähnliches mehr. Es wurde selbst geprüft, inwieweit eine Veröffentlichung des Vertragskonvolutes als Urheberrechtsverletzung gewertet werden könnte.

Ich hatte ein weiteres Problem: Im Fall einer eingehenden Untersuchung hätte mein Informant auffliegen können. Da die Spur zu ihm nicht mehr zu verwischen war, weil ich ihn auch telefonisch an seinem Arbeitsplatz kontaktiert hatte, musste eine andere Lösung her.

Die kam dann auch in Form einer Kulturredakteurin, die mich um Hilfe bat. Sie schrieb an einer Geschichte über den Thriller „Sakrileg" von Dan Brown. Auf Englisch heißt der Roman „The Da Vinci Code". Sie bat mich, ob es wohl möglich wäre, einen Kryptoanalytiker aufzutreiben, um mit ihm ein begleitendes Interview zur Geschichte zu machen. Sie hätte im Innenministerium angerufen, dort habe man ihr erklärt, dass man keine derartigen Experten habe. Sie solle sich doch an das Verteidigungsministerium wenden. Da die Kollegin wusste, dass ich regelmäßig mit Themen aus dem Militärbereich zu tun hatte, wandte sie sich an mich.

Letztlich wurde die Geschichte verworfen – ich hatte allerdings einen guten Vorwand, um im Verteidigungsministerium einen Kryptoanalytiker zu suchen und so die Spur zu meinem Informanten zu verwischen.

Ich rief also beim Heeresnachrichtenamt, beim Abwehramt, im Kabinett des Verteidigungsministers, bei den diversen Pressestellen an. Selbst bei IKT-Offizieren (Information – Kommunikation – Technologie) wurde ich mit meinem Anliegen vorstellig: Wir brauchten für eine Kulturgeschichte einen Kryptoanalytiker, dem es erlaubt ist, mit uns über den „Da Vinci Code" zu sprechen. Ich bat an allen Stellen um Rückruf, verkomplizierte die Angelegenheit nach Kräften, ließ mich weiterreichen und sprach mit mehr als 20 Beamten des Verteidigungsministeriums über mein Anliegen.

Sollte jemals untersucht worden sein, mit wem im Verteidigungsministerium ich in Kontakt stand, sollte die Liste der Kontaktpersonen so umfangreich werden, dass mein Informant nicht mehr herausgefiltert werden konnte. Dieses Ziel wurde erreicht: Ist eine Spur nicht mehr zu verwischen, müssen eben so viele neue Spuren wie nur möglich geschaffen werden, um einen Informanten zu schützen.

Am 10. Mai 2006, einem Mittwoch, wurde die sonst übliche Auslieferung der Vorausexemplare von „News" gestoppt. Auch auf die übliche Vorausmeldung zur Mittagszeit verzichteten wir. Erst nach 16 Uhr wurde die Öffentlichkeit informiert: Das Geheimnis um den Eurofighter-Kaufvertrag war gelüftet.

Die Reaktionen waren enorm: Während die Opposition heftig Aufklärung und später sogar die Einsetzung eines Untersuchungsausschusses forderte, ging die Regierung vorerst auf Tauchstation.

Zuerst wurde ein Mann vorgeschickt, der später im Strudel einer russischen Spionageaffäre österreichweites Kasernenverbot erhielt. Der sogenannte „Rüstungsexperte", der im wahren Leben bei der Wiener Müllabfuhr MA 48 arbeitet und von Militärs wie Rüstungsfirmen einzelnen Medien gerne als unabhängiger Experte vermittelt wird, sah wenig überraschend „kaum Stoff für Skandalrufe".

Erst am Donnerstagnachmittag meldete sich der damalige Verteidigungsminister Günther Platter zu Wort: Einen Ausstieg aus dem Beschaffungsvorgang schloss er dabei kategorisch aus. Und weil der Vertrag durchgesickert war, kündigte er eine Anzeige gegen unbekannte Täter wegen des Verdachts „auf Verletzung der Amtsverschwiegenheit" an. Auf kritisierte Vertragspunkte wollte Platter auch nicht eingehen: „Das gehört zur Geheimhaltungsverpflichtung."

Eine Woche lang folgte Schlagzeile auf Schlagzeile. Auch der Hersteller der Jets ging an die Öffentlichkeit: Man erstatte Anzeige gegen unbekannte Täter „wegen Verletzung der Amtsverschwiegenheit". Durch die Veröffentlichung durch „News" seien Geschäftsinteressen beeinträchtigt worden. Es gäbe derzeit Kampagnen für einen Eurofighter-Verkauf in Griechenland, Saudi-Arabien, Dänemark, Norwegen, Japan und der Türkei. Dabei ginge es um mehrere Milliarden Euro.

Die Botschaft, die dabei mitschwang, war unmissverständlich: Das Damoklesschwert milliardenschwerer Schadenersatzklagen war in Stellung gebracht worden.

Die Aufregung um die Veröffentlichung steigerte sich weiter: Der Landesverteidigungsausschuss des Bundesrates wurde kurzfristig einberufen und schließlich wurde für den Donnerstag der Folgewoche eine Sondersitzung des Nationalrates zum Eurofighter-Kaufvertrag angesetzt. Das gab uns die Möglichkeit, kräftig nachzulegen. Am Tag vor der Sondersitzung kündigten wir an, wesentliche Teile des Kaufvertrages auf unserer Homepage ab Donnerstag, Punkt null Uhr, zum Download zur Verfügung zu stellen.

Vertragsteile, die nur rein militärisch-technische Themengebiete umfassten und die mit besonderen Geheimhaltungsklauseln versehen waren, wurden nach eingehender rechtlicher Prüfung selbstredend nicht öffentlich gemacht. Welcher Leser sollte auch überbordendes Interesse an Frequenzen, Software und Ähnlichem mehr haben? Um das Verraten militärischer Geheimnisse ging es auch nie – sondern darum, aufzudecken, wie schlecht ein zwei Milliarden Euro schwerer Kaufvertrag vonseiten der heimischen Politik verhandelt worden war.

Selbstverständlich werteten wir die nach dem Online-Stellen einlangenden Abfragen in Echtzeit aus. Innerhalb von wenigen Stunden wurde das Dokument mehr als 8000 Mal heruntergeladen. Die ersten Anfragen – und in den Nachtstunden auch die meisten – kamen vom Server des Verteidigungsministeriums. Offensichtlich mussten dort zahlreiche Beamte wegen der Vertragsveröffentlichung Überstunden schieben.

Die Reaktionen ließen nicht lange auf sich warten. Alexander Van der Bellen, damals Chef der Grünen, unterstellte Kanzler Wolfgang Schüssel, dass dieser „das Parlament frotzeln" würde, da die wesentlichen kaufmännischen Teile des Kaufvertrages nun wohl von jedermann im Internet gelesen werden könnten, die Regierung sich aber weigere, den Kaufvertrag auch dem Parlament vorzulegen.

Eine OGM-Umfrage des Magazins „Format" kam in derselben Woche zu dem Ergebnis, dass 71 Prozent der Österreicher sich dafür aussprechen, aus dem Vertrag auszusteigen. Lediglich 22 Prozent befürworteten den Kauf.

Verteidigungsminister Platter, Wirtschaftsminister Martin Bartenstein und Finanzminister Karl-Heinz Grasser verteidigten vehement die Einhaltung des Vertrages. Trotz der Veröffentlichungen bestanden sie weiterhin auf einer „Geheimhaltungsverpflichtung", die „zu wahren" sei.

Die Antwort der SPÖ kam postwendend nur Minuten später in Form des SPÖ-Klubobmannes Josef Cap, der die Sondersitzung im Parlament zu begründen hatte. Seine einfache Frage: „Welche Schmiergelder sind beim Eurofighter-Ankauf geflossen?"

Auch das Verteidigungsministerium reagierte so, wie es zu erwarten war: Es machte Jagd auf meinen Informanten. Um festzustellen, wer Zugriff auf den Vertrag hatte, wurde das Abwehramt eingeschaltet. Das Ergebnis: Gezählte 128 Personen hatten Zugriff auf das Dokument. Zudem wurden fünf nicht kopiergeschützte CDs mit dem Vertragstext im Verteidigungsministerium verteilt. Die IKT-Direktion des Ministeriums (Information – Kommunikation – Technologie) musste einen wahren Mammutauftrag abarbeiten und sämtliche Zugriffe auf den Vertragstext innerhalb der letzten zwei Jahre überprüfen, die im EDV-System des Ministeriums protokolliert wurden. Zudem wurden die in „News" faksimilierten und zum Download freigegebenen Vertragsteile eingehend untersucht.

Das einzige Ergebnis: In Anhang A-3, Punkt 1.1 wurde ein Rechtschreibfehler entdeckt. Dieser Rechtschreibfehler – das stellte sich dann bei den weiteren Ermittlungen heraus – fand sich jedoch in allen Versionen des Kaufvertrages. Zudem stellte sich heraus, dass bereits vor der Klassifizierung des Kaufvertrages als „geheim" gekennzeichnete Kopien der Verträge erstellt wurden. Außerdem existierte zumindest eine nicht protokollierte Arbeitskopie des Vertrages.

Durch die Untersuchungen kamen für das Verteidigungsressort weitere peinliche Einzelheiten an das Tageslicht: Die vertraglich vereinbarten Sicherheitsbestimmungen wurden erst nach der Unterzeichnung des Kaufvertrages heeresintern umgesetzt. Zitat aus dem Akt der Militärermittler, der an die Oberstaatsanwaltschaft geschickt wurde: „Eine vollständige Nachvollziehbarkeit von Verwahrung, Behandlung und Kenntnisnahme durch Personen von Verschlusssachen" sei schlicht „unmöglich". Aufgrund des fehlenden Kopierschutzes bei den erstellten CDs sei auch der

Personenkreis, der möglicherweise Zugriff auf den Vertrag hatte, „nicht nachvollziehbar".

Folgerichtig stellte die Justiz die Ermittlungen ein. In der Einstellungsbegründung bekam die verantwortliche Politik ein weiteres Mal ihr Fett ab: „Das Interesse der steuerzahlenden Bevölkerung an der tatsächlichen Höhe der Kosten einer aus Budgetmittel finanzierten militärischen Großinvestition überwiegt die Interessen der Vertragsparteien beträchtlich." Und: „Aus verständlichen Gründen war die Regierung bisher bestrebt, die Zahlungsverpflichtungen als so gering wie möglich erscheinen zu lassen. Bei Veröffentlichung der Vertragsdetails war der Vorwurf zu besorgen, hinsichtlich der Kosten die Öffentlichkeit nicht vollständig informiert und allenfalls einen wirtschaftlich ungünstigen Vertrag abgeschlossen zu haben. (…) Die Sorge der Regierung, den politischen Mitbewerbern durch Veröffentlichung des Vertrages politisch verwertbare Argumente zu liefern, überzeugt ebenso wenig."

Die Tücken des Vertrages

Die Regierung hatte gute Gründe, den Eurofighter-Kaufvertrag nach Kräften geheim zu halten. Denn das Papier war aus österreichischer Sicht extrem schlecht verhandelt worden.

Schon im Vorfeld der Veröffentlichung überließ ich den Vertrag unserem Verlagsanwalt Gabriel Lansky und dem Dekan der Fakultät für Rechtswissenschaften am Juridicum, Heinz Mayer, zur umfassenden Überprüfung.

Mayer kam bereits bei seiner ersten Durchsicht des Vertrages zu einem klaren Ergebnis: „Der wirtschaftliche Teil dieses Kaufvertrages kann kein militärisches Geheimnis darstellen. Die Amtsverschwiegenheit gilt nicht mehr, da das Dokument bereits öffentlich ist, und selbst das Datenschutzgesetz greift hier nicht." Die Argumentation der Regierung, über Vertragsinhalte wegen einer „Geheimhaltspflicht" weiterhin schweigen zu müssen, war damit widerlegt.

Mayers damaliges Fazit: „Dieser Vertrag ist aus österreichischer Sicht schlecht verhandelt. Er ist extrem ungewöhnlich, weil die Republik extrem benachteiligt wird. Es gibt eine Reihe von Pflichten für Österreich und zahlreiche Rechte für den Lieferanten." Und Gabriel Lansky stellte lapidar fest: „Wenn mir ein Konzipient bei einem 1000-Euro-Geschäft einen derartigen Vertragsentwurf vorlegt, überlebt er das nicht. Den hau ich raus."

Mayer: „Das ist ein Hammer. Selbst wenn die einen Papierflieger liefern, müssten wir zahlen. Der Vertrag ist wahnwitzig formuliert. Denn selbst wenn er aufgehoben würde, soll die Zahlungsverpflichtung bestehen bleiben."

Die Empörung der Rechtsexperten über den „handwerklich schlecht gemachten" Vertrag hatte gute Gründe:

Die erste von 18 Raten zur Bezahlung der Flieger datierte bereits mit 30. März 2006. Und das, obwohl diese Rate erst am 10. Januar 2007 zu bezahlen war. Der offensichtliche Hintergrund: Man wollte Fakten schaffen – und sich offenbar auch budgetär ein wenig Spielraum verschaffen. Denn Anfang 2007 – und das war zum Zeitpunkt der Vertragsunterzeichnung einigermaßen absehbar – wurde eine neue Regierung angelobt.

Die Garantie für die teuren Jets betrug lediglich ein einziges Jahr; ein Weiterverkauf – wie er von der Opposition oft angedacht wurde – war ohne die ausdrückliche Zustimmung des Herstellers ausgeschlossen. Bei nicht vertragsgemäßer Lieferung gibt es nur eine minimale Pönale. Zudem wurde die Haftung des Herstellers in zahlreichen Punkten stark eingeschränkt.

Im Teil A, Anhang A-3, Kapitel „Zahlungsbestimmungen und Finanzierungsstruktur" wurde zudem festgeschrieben, dass Österreich die Jets in jedem Fall zu bezahlen hat. Und zwar „unabhängig von allen Ansprüchen gegen die Gültigkeit und Fälligkeit der Zahlungsverpflichtung dem Grunde oder der Höhe nach." Ausdrücklich wurde dabei festgehalten, dass die Zahlungsverpflichtung selbst bei Nichtigkeit des Vertrages, bei Gewährleistungs- oder Schadenersatzansprüchen, bei Anfechtungs- und Gestaltungsansprüchen „durch wen auch immer" bestehen bleibt.

Selbst im Falle einer rechtswirksamen Aufhebung des Vertrages wurde vereinbart, dass „diese unbedingte und uneingeschränkte Zahlungsverpflichtung des Käufers" weiterbestehen bleibt.

Ein Zessionsverbot, also die Möglichkeit, den Weiterverkauf der Kaufpreisforderung zu unterbinden, wurde nicht vereinbart. Das bedeutet wiederum, dass die Eurofighter Jagdflugzeug GmbH die Forderung gegen die Republik jederzeit an ein Bankinstitut weiterveräußern kann, was einen möglichen Ausstieg noch weiter erschwert.

In den Finanzierungskonditionen wurde wiederum festgelegt, dass dem Geschäft ein Zinssatz von 4,4888 Prozent zugrunde gelegt wurde – und zwar bezogen auf das Risiko der Republik Österreich. Der Verlagsanwalt Gabriel Lansky fand dies extrem ungewöhnlich: „Das ist für die Verzinsung eines Darlehens an die Republik Österreich ein extrem hoher Zinssatz." Zum damaligen Zeitpunkt lag dieser Zinssatz knapp 40 Basispunkte über dem Refinanzierungszinssatz des Bundes. Aus heutiger Sicht fiele der Zinssatz wohl schon unter Wucher.

Bei der Finanzierung wurde freilich noch weiter getrickst: Wie auch der Rechnungshof kritisierte, wurde die Abwicklung der Finanzierung über die Bawag eingehängt. Wobei es nicht so war, dass die Republik die Finanzierung über die Bank vorgeschlagen hätte, im Gegenteil: Der Jet-Hersteller hatte mit der Bawag einen Vertrag abgeschlossen, wonach er nach Maßgabe der jeweiligen Fälligkeit den Kaufpreis von der Bawag abrufen kann. Das Risiko ist dabei freilich auf die Republik Österreich abgestellt worden. Für den Finanzminister ergab sich so sogar noch ein wichtiger PR-Vorteil: Dadurch, dass die Finanzierung über die Bawag und nicht über die hauseigene Bundesfinanzierungsagentur abgewickelt wurde, waren die daraus entstehenden Belastungen vor der anstehenden Nationalratswahl nicht mehr budgetwirksam. Für den Steuerzahler wird dieses Spiel über die Bande hingegen noch teurer.

Auch beim „Bauzustand" der Flieger war der Öffentlichkeit zuvor nie reiner Wein eingeschenkt worden. Der wurde nämlich immer erzählt, Österreich bekäme Flieger aus der zweiten Tranche. Der Grund für diese Beruhigungspille für die kritische Öffentlichkeit lag in einem deutschen Rechnungshofbericht, der die Flieger der ersten Tranche sprichwörtlich in der Luft zerriss: Diese seien bei ungünstigen Wetterbedingungen nur „eingeschränkt flugtauglich". Daraufhin versicherte das heimische Verteidigungsministerium mehrfach, dass Österreich von derartigen Problemen nie betroffen sein werde, da wir ohnehin Flieger der zweiten Tranche bekämen.

Zum Zeitpunkt der ersten Anlieferung gab es allerdings noch gar keine Jets der zweiten Tranche. Offenbar war dieser Produktionsverzug auch vom Hersteller erwartet worden. Im Kaufvertrag heißt es nämlich dazu: „Bei verspäteter Verfügbarkeit von Flugzeugen der Tranche-2-Konfiguration kann Eurofighter Flugzeuge in Tranche-1-Konfiguration liefern." Diese könnten später „von Eurofighter auf Tranche 2/Block 8 umgerüstet werden".

Womit man wieder bei der Frage Josef Caps anlangt und hinzufügt: Warum unterschreibt jemand einen für die Republik Österreich derart nachteiligen Vertrag?

Man kann Gegner oder Befürworter des Eurofighter-Kaufs sein, darüber streiten, welchen Sinn es hat, das eine oder andere Gerät zu kaufen. Man kann sogar darüber streiten, ob wir unseren Luftraum überwachen müssen, wie es die Verfassung vorsieht, oder ob die Verfassung in diesem Punkt zu ändern wäre. Man kann auch darüber debattieren, ob Österreichs Luftraum mit 15 Jets überhaupt ausreichend gesichert ist. Und man kann über die Frage streiten, wie sinnvoll die Luftraumüberwachung sich in der bisherigen Form darstellt. Man kann auch diskutieren, ob es richtig ist, zwei Milliarden Euro dafür zu investieren, dass NATO-Jets im Fall der Fälle trotzdem über Österreich hinwegdonnern und die einzige Konsequenz jene ist, dass ein Eurofighter aufsteigt, ein Foto schießt und dieses Bild über das Außenamt jenem Land zugestellt wird, das unseren Luftraum verletzt hat – womit die Sache auch wieder erledigt ist.

Gleichgültig, wie man also zu den Fliegern steht, ist die Frage zu beantworten, wer außer dem Hersteller aus welchem Grund so großes Interesse daran hatte, dass dieser Vertrag – auch in seinen nicht militärischen, also rein kaufmännischen Teilen – geheim bleibt.

Die Antwort: Das extreme Interesse an Geheimhaltung hatten wohl nur jene, die diesen Vertrag verhandelt und unterschrieben haben. Denn das Ergebnis – und das ist objektiviert – war für

Österreich desaströs und teuer. Die Frage, die offen bleibt, lautet also: Mangelte es der österreichischen Vertragsseite einfach nur an rechtlicher und kaufmännischer Kompetenz – oder wurde dieser Vertrag mit Vorsatz derart schlecht verhandelt?

87.600 Euro vom Lobbyisten

Beim Eurofighter-Untersuchungsausschuss, der im Jahr 2007 den Ankauf der Jets aufrollte, platzte Anfang April 2007 eine Bombe. Bei der Durchsicht der angelieferten Unterlagen stießen die Abgeordneten auf eine „Creativ Promotion Werbe- und Sportveranstaltungsgesellschaft mbH & Co KG". Als Prokurist und Kommanditist des Unternehmens war Erich Wolf, Chef der österreichischen Luftstreitkräfte, im Firmenbuch eingetragen, seine Gattin war Geschäftsführerin.

Am 18. Dezember 2002 hatte Erhard Steininger, ein Lobbyist, der auch für EADS maßgeblich tätig war, 87.600 Euro an die Firma bezahlt. Und zwar als „Anzahlung für die Entwicklung eines Marketingkonzeptes und Planung der konkreten Umsetzung für den Auftritt auf einschlägigen Luftfahrtveranstaltungen (in und außerhalb Österreichs)".

In der „Kleinen Zeitung" bestätigte Wolfs Ehefrau wenig später die Zahlung. Steininger habe mit dem Geld der in finanzielle Schwierigkeiten geratenen Firma „ausgeholfen". Zu der auf der Rechnung genannten Entwicklung eines Marketingkonzeptes sei es „nie gekommen". Die Firma sei durch schlechte Geschäfte eines leitenden Angestellten in Schieflage geraten. Ihr Mann Erich Wolf habe ihr erklärt: „Ich red mit dem Erhard." Steininger sei ein guter Freund und auch Trauzeuge bei der Hochzeit der Wolfs gewesen.

Steininger sei rasch bereit gewesen, den Wolfs zu helfen und habe eben „irgendeine Rechnung" verlangt. Das Geld sei somit als „Darlehen" zu betrachten, das „irgendwann zurückbezahlt werden" solle.

Die Zahlung Steiningers habe nichts mit der Tätigkeit ihres Mannes als Gesamtverantwortlicher für die Einführung des Eurofighters zu tun gehabt: „Das war ganz alleine meine Angelegenheit."

Eine Woche später präzisierte Frau Wolf: Das „Darlehen" von Steininger sei „ganz alleine ihre Angelegenheit" gewesen, sie sei mit der Aussage, wonach ihr Mann mit Steininger darüber gesprochen habe, „falsch zitiert" worden: „Mein Mann hat mit der Sache nichts zu tun." Ihr Mann wurde am selben Tag von Verteidigungsminister Darabos vom Dienst suspendiert, nachdem er an diesem Tag von der Disziplinarbehörde des Verteidigungsministeriums einvernommen wurde. Dort gab er zu Protokoll, erst vor einer Woche von der Zahlung Steiningers erfahren zu haben. Und dass er mit Steininger in der Angelegenheit gesprochen habe („Ich red mit dem Erhard"), bestritt er vehement. Seine Frau sei da einfach „falsch zitiert" worden.

Der U-Ausschuss drängte seinerzeit verständlicherweise auch auf eine schnelle Einvernahme des Lobbyisten Steininger. Doch der weilte im Ausland. Ganz wohl dürfte auch Steininger bei der Angelegenheit nicht gewesen sein. Ich bekam damals ein handschriftliches Schreiben zugespielt, das Steininger an seinen Anwalt geschickt hatte. Darin schrieb Steininger: „In dieser Branche ist Vertrauen und Verschwiegenheit nicht nur immer vertraglich geregelt, sondern ein absolutes Muss. Ein Vertragsbruch kann sehr unangenehme Folgen haben." Und weiter: „Bezüglich möglicher Folgen erinnere ich an Apfalter, Lütgendorf, Bull und andere. Ich bin daher bestrebt, alles zu vermeiden um nicht den gleichen Weg dieser Herren zu gehen."

Heribert Apfalter, den Steininger angesprochen hatte, war einst Generaldirektor der VOEST und Geheimnisträger in der Sache Noricum, bei der es um verbotene Kanonenlieferungen der VOEST-Tochter Noricum an die damaligen Kriegsgegner Iran und Irak ging. Apfalter starb im August 1987 unter mysteriösen Umständen an einem plötzlichen Herztod, der immer wieder in Zusammenhang mit dem Noricum-Skandal gestellt wurde. Karl Lütgendorf war sozialdemokratischer Verteidigungsminister von

1971 bis 1977. Er starb im Oktober 1981 – durch Selbstmord, wobei es bis heute Zweifel an dem Suizid gibt. Im Fall von Lütgendorf wurde der Suizid immer wieder in einen Kontext mit dem „Fall Lucona" gestellt.

Gerhard Bull wiederum war ein kanadischer Ingenieur, der auf Artilleriegeschütze spezialisiert war. Bull nahm einen Auftrag von Saddam Hussein an, eine riesige Kanone zu entwickeln, die in der Lage sein sollte, vom Irak aus Israel zu erreichen. Im März 1990 wurde Bull vor seiner Wohnung in Brüssel getötet. Die Täter, die nie erwischt wurden, hatten ihm mehrfach in den Kopf und in den Rücken geschossen.

Erhard Steininger sollte als wichtigster Lobbyist des Jet-Herstellers somit am besten wissen, welche Praktiken in der Rüstungsindustrie mitunter herrschen. Ich sprach Steininger darauf an und sagte ihm, dass er trotz seiner jahrzehntelangen Tätigkeit als Lobbyist kaum Spuren hinterlassen habe. Seine trockene Antwort: „Da geht es Ihnen wie dem Heeresabwehramt. Als die mich einmal überprüfen mussten, hatten sie auch nichts über mich vorliegen."

Die Staatsanwaltschaft Wien leitete in Sachen Wolf und Steininger jedenfalls noch im April 2007 ein Verfahren ein. Bei Redaktionsschluss des Buches war dieses noch immer anhängig. Besondere Ermittlungserfolge wurden in den seither vergangenen dreieinhalb Jahren nicht publik.

Das Nachrichtenmagazin „profil" schrieb im Frühjahr 2010 auch unter Bezugnahme auf diese Causa einen wirklich zutreffenden Satz: „Der Umgang mit brisanten Causen ist oft so aufklärungsbedürftig wie diese selbst."

Das Business der Lobbyisten

Die Causa Eurofighter war ein Musterbeispiel für die Tätigkeit von wohlbestallten Lobbyisten bei einem Beschaffungsprojekt der öffentlichen Hand.

Eurofighter setzte auf Erhard Steininger. Der wiederum beauftragte die Agentur „100 % Communications" mit einem über 6.598.000 Euro schweren Werbevertrag. Die „100 % Communications" stand damals im Eigentum des langjährigen Haider-Werbers Gernot Rumpold. Bei seiner späteren Einvernahme durch den U-Ausschuss erklärte der EADS-Manager Klaus Bergner, der Vertrag mit Rumpolds Agentur habe ein „Susi-Sorglos-Paket" beinhaltet, das eben mehr umfasse als das Schalten von Inseraten, mit denen der Jet umworben wurde.

Schon damals war ein Umstand auffällig: Rumpolds Agentur bekam den Auftrag nicht vom Jet-Hersteller EADS, sondern eben von Steininger, der unter der Bezeichnung „Bofors Verbindungsbüro für Österreich" auftrat. Das hatte entscheidende Vorteile im Hinblick auf den später eingesetzten U-Ausschuss: Bei der Geschäftsbeziehung Steininger-Rumpold handelte es sich nämlich um einen Vertrag zwischen zwei Privatunternehmen, und da tut sich ein Ausschuss bei der Beischaffung von Akten naturgemäß schwer. Dasselbe gilt für Aussagen von Auskunftspersonen, die sich auf Geschäftsgeheimnisse berufen können.

Steininger erklärte mir, als ich den Vertrag publik machte: „Ich habe vor 20 Jahren eine Geheimhaltungsverpflichtung unterschrieben und so etwas habe ich auch mit den Firmen, die ich vertreten habe. Ich bin seit Jänner in Pension und halte auch weiterhin meine Geheimhaltungsverträge ein."

Im Magazin „trend" begründete Steininger – noch bevor der Eurofighter-Deal zur Daueraffäre verkam – recht präzise, warum er als Lobbyist eingeschaltet wurde: „Ich kenne einfach die Entscheidungsträger ziemlich gut."

Denn es war klar: Technische Daten und Preise mögen bei einer Rüstungsbeschaffung der Republik ehrbare Indikatoren sein. Das Match um die Milliardenaufträge wird jedoch auf anderer Ebene entschieden. Es geht darum, wer welche Gegengeschäfte lukrieren kann und sich so weitere Verbündete verschafft. Es geht darum, wer wen kennt. Es geht um Großprojekte, um Arbeitsplätze, um Subaufträge für andere Projekte der Herstellerkonsortien.

Kurzum: Es geht um Geld und Politik. Und es geht um Verschwiegenheit.

Erhard Steininger hat das verstanden. Bei seiner Einvernahme im U-Ausschuss verriet er lediglich, Ende 2001 von EADS eingeladen worden zu sein, als Berater tätig zu werden. Und er berief sich auf ein Rechtsgutachten, wonach er lediglich sagen dürfe, dass es einen Vertrag zwischen ihm und EADS gebe. Weiter sei er von seiner Vertraulichkeit nicht entbunden worden.

Wenn es einen Anbieter gab, der im völligen Gegensatz zu Steininger nicht verstand, was in Österreich zählt, dann war das der US-Hersteller Lockheed Martin.

Die Amerikaner boten den besten Preis, hatten mit der F-16 einen Jet, der zu dem Zeitpunkt schon mehr als 2000 Mal verkauft worden und im Einsatz war. Zudem machten die Amerikaner auch ein extrem günstiges Alternativangebot über Gebrauchtflieger.

Auf die Überzeugungskraft von externen, hoch bezahlten Lobbyisten, die in Österreich bestens vernetzt sind, setzten die Amerikaner jedoch nicht. Sie ließen die Geschäftsanbahnung über eine eigene Regierungsstelle laufen. Die Strategie, einen günstigen Preis für ein weltweit eingesetztes Flugzeug anzubieten und zugleich bei Lobbying und PR zu sparen, ging in Österreich erwartungsgemäß nicht auf. Auch bei den Gegengeschäften hielten sich die Amerikaner zurück. Kenner würden sagen: Sie gingen auf ein realistisches Niveau.

Aloysius Rauen, im Jahr 2002 Chef der EADS-Militärflugzeugsparte, sprach damals – als die Causa um die Abfangjägernachbeschaffung noch nicht zum Skandal ausartete – einen gescheiten, aber aus heutiger Sicht wohl unbedachten Satz aus: „Es ist bekannt, dass nirgendwo so viel gelogen wird wie bei Grabreden und Gegengeschäften."

Das war eine realistische Beschreibung dessen, was in den Jahren zuvor in Gegengeschäftsangelegenheiten in Österreich geübte Praxis war: Ohnehin anstehende Exporte wurden zielgerichtet „eingesammelt", ein Privatverein erstellte Gutachten, wonach diese Exporte nur durch die Unterstützung des jeweiligen Lieferanten möglich geworden seien, und so wurde erreicht, dass formal Kompensationsgeschäfte anerkannt wurden, deren Auftragswert den Kaufpreis des Rüstungsgerätes deutlich überstieg.

Heute würde man Derartiges wohl „greek statistics" nennen, in den 1980er und 1990er Jahren war es das gängige Geschäftsmodell für Gegengeschäfte mit der Republik Österreich. Wären diese – teils exorbitant hohen Gegengeschäfte – tatsächlich nur generiert worden, weil die jeweiligen Hersteller das möglich machten, hätte Österreichs Wirtschaft exorbitant wachsen müssen und – dieser Logik folgend – besser 200 als 15 neue Abfangjäger kaufen sollen. Beispielsweise wurden beim Eurofighter-Kauf Gegengeschäfte im Wert von 200 Prozent des Kaufpreises vereinbart. Das hieße: Knapp vier Milliarden Euro an zusätzlichen Exporten, die ohne den Abfangjägerdeal nie stattgefunden hätten.

Auf derartige Rechenspiele wollten sich die Amerikaner – wohl mit gutem Grund – nie einlassen.

Saab, das auch beim Match um die Abfangjägernachbeschaffung mit dem Gripen mitbot, hatte damit kein Problem. „Die verlangten 200 % werden wir locker erfüllen", verkündete damals das Gripen-Büro in Wien.

Die Amerikaner taten sich da weitaus schwerer. Ihre PR-Aktivitäten muteten äußerst bescheiden an: Es gab einen Empfang im Haus des damaligen Geschäftsträgers der amerikanischen Botschaft. Dabei wurde versucht, Stimmung für die F-16 zu machen. Mit dabei waren zahlreiche Angehörige einer eigens für das Österreich-Projekt aus verschiedensten Nachrichtendiensten zusammengestellten „Intelligence Community". Fast 90 Personen aus verschiedensten US-Geheimdiensten waren nach Österreich gekommen, um bei der Anbahnung des Jet-Deals dabei zu sein. Ihre Aufgabe bestand jedoch nicht darin, den Mitbewerbern auf die Finger zu sehen. Vielmehr war die Mehrheit der Beamten damit beauftragt, alles zu unternehmen, damit es in Österreich im Rahmen des Anbots zu keinem Know-how-Transfer von militärischem Wissen der USA kommt.

Das Treffen im Haus des Geschäftsträgers der US-Botschaften endete relativ skurril. Ein schwer betrunkener österreichischer Hofrat wollte unbedingt ein Fußballspiel sehen, verwechselte jedoch auf der Fernbedienung die Programm- mit den Lautstärketasten und trieb das TV-Gerät in den Leistungsbereich einer zeltfesttauglichen Tonanlage. Freundliche Unterstützung der Amerikaner im Umgang mit der Fernbedienung ignorierte er geflissentlich, um immer wieder im holprigen 60er-Jahre-Schulenglisch zu versichern: „You dont know how it works in Austria. In se end, you will loose." Ob damit der Umgang mit der Fernbedienung oder doch das Abfangjägergeschäft gemeint war, ließ sich nicht mehr klären. Symptomatisch für das österreichisch-amerikanische Verhältnis in Sachen Abfangjägergeschäft war der Vorfall allemal.

Die Russen, ihr Spion und die hofierten Eurofighter-„Experten"

Mittendrin im Kampf um die österreichische Abfangjägernachbeschaffung waren freilich auch die Russen. Wiewohl deren Angebot, gebrauchte MiG-29-Jets zum Dumpingpreis anzubieten oder gar gegen Schuldenerlass zu liefern, aus vielerlei guten Gründen nie wirklich ernst genommen wurde. Nichtsdestotrotz hatten die Russen exzellente Kontakte ins österreichische Bundesheer.

Das wurde offenbar, als am 11. Juni 2007 in Salzburg ein russischer Topspion verhaftet wurde. Der Verhaftung waren zweijährige Ermittlungen vorangegangen, die in Deutschland ihren Ausgangspunkt nahmen. Dementsprechend handelten das Bundesamt für Verfassungsschutz und Terrorismusbekämpfung (BVT) und das Abwehramt des Bundesheeres auf Basis eines Rechtshilfeersuchens aus Karlsruhe. Im Kern ging es bei der Spionageaffäre um die Beschaffung von Unterlagen über die Militärhubschrauber „Tiger" und „NH-90".

In Österreich wurde der Russe samt einer (bald wieder entlassenen Begleiterin) verhaftet, zudem wanderte ein Unteroffizier des Bundesheeres für kurze Zeit in Untersuchungshaft. In Deutschland wurde zugleich ein Eurocopter-Ingenieur in Haft genommen.

Der russische Spion Vladimir V. war seit 2001 als Handelsattaché in Wien akkreditiert. In Wahrheit war V. für den militärischen Auslandsnachrichtendienst GRU tätig. Vor seiner Verhaftung war er offiziell als „Vertreter der russischen Weltraumagentur" zum 50-Jahr-Jubiläum der UN-Weltraumkommission nach Wien gereist. Dabei passierte ein Lapsus: Die Russen vergaßen, ihren Spion diplomatisch zu akkreditieren. Ohne Diplomatenstatus gibt es aber auch keine Immunität vor Strafverfolgung.

Die Ermittler des Abwehramtes und des BVT wussten das nur zu gut und warteten mit der Verhaftung von V. auf eben so eine Gelegenheit zu.

Allein die gut durchdachte Strategie um den Zugriffszeitpunkt brachte wenig. Nachdem die Russen ziemlich viel Druck entwickelten, wurde V. von der UNO ex post die diplomatische Immunität doch zuerkannt. Der Mann musste freigelassen werden und durfte ungehindert ausreisen.

In diesem Zusammenhang mussten V. aber auch alle Beweismittel an die russische Botschaft in Wien ausgehändigt werden, die bei seiner Verhaftung und in seinem Hotelzimmer Nummer 394 im nahe der Votivkirche gelegenen Hotel Bellevue sichergestellt wurden. Zuvor wurden diese Beweismittel freilich noch gesichtet. Diese Beweismittelsichtung führte prompt zu intensiven weiteren Ermittlungen des Abwehramtes und zu Kontoöffnungsbeschlüssen.

Noch am 11. Juni, somit am Tag der Verhaftung des russischen Agenten, wurde über drei Personen ein Kasernenverbot verhängt, das bis heute aufrecht ist.

Zwei dieser drei Personen sind durch die Eurofighter-Berichterstattung österreichweit bekannt: Es handelt sich dabei um den Militärjournalisten Georg Mader und um dessen langjährigen Weggefährten, den Betreiber der Webseite airpower.at, Martin Rosenkranz. In den Akten des Heeres heißt es zum Kasernenverbot unter anderem: „Bei jedem Versuch der Kontaktaufnahme zu Ressortangehörigen, sei es durch Gespräche oder ein Zutrittsversuch in eine Liegenschaft (…) hat ohne Zeitverzug eine Meldung zu erfolgen."

Mader und Rosenkranz gehörten nicht nur zu den eifrigsten Eurofighter-Befürwortern, sie waren auch gern zitierte Experten, wenn es darum ging, zu belegen, wie dringend nötig die Neuanschaffung war oder wie falsch Kritiker des Milliarden-Projekts mit ihren Kritikpunkten liegen würden. In der Ära von Verteidigungsminister Günther Platter waren Mader und Rosenkranz am

Zenit ihrer medialen und militärischen Wahrnehmung: Sie fotografierten für das Ministerium, bekamen Zugänge zu Top-Militärs, Mader durfte sogar den „Airchief" Erich Wolf interviewen.

Bis heute ist vor allem Mader bei gewissen Medien ein gerne zitierter „Luftfahrtexperte". Im echten Leben arbeitet der viel zitierte Luftfahrtexperte freilich bei der MA 48 – somit bei der Wiener Müllabfuhr. Während des Eurofighter-Untersuchungsausschusses hielt Mader E-Mail-Verkehr mit der ÖVP-Führungsriege und mit dem Innenminister. Der Eurofighter-Produzent EADS verwendete einst sogar Maders Fotos.

Die bei V. beschlagnahmten Beweismittel konnten wohl in keinem Prozess mehr verwendet werden, da sie der russischen Botschaft übergeben wurden. Für ein anhaltendes Kasernenverbot für Mader und Rosenkranz reichte es allemal.

Die Spionage-Affäre hatte aber noch eine zweite Facette, die durchaus typisch scheint: Die österreichische Justiz stellte das Verfahren gegen den österreichischen Vizeleutnant ein, den sie am Beginn der Causa sogar in U-Haft nahm. Der Mann konnte sich jedoch nicht allzu lange freuen. Denn einmal mehr zeigte sich, dass die deutsche und die österreichische Justiz ein und denselben Fall gänzlich unterschiedlich bewerten. Der Vizeleutnant bekam Post aus Deutschland. Die deutsche Generalbundesanwaltschaft tat nämlich das, was die Aufgabe der Staatsanwaltschaft Wien gewesen wäre: den Mann wegen des Verdachts der geheimdienstlichen Tätigkeit vor Gericht zu stellen.

Das Verfahren selbst hat vor dem Oberlandesgericht München stattgefunden. Schon im Dezember 2010 musste sich der 6. Strafsenat des Oberlandesgerichts München mit dem Fall befassen. Der österreichische Vizeleutnant hatte mit dem Doppelbestrafungsverbot argumentiert. Sein Verfahren in Österreich wegen des Verdachts des „geheimen Nachrichtendienstes zum Nachteil der Republik Österreich" und wegen des Verdachts „des Betreibens und der Unterstützung eines militärischen Nachrichtendienstes für eine fremde Macht" war ja eingestellt worden.

Der (deutsche) Generalbundesanwalt hatte jedoch im Mai 2010 beim Bundesgerichtshof gegen den Angeklagten in dem Fall Anklage wegen gemeinschaftlicher geheimdienstlicher Tätigkeit erhoben. Da der Fall in Österreich bereits eingestellt worden sei, könne er kein zweites Mal verfolgt werden.

Am 9. Dezember 2010 entschied nun der 6. Strafsenat des Oberlandesgerichts München, dass keine „Verfahrenhindernisse" bestünden. Zitat: „Weder ist das Verbot der Doppelbestrafung verletzt, noch ist die Tat verjährt."

Wohl betrage die Frist zur Verfolgungsverjährung bei geheimdienstlicher Agententätigkeit fünf Jahre. Eine geheimdienstliche Agententätigkeit ende allerdings erst mit dem endgültigen Abbruch der Beziehungen. Der Vizeleutnant hatte argumentiert, dass er seine letzte E-Mail an den deutschen Mitbeschuldigten im September 2002 versandt habe. Das Oberlandesgericht stellte aber fest, dass der Österreicher seine Beziehung zum russischen Agenten auch danach aufrechterhalten habe. So sei der Vizeleutnant im November 2002 auf Einladung des Russen (aber auf eigene Kosten) zu diesem nach Moskau gefahren, weil er mit dem russischen Agenten habe „ins Geschäft kommen" wollen.

Und im Februar 2003 habe der österreichische Heeresangehörige sich persönlich mit dem Russen getroffen, um „die Zahlung geschuldeten Geldes" zu verlangen. Erst danach sei der Kontakt abgebrochen worden, weil der Russe nicht habe zahlen wollen. Außerdem seien beim Österreicher im Rahmen einer Hausdurchsuchung auf einer Diskette gespeicherte Unterlagen sichergestellt worden. Konkret handelt es dabei um die Abrechnungen von Reisekosten und Auslagen. Zu dieser Reisekostenabrechnung habe der Vizeleutnant drei verschiedene Versionen verlautet. Bei einer Vernehmung im Juni 2007 habe er angegeben, die Aufstellung sei von ihm zum Anlass seiner dritten Moskau-Reise gemacht worden, bei der ihn der Russe gebeten habe, der deutschen Kontaktperson eine Anfrage zur Lieferung von Manuals für die Eurocopter Hubschrauber 120 und 150 zu übergeben.

Im Juli 2007 habe der Österreicher bei einer weiteren Einvernahme behauptet, die Abrechnungstabelle sei nicht von ihm, sondern vom Russen oder dessen Frau geschrieben worden. Und zuletzt habe der Verteidiger des Österreichers behauptet, die Tabelle sei überhaupt eine Fälschung des österreichischen Bundesamtes für Verfassungsschutz und Terrorismusbekämpfung (BVT).

Der Senat des Oberlandesgerichts München folgerte aus diesen Angaben jedenfalls, dass der Abbruch der Beziehung des Vizeleutnants zum deutschen Angeklagten nicht das Ende der geheimdienstlichen Agententätigkeit sein könne, da der Österreicher danach noch Kontakt zu dem Russen gehabt hätte.

Folglich wurde die Anklage des Generalbundesanwalts beim Bundesgerichtshof in Deutschland zugelassen. Und das, obwohl das Verfahren von der österreichischen Justiz eingestellt wurde. Kurz vor Drucklegung dieses Buches wurde der österreichische Vizeleutnant in München zu zwölf Monaten Freiheitsstrafe auf Bewährung verurteilt. Diesem Urteil war ein Geständnis vorangegangen. Für die österreichischen Strafverfolgungsbehörden stellt dieses Ergebnis ein Debakel dar: Unsere Strafverfolgungsbehörden scheiterten auf allen Linien – einmal mehr zeigten die deutschen Behörden, wie mit derartigen Causen erfolgreich zu verfahren ist. Schlimmer noch: Jener Ermittlungsleiter aus dem Abwehramt, dessen akribischer Arbeit es zu verdanken war, dass es in München zu einer Verurteilung kam, musste sich einen neuen Job suchen. Der Mann wurde durch parlamentarische Anfragen der FPÖ namentlich geoutet, galt danach als „verbrannt" und suchte sich schließlich einen neuen Job.

Unterm Strich lässt sich somit sagen, dass die Bilanz der österreichischen Erhebungen eine Verfahrenseinstellung und den Abschuss des wichtigsten Ermittlers brachte. Er und nicht der später verurteilte Täter hatte sich einen neuen Job zu suchen. Anders sieht das Ergebnis in Deutschland aus: Der österreichische Täter gestand und wurde verurteilt. Der Vergleich macht sicher:

In Österreich läuft schon bei verhältnismäßig kleinen Fällen vieles falsch. Was aber passiert dann erst, wenn heikle politische Causen aufgeklärt werden sollen, in die aktive oder ehemalige Spitzenpolitiker involviert sind?

Übrigens: Gegen die anderen Kontaktpersonen des russischen Spions in Österreich, also zum Beispiel jene beiden „Luftfahrtexperten", die in heimischen Medien gerne als Experten (und Verteidiger) der Eurofighter herangezogen werden, wurde in Österreich kein Strafverfahren eingeleitet.

Ein Trojanisches Pferd in den Reihen der SPÖ

Im September 2008 bekam ich die Kopie einer Festplatte zugespielt. Der Inhalt des Datenträgers sorgte im Finale der Nationalratswahl, die am Sonntag, den 28. September stattfand, für eine Flut von Schlagzeilen und einen spektakulären Rücktritt.

Unter den Tausenden von Dateien auf der Festplatte befanden sich 5406 E-Mails, in denen es um Lobbying für den Eurofighter und den Baukonzern Strabag, um Parteispenden, Provisionsauszahlung, Partei-Interna und Ähnliches mehr ging.

Im Zentrum der Affäre stand die Agentur „euro:contact", an der Alexander Zach, Chef des Liberalen Forums und Abgeordneter zum Nationalrat, bis Anfang 2006 beteiligt war. Für die SPÖ war die Affäre unangenehm, da Zach aufgrund einer Vereinbarung zwischen SPÖ und Liberalem Forum auf einem SPÖ-Ticket im Nationalrat saß. Für die Ambitionen des Liberalen Forums, wieder ins Parlament zurückzukehren, war sie jedoch tödlich. Und auch für die politische Karriere Zachs war die Enthüllung letal.

Ähnlich wie die SPÖ trat das LiF nach außen hin als Eurofighter-Gegner auf. Allerdings verfolgte die Agentur, an der Zach beteiligt war, andere Ziele.

Die Daten dokumentierten eindrucksvoll, wie Geschäft und Politik in erschütternder Weise miteinander verquickt und missbraucht werden. Und sie belegten, wie die Agentur „euro:contact" für die Eurofighter die Schmutzarbeit erledigte.

Abgewickelt wurde der ominöse Deal über die Hamburger Agentur salaction, die schon zuvor einmal in Österreich in die Schlagzeilen geraten war. In einem von salaction produzierten

Werbefolder hatte dereinst ausgerechnet Erich Wolf den Eurofighter gelobt. Jener Erich Wolf, der „Airchief" war und bei dem sich Jahre später herausstellte, dass die Firma seiner Frau Geld vom EADS-Lobbyisten Steininger erhalten hatte.

Zachs Partner bei der „euro:contact" war Zoltán Aczél. In einem Dokument auf der Festplatte schreibt Aczél zum Thema „euro:contact – EADS Österreich", dass dies „das am einfachsten verdiente Geld sei – schade, dass es vorbei ist."

Die Methoden, die im Auftrag der salaction eingesetzt wurden, muteten freilich wenig „liberal" an: So wurde ein Mitarbeiter zu einer Pressekonferenz des Eurofighter-Gegners Rudolf Fußi geschickt. Der unmissverständliche Auftrag: Fußi die Frage zu stellen, woher dessen finanzielle Mittel für das Eurofighter-Volksbegehren stammen. Und Fußi sollte auch gefragt werden, was er zu Gerüchten sage, wonach er vom Eurofighter-Konkurrenten Saab unterstützt werde. Das Ergebnis: Fußi geriet wie erwartet in die Defensive und musste dementieren, dass er von anderen Jet-Anbietern finanziert werde.

Diese Strategie wurde allerdings noch weiter auf die Spitze getrieben: In einer E-Mail Aczéls vom 4. Juni 2003 wurde ein Mitarbeiter aufgefordert, eine Pressekonferenz des grünen Paradeaufdeckers Peter Pilz zu besuchen. Darin hieß es: „Bitte frag den Pilz morgen, was er von den Gerüchten hält, dass er mit Fußi in Partnerschaft steht."

Doch damit nicht genug. Bei einer Pressekonferenz des Grün-Politikers Werner Kogler, der als zuständiger Rechnungshofsprecher besonders vehement gegen die Eurofighter auftrat, sollte schwerstes Geschütz aufgefahren werden. Weil der Vorwurf, dass die Grünen von der Waffenindustrie finanziert würden, dann jedoch zu absurd erschien, verweigerte der von Alexander Zach beauftragte Mitarbeiter die Umsetzung des perfiden Plans.

Durch zahlreiche E-Mails lässt sich belegen, wie Zach, Aczél und der Eurofighter-Hersteller gemeinsame Sache machen. Selbst in Osteuropa wurde die „euro:contact" aktiv.

Auffliegen hätte das alles schon viel früher können. Im Jahr 2003 enthüllte das tschechische Magazin „Ty", dass Zach in Ungarn für EADS tätig sei. Zach verfasste daraufhin – das ließ sich auf der Festplatte nachvollziehen – eine Stellungnahme an „Ty", in der er die Vorwürfe bestritt. Zachs Glück: In Österreich wurde die tschechische Enthüllung nicht registriert.

Nach außen hin gab Zach, der von Ende Oktober 2006 bis zum 23. September 2008 als Liberaler auf einem SPÖ-Platz im Nationalrat saß, stets den Politiker, der die teuren Eurofighter bekämpfe. Er nannte den Flieger gar „Teurofighter".

Zachs Firma kassierte währenddessen freilich fleißig, beispielsweise für die Platzierung von Informationen im Sinne von Eurofighter in heimischen Medien. Dafür wurde „euro:contact" sogar zusätzlich entlohnt. In einer E-Mail wurde Aczél gefragt: „Sind Sie mit 5.000 Euro zufrieden?" Die Antwort von Zachs Geschäftspartner: „Der Betrag geht in Ordnung."

Wobei die Geschichte dahinter kein gutes Licht auf einzelne heimische Journalisten wirft: Denn für die 5000 Euro wurden unter anderem vom Jet-Produzenten gewünschte Zahlen und Listen in zwei heimischen Medien platziert. Konkret ging es um die Gegengeschäftsliste und um EADS-Studienzahlen. Zoltán Aczél schrieb in der Angelegenheit direkt an den Boss von salaction, Dieter Irion: „Sehr geehrter Herr Irion, (…) Ich sende Ihnen die Montagsausgabe der Zeitschrift (…) und den Artikel über die Abfangjäger. Erfreulicherweise hat (…) die EADS-Zahlen und keine anderen bezüglich der Betriebskosten verwendet und sich damit als vertrauenswürdig erwiesen."

Zumindest zwei Journalisten in Österreich wussten also, dass über die „euro:contact", an der Zach beteiligt war, Informationen von EADS zu bekommen waren. Sie erwiesen sich laut E-Mail als „vertrauenswürdig".

Das dürften sie auch geblieben sein. Denn als Zach im Jahr 2006 zum Abgeordneten der SPÖ wurde, die den Eurofighter vehement bekämpfte, verzichteten beide Journalisten generös darauf, das überaus spannende Faktum der Verbindung des Neo-SP-Mandatars Zach zum Jet-Hersteller ihren Lesern mitzuteilen. Und das, obwohl diese Story im Jahr 2006 wohl ebenso viel Staub aufgewirbelt hätte, wie die Enthüllungen dies später im Jahr 2008 getan haben.

Kritische Journalisten wurden hingegen von Zach und Aczél genauer unter die Lupe genommen. Auf der Festplatte fand ich eine Reihe von E-Mails, die mich selbst betrafen. Mein „Fehler": Ich hatte in einem Eurofighter-kritischen Bericht zum Missfallen von EADS aus der renommierten „Financial Times Deutschland" zitiert und Rückschlüsse von den dort genannten Kosten für 180 deutsche Eurofighter auf die Kosten der bestellten 18 österreichischen Jets gezogen.

Der Pressesprecher von EADS schickte mir eine E-Mail, wonach diese Umrechnung so nicht zulässig sei, und stellte klar, dass Österreich nicht mehr für die Jets zahlen würde als Deutschland. Diese E-Mail ging auch an die Agentur salaction. Und deren Boss Irion sandte sie weiter an Aczél, der sie wiederum Zach schickte. Offenbar war das ein typischer Vorgang, der Zach später dazu animierte, lediglich eine „indirekte" Tätigkeit für EADS einzugestehen.

Doch zurück zu Zachs Abwehrkampf im Herbst 2008. Seine erste Reaktion auf die Enthüllungen war absehbar: Er bestritt sie „auf das Schärfste". Dann folgte ein Interview mit der „Zeit im Bild 2". Dort wurde er gefragt, ob er „direkt oder indirekt" für den Kampfjet tätig war, und er antwortete unmissverständlich mit „Nein".

Die Mauer des Schweigens durchbrach erst die liberale Spitzenkandidatin Heide Schmidt am darauffolgenden Wochenende. Im „Standard" sagte sie, dass das Unternehmen von Zach in Sachen Eurofighter tätig gewesen sei. Allerdings habe Zach diese Tätigkeit nur „indirekt" wahrgenommen, da die Werbeagentur salaction zwischengeschaltet gewesen sei. Zach habe für die salaction Aufträge erledigt, auch solche für EADS.

Zach folgte diesem Wording prompt: Sein einziger Fehler habe darin bestanden, eine „rechtliche" und keine „politische" Antwort gegeben zu haben. Doch die Strategie war zu durchsichtig: Es hatte ja niemand behauptet, er hätte einen Direktvertrag mit EADS. Sondern es wurde aufgedeckt, dass seine Agentur mit zweifelhaften Methoden für die Hamburger Agentur salaction tätig war, die wiederum einen Auftrag von EADS hatte.

Fünf Tage vor der Wahl knickte Zach dann ein und erklärte seinen Rücktritt. Selbst die massive Unterstützung einzelner befreundeter Journalisten, die Fakten verdreht und verschwiegen hatten, half nicht mehr. Sein Rücktritt, so Zach, sei jedoch „keinesfalls ein Schuldeingeständnis". Der Versuch, die letzten Reste des Wahlslogans „Aufrichtigkeit, Offenheit, Fairness" zu retten, ging trotzdem schief. Das Liberale Forum scheiterte an der Vier-Prozent-Hürde, erreichte gar nur 2,09 Prozent der Stimmen.

Ernst Strasser – ein Lobbyist und Berater im EU-Parlament

Die Firma des zurückgetretenen LiF-Chefs Zach wurde später umbenannt. Aus der „Eurocontact Consulting GmbH" wurde die „ZSA Strategy Consultants GmbH". Auch die Beteiligungsverhältnisse des Unternehmens haben sich verändert. Zach gehören nun 24 Prozent der Firma, 47 Prozent hält eine AZH Beteiligungs GmbH, hinter der Zachs langjähriger Businesspartner Zoltán Aczél steht.

Und 49 Prozent der ZSA Strategy Consultants sind nun im Besitz einer „cce – consulting, coaching & educating-gesmbh". Die cce wiederum gehört zur Gänze dem früheren Innenminister und heutigen EU-Abgeordneten Ernst Strasser.

Abgeordnete zum Europäischen Parlament sind – zumindest in rudimentären Zügen – verpflichtet, eine „Erklärung der finanziellen Interessen" abzugeben, die auch auf der Homepage des EU-Parlaments nachzulesen ist. Strasser, der in Brüssel mittlerweile zum Delegationsleiter der ÖVP aufgestiegen ist, hat seine Unternehmensbeteiligungen dort ordnungsgemäß deklariert und angegeben, dass er als „geschäftsführender Gesellschafter" der cce-consulting tätig ist.

Im Gegensatz zu seiner früheren politischen Tätigkeit als Innenminister ist es EU-Abgeordneten faktisch ohne Einschränkungen erlaubt, auch anderen beruflichen Tätigkeiten nachzugehen.

Die Verbindung zu Zach ist freilich nicht der einzige interessante berufliche Konnex Strassers.

Nach seinem Ausscheiden als Innenminister Ende 2004 betätigte sich Strasser einige Zeit ausschließlich in der Privatwirtschaft. Seine cce-consulting wurde im September 2005 mit Sitz im niederösterreichischen Jettsdorf gegründet. Im Rahmen seiner privatwirtschaftlichen Tätigkeit heuerte Strasser auch beim PR-Guru Peter Hochegger an.

Hochegger ist der frühere PR-Berater von Karl-Heinz Grasser und auch jener Geschäftsmann, der gemeinsam mit Grassers Vertrautem Walter Meischberger bei der Privatisierung der Buwog knapp zehn Millionen Euro steuerfrei abkassiert hat.

Im Juli 2006 – somit nach der umstrittenen Buwog-Privatisierung – wird zwischen der Hochegger-Holding und der cce-consulting von Ernst Strasser ein Vertrag abgeschlossen. Für die cce-consulting unterschrieb deren Geschäftsführer Strasser das Dokument, das ein „Vertrag zur Mitgliedschaft im Advisory Board der Hochegger Holding GmbH" ist.

Dem Vertrag zufolge sollte Strasser die Geschäftsleitung von Hocheggers Unternehmen „beraten und unterstützen". Zitat aus dem Dokument: „Das Advisory Board Member bringt seine langjährige Erfahrung, seine Kenntnis des jeweiligen Wirtschafts- und Politikbereiches sowie sein Beziehungsnetzwerk ein". Zudem wurde eine Verschwiegenheitserklärung vereinbart, die verhindert, dass Rückschlüsse auf Strassers exakte Tätigkeit publik werden. Zitat: „Das Advisory Board Member ist verpflichtet (…) über die Ergebnisse seiner Tätigkeit strenges Stillschweigen zu bewahren (…). Diese Verpflichtung besteht auch nach Beendigung der Mitgliedschaft fort."

Bei seiner Tätigkeit müsse Strasser, so der Vertrag, „bis zu viermal pro Jahr gemeinsam mit der Geschäftsführung des Unternehmens an halbtägigen Sitzungen" teilnehmen und darüber hinaus „weitergehende Akquisitions- und Beratungstätigkeiten zusammen mit den jeweils verantwortlichen Mitarbeitern der Unternehmensgruppe wahrnehmen und auch bei ausgewählten Kundenaufträgen und Projekten mitwirken."

Für diese nicht allzu präzise definierte Tätigkeit wurde ein wenig bescheidenes Entgelt vereinbart: „Für die Mitgliedschaft im Advisory Board und die daraus resultierenden Tätigkeiten (...) erhält das Advisory Board Member ein jährliches Honorar von 50.000 Euro zuzüglich Umsatzsteuer." Zusätzlich gibt es noch „Ersatz für die Kosten, die bei Reisen zur Erfüllung der Aufgaben" anfallen. Und das „Advisory Board Member stellt seine Leistungen mit einem kurzen Leistungsnachweis vierteljährlich jeweils zum Ende eines Quartals in Rechnung."

Der lukrative Deal mit Hochegger ist freilich nicht die einzige Einnahmequelle Strassers: Der beim zuständigen Firmenbuchgericht hinterlegte Jahresabschluss seiner cce-consulting zeigt, dass das Unternehmen im Jahr 2007 einen Bilanzgewinn von 608.185,43 Euro auswies.

Am 24. März 2010 reichte Strasser den Jahresabschluss der cce für das Jahr 2008 ein. Der Bilanzgewinn 2008 betrug einschließlich eines Gewinnvortrages von 508.185,43 Euro nun 675.925,48 Euro. Im Firmenkompass wird die Anzahl der Mitarbeiter der cce in den Jahren 2007 und 2008 mit „keine" angegeben.

Strassers cce ist nicht nur an der ZSA Strategy Consultants beteiligt, sondern auch an einer BCD Business Consulting & Development GmbH und an einer Expert Managementberatung Russia GmbH. Zudem ist die cce unbeschränkt haftender Gesellschafter an der „advisory partners OG".

Neben seiner anspruchsvollen – und auch nicht schlecht bezahlten – Tätigkeit im Europäischen Parlament hat Strasser somit zahlreiche weitere Aufgaben zu bewältigen. Umgekehrt gilt: Strasser ist einer der wenigen Ex-Politiker, die ein Comeback in die Politik geschafft haben. Und im Gegensatz zu manchen anderen Exponenten aus schwarz-blauen Zeiten musste ihm sein Mandat auch nicht abgekauft werden.

Strasser kann sich auch anderweitig glücklich schätzen: Im Oktober 2009 kam im Rahmen eines parlamentarischen Untersuchungsausschusses ans Licht, dass eine 150 Seiten (!) starke Anzeige gegen Strasser „übersehen" worden war. Zur Vorgeschichte: Im Jahr 2008 sorgten die sogenannten „Strasser-Mails" für Schlagzeilen. Für Ernst Strasser, der das Innenressort einst mit harter Hand führte, waren die E-Mails einigermaßen peinlich. Denn sie zeigten, wie Personalentscheidungen in seinem Kabinett diskutiert wurden. Der damalige Personalchef des Innenministeriums (und heutige Kabinettschef unter Innenministerin Maria Fekter), Ernst Kloibmüller, warnte Strasser etwa vor einem Polizisten, für den der niederösterreichische Landeshauptmann Erwin Pröll interveniert hatte, der aber der SPÖ zugerechnet wurde: „der von Pröll angesprochene Kandidat ist nicht unserer!" In dieser Tonart wurden zahlreiche Postenbesetzungen und sogar die Errichtung von Polizeidienststellen besprochen – und entschieden.

Als die E-Mails öffentlich wurden, gingen zwei Anzeigen ein: eine gegen das Ministerbüro wegen des Verdachts des Missbrauchs der Amtsgewalt – und eine wegen der „gestohlenen" E-Mails. Diese zweite Anzeige wurde von Strasser selbst eingebracht.

Im Untersuchungsausschuss stellte sich dann heraus: Die von Strasser eingebrachte Anzeige wurde bearbeitet und es wurde mit Hochdruck ermittelt, wie die E-Mails an die Öffentlichkeit gelangen konnten. Der Staatsanwalt räumte bei seiner Aussage vor den Parlamentariern sogar ein, sich weitgehend an die in der Anzeige geäußerten „Wünsche" Strassers gehalten zu haben: „Mein Ermittlungsauftrag hat sich mit den Anregungen des Dr. Strasser gedeckt, ja."

Das war gleich doppelt heikel: Denn Strasser hatte in seiner Anzeige angeregt, man möge doch beim Aufdecker der Affäre, beim Grünpolitiker Peter Pilz, den Datenträger mit den E-Mails beschlagnahmen lassen. Der Staatsanwalt bat daraufhin das mit den Ermittlungen beauftragte Büro für Interne Angelegenheiten (das unter Strassers Amtszeit gegründet wurde), die Beschlagnahme des Datenträgers anzuregen.

Die Anzeige gegen Strasser wurde vom zuständigen Staatsanwalt hingegen „übersehen" – obwohl sie im selben Akt lag.

Weil die Anzeige gegen Strasser im Vorhabensbericht an das Justizministerium erwähnt war, ordnete das Ministerium an, nachträgliche Ermittlungen zum Fall zu veranlassen. Das Ergebnis fiel mager aus: Aus strafrechtlicher Sicht war nichts mehr zu machen. Die Amtsmissbrauchsvorwürfe waren verjährt.

Ein erkaufter Rücktritt –
der Fall Gaugg

Der Fall Walter Meischbergers ist nicht der einzige, bei dem sich die FPÖ eines rücktrittsreifen Politikers entledigte, indem man ihn ausbezahlte. Auch bei Reinhart Gaugg agierte die Partei ähnlich.

Gaugg war bekannt geworden, als er 1986 beim Innsbrucker Parteitag – als Jörg Haider die Macht in der FPÖ übernehmen konnte – den neuen Parteichef auf den Schultern trug. Der gebürtige Wolfsberger Gaugg war zuvor als Personalvertreter bei der Bank für Kärnten und Steiermark aktiv geworden. Ab 1989 saß er für die FPÖ im Kärntner Landtag, 1991 wurde er Vizebürgermeister von Klagenfurt. Auf dem Höhepunkt seiner Karriere war Gaugg ab 1999 immerhin stellvertretender Klubobmann der FPÖ im Nationalrat.

Im Jahr 2002 geriet Gaugg in die Schlagzeilen. Die schwarzblaue Regierung wollte ihn zum stellvertretenden Generaldirektor der Pensionsversicherungsanstalt machen. Ein Abgeordneter aus den Reihen von ÖVP oder FPÖ verweigerte Gaugg in geheimer Abstimmung jedoch die Stimme. Dadurch eskalierte die Geschichte um Gauggs künftigen Job vollends: Die FPÖ, die stets vorgab, gegen Politikerprivilegien und Parteibuchwirtschaft anzukämpfen, fand sich plötzlich in einer nicht mehr zu stoppenden Diskussion über Parteibuch- und Günstlingswirtschaft.

Auch Gaugg selbst dürfte die Aufregung einigermaßen zugesetzt haben. Jedenfalls trank er nach dem alljährlichen Beachvolleyballturnier am Wörthersee zu viel Alkohol und setzte sich betrunken ans Steuer.

Mit einem silbernen Audi A6, der dem Autohaus Laimer gehörte (bei Alexander Laimer handelt es sich um den Schwiegersohn des Haider-Vertrauten und Ex-Billa-Managers Veit Schalle), fuhr er betrunken von Pörtschach Richtung Klagenfurt. Weil er bei seiner Fahrt in Schlangenlinien fuhr, wählte ein Klagenfurter Taxilenker, der direkt hinter Gaugg fuhr, den Polizeinotruf: „Vor mir fährt ein Ang'soffener! Der muss völlig dicht sein." Am Sonntagmorgen um 0:34 Uhr war die Alkofahrt dann zu Ende. Eine Funkstreife hielt Gaugg auf der Wörthersee-Süduferstraße, Abfahrt Minimundus, rund 200 Meter südlich vor der Kreuzung mit der Universitätsstraße an.

Für die Polizisten war der Fall klar: Es konnten „Symptome einer Beeinträchtigung durch Alkoholeinwirkung festgestellt werden: Geruch der Atemluft nach Alkohol, stark schwankender Gang und lallende Aussprache." Die Diskussion um Gauggs neuen Topjob war offenbar auch in Kärnten wahrgenommen worden: „Der Angezeigte ist dem Meldungsleger aufgrund seiner medialen Präsenz bekannt", heißt es in der Anzeige.

Gaugg versuchte noch zu argumentieren. Das von den Polizisten angefertigte Protokoll ist voller Zitate von Gaugg: „Ich bin Abgeordneter zum Nationalrat. Ich bin im Dienst." Um 0:43 Uhr flüchtet der „Nationalrat im Dienst". Zu Fuß und, wie das Protokoll festhält, mit „unsicherem Schritt". Zuvor hatte er noch mehrfach den Alkotest verweigert, und zwar immer mit derselben Begründung: Er sei Nationalratsabgeordneter „im Dienst" und habe keinen Alkohol konsumiert. „Nach dieser Aussage entfernte sich der Angezeigte fluchtartig vom Anhalteort und ließ die Fahrzeugschlüssel und den Zulassungsschein ebenfalls zurück", heißt es in der Anzeige. Eine „Belehrung über die Schritte zur Wiedererlangung des Führerscheins" habe „nicht mehr erfolgen" können, notierten die Beamten im Polizeiakt. Gaugg war schon weg.

Gauggs Rücktritt erfolgte am darauffolgenden Montag. Er musste als Nationalratsabgeordneter und als stellvertretender Generaldirektor der PVA gehen. Den Rücktritt verkündete übrigens nicht Gaugg selbst, sondern der damalige FPÖ-Generalsekretär Karl Schweitzer. Gaugg, der kurzfristig einen USA-Urlaub antrat, beschied den Medien lediglich: „Lasst's mich in Ruh".

Jörg Haider erklärte, Gaugg werde sich „anderswo eine neue berufliche Existenz aufbauen".

Zum damaligen Zeitpunkt schrieb das Gesetz vor, dass Abgeordnete, wenn sie aus dem Nationalrat ausscheiden, Anspruch auf eine Entgeltfortzahlung von exakt sechs Monaten haben. Da Abgeordnete frei gewählte Mandatare und damit keine unselbstständig Erwerbstätigen sind, haben sie auch keinen Anspruch auf Arbeitslosengeld. Das heißt, Gaugg bekommt ein halbes Jahr lang 7500 Euro brutto pro Monat und ab dem 6. Februar 2003 nichts mehr.

Ich setzte mir also im August 2002 einen Termin für Anfang Februar 2003. Da wollte ich Gaugg wieder kontaktieren und ihn fragen, was er denn nun nach Ablauf seiner Entgeltfortzahlung beruflich mache.

Ich erreichte Gaugg telefonisch in Thailand, wo er gerade Urlaub machte, und zeichnete das Gespräch auf. Gaugg wollte nicht zitiert werden – ich hielt mich an diese Vereinbarung. Wenig später erhielt ich eine Klage Gauggs – ich hätte nie mit ihm gesprochen und meine journalistische Sorgfaltspflicht daher nicht eingehalten.

Durch das Tonband und die Rufdatenprotokolle aus dem Telefoncomputer des „News"-Verlages konnte ich beweisen, dass ich mit Gaugg gesprochen hatte. Seine Klage wurde abgewiesen.

Die Frage, wovon Gaugg nun lebte, blieb freilich unbeantwortet.

Erst im April 2005 gelang es mir, eine Antwort auf diese entscheidende Frage zu bekommen: Gaugg hatte nach seinem Rücktritt mehr als 100.000 Euro von der FPÖ erhalten. Als dort die Geldquellen zu versiegen drohten – verantwortlich dafür waren der Putsch von Knittelfeld und das daraufhin folgende desaströse

Wahlergebnis –, wollte Gaugg nämlich weitere Forderungen aus seinem Geheimvertrag mit der Partei einklagen.

Offensichtlich war Gauggs Rücktritt eine heikle Vereinbarung vorausgegangen. Aufgrund dieser Vereinbarung zahlte die FPÖ an Gaugg bis zum Dezember 2003 etwas mehr als 100.000 Euro. Ab Januar 2004 wurden die Zahlungen dann eingestellt. Die FPÖ war in der Zwischenzeit von 27 Prozent der Stimmen auf nur mehr 10 Prozent abgestürzt. Entsprechend niedriger fielen auch die staatlichen Förderungen für die Freiheitlichen aus.

Gaugg machte schließlich ernst und zog seine Klage gegen die FPÖ durch. In erster Instanz gewann er und bekam 352.500 Euro zugesprochen. Die FPÖ, jetzt bereits unter der Führung von Heinz-Christian Strache, ging in Berufung – und bekam dann vor dem Oberlandesgericht Wien recht, das das erstinstanzliche Urteil aufgehoben hatte. Unterm Strich blieb Gaugg somit nur jenes Geld, das ihm hauptsächlich in der Ära des Parteichefs Herbert Haupt bis Dezember 2003 ausbezahlt wurde.

Es lässt sich also einmal mehr feststellen: Wie schon im Fall Meischberger hat die FPÖ den Rücktritt eines Abgeordneten erkauft. Für Gaugg selbst endete der unfreiwillige Ausstieg aus der Politik letztlich in einem Schuldenregulierungsverfahren, das im Jahr 2010 eröffnet wurde. Im Oktober 2010 wurde vor dem Bezirksgericht Klagenfurt beschlossen, dass Gaugg sieben Prozent seiner Verbindlichkeiten in zehn Halbjahresraten abstottern muss. Als Ende der Zahlungsfrist wurde der August 2017 festgesetzt.

Um es nochmals in Erinnerung zu rufen: In anderen Ländern ist es schlicht und einfach verboten, Abgeordneten ihr Mandat faktisch abzukaufen. In Österreich ist ein derartiges Vorgehen völlig straffrei.

Dass das Auto, mit dem ein Politiker auch private Fahrten tätigt, nicht zwingend auch dessen Eigentum sein muss, wurde auch im Fall des früheren Finanzministers Karl-Heinz Grasser offenbar:

Am 16. März 2005 ging um 2:01 Uhr bei der Wiener Polizei ein Notruf ein. Wie dem Unfallprotokoll mit der Aktenzahl V-61ooB/1c/718/05 zu entnehmen ist, war die damalige Verlobte von Finanzminister Karl-Heinz Grasser, Natalia Corrales-Diez, bei trockener Fahrbahn auf Höhe des Hauses Favoritenstraße 161 in Wien gegen einen Baum gefahren. Das Interessante dabei: Grassers Porsche Cayenne, mit dem Corrales-Diez unterwegs war, gehörte gar nicht Grasser.

Als Zulassungsbesitzer schien ein gewisser Burkhard Graf auf, der von Grasser prompt als „Nenn-Onkel" bezeichnet wurde. Graf, vor seiner Pensionierung Leiter der Landesdirektion für Wien, Niederösterreich und Burgenland der Basler Versicherung, wurde – und das lag im Zuständigkeitsbereich des Finanzministeriums, dem wiederum Grasser vorstand – schon zuvor in den Aufsichtsrat der Bundespensionskasse und jenen des Bundesrechenzentrums gehievt.

Heute ist Graf unbeschränkt haftender Gesellschafter der SMW OG. Miteigentümer dieser Firma, deren Name auch in den Akten zur Buwog-Affäre auftaucht und die im Juni 2008 gegründet wurde, ist wiederum Karl-Heinz Grasser.

Im Mai 2010 geriet Grasser in die Schlagzeilen, wurde sogar im Frühstücksradio von Ö3 durch den Kakao gezogen: Es ging um eine neue Villa am Wörthersee, die Grasser beziehen werde. Im Grundbuch zeigt sich freilich, wer der wahre Eigentümer des noblen Objektes ist: Die SMW OG, deren Gesellschafter Graf und Grasser sind. Vertretungsbefugt für das Unternehmen ist übrigens nur Graf, Grasser scheint im Firmenbuch als „nicht vertretungsbefugter" Miteigentümer auf.

Grassers Verbindung zu seinem „Nenn-Onkel Graf" sorgte auch im Jahr 2011 wieder für Schlagzeilen. Florian Klenk enthüllte im „Falter", dass Grasser über eine Stiftung in Liechtenstein verfügte. Für diese Liechtensteiner Stiftung hält die SMW OG ein Haus am Wörthersee, das zuvor als Grassers „Villa am Wörthersee" für Aufmerksamkeit (und Spott) sorgte.

Grassers Frau Fiona Swarovski wiederum zahlt Miete für das Haus. Die komplizierte Transaktion – das versicherte Grasser – sei lupenrein und sauber. Bei der Finanz zweifelte man offenbar an dieser Einschätzung. Seit November 2010 läuft ein Finanzstrafverfahren gegen Grasser, das zum Zeitpunkt des Redaktionsschlusses für dieses Buch noch nicht abgeschlossen war. Für Grasser – und das ist im Zusammenhang mit dessen Namen wohl eine der meistverwendeten Floskeln in heimischen Medien – gilt die Unschuldsvermutung.

Die Akte Hypo Alpe Adria

Wie bereits zuvor in diesem Buch berichtet, gibt es auch eine Verbindung des damals noch aktiven Finanzministers Karl-Heinz Grasser zur skandalumwitterten Kärntner Hypo Alpe Adria. Das Kapitel Grasser-Berlin und die Involvierung von Grassers Schwiegermutter Marina Giori-Lhota ist von seiner Dimension her im Komplex Hypo Alpe Adria freilich nur eine fast schon vernachlässigbare Fußnote.

Im März 2010 war es mir endlich gelungen, den damals vollständigen Ermittlungsakt der Staatsanwaltschaft Klagenfurt zum größten heimischen Bankencrash zu besorgen. Die Akte 10 St 273/09 war damals rund 25.000 Seiten stark und umfasste nicht nur Ermittlungsergebnisse der österreichischen Justiz, sondern auch auf dem Rechtshilfeweg beigeschaffte Akten der Staatsanwaltschaft München 1, der kroatischen, der Liechtensteiner und der Luxemburger Strafverfolgungsbehörden.

Zu diesem Zeitpunkt führte – und das ist durchaus bemerkenswert – die Klagenfurter Staatsanwaltschaft den langjährigen Hypo-Chef Wolfgang Kulterer noch als Zeugen und nicht als Beschuldigten.

Schon eine erste Durchsicht des Aktes machte deutlich, worum es geht und warum beim Hypo-Debakel ein Milliardenschaden für die österreichischen und bayerischen Steuerzahler entstehen konnte: In Kärnten wurde über Jahre hinweg ein waghalsiges Vabanque-Spiel betrieben. Die einstige Landesbank wuchs unkontrolliert – ermöglicht wurde ihr dieses rapide Wachstum durch eine völlig verantwortungslos agierende Landespolitik, die die Haftungen des Landes parallel zum ungezügelten Wachstum der Bank auf mehr als 20 Milliarden Euro erhöhte.

Der Deal hatte scheinbar zwei Profiteure: Die Bank konnte sich durch die laufend erhöhten Landeshaftungen auf dem Balkan ausbreiten, als würden für sie die Gesetze der Logik oder der Schwerkraft nicht gelten. Im Gegenzug bekam auch das Land ein Extra fürs Budget: Ein Promille der jeweiligen Haftungssumme zahlte die Bank dem Land als Haftungsprovision. Zugleich ermöglichte und finanzierte die Bank dem Kärntner Landeshauptmann Jörg Haider eine „Brot-und-Spiele"-Politik, wie sie in Mitteleuropa wohl einzigartig war.

Wie verantwortungslos das Doppelspiel zwischen Hypo und dem Land Kärnten wirklich war, zeigt ein einfacher Vergleich: Das jährliche Kärntner Landesbudget betrug knapp 1,8 Milliarden Euro. Und selbst mit dieser Summe konnte nie das Auslangen gefunden werden. Die Haftung des Landes für die Bank überstieg somit das Jahresbudget um mehr als das Zehnfache. Im Klartext bedeutet das: Bei einem Kollaps der Bank wäre es für das Land völlig unmöglich gewesen, die Haftung zu übernehmen.

Ein Rechenbeispiel: Gesetzt den Fall, die Haftung für das Land würde lediglich eine Milliarde Euro betragen und plötzlich schlagend werden. Und angenommen, durch ein radikales Sparprogramm könnten zehn Prozent des Landesbudgets eingespart werden (was in der politischen Realität denkunmöglich ist), dann stünden jährlich 180 Millionen Euro zur Verfügung und es würde (einschließlich marktüblicher Zinsen) sieben Jahre dauern, um diese Milliarde Euro zu bedienen. Abgesehen davon, dass keine politische Partei sich am Ruder halten könnte, wenn sie für einen derart langen Zeitraum einen monetären Spielraum von exakt null Euro hätte, zeigt sich am desaströsen Ergebnis, wie absurd es war, Haftungen über mehr als 20 Milliarden Euro einzugehen. Am Rande sei erwähnt: Das Land Kärnten ist noch weitere Haftungen abseits der Hypo eingegangen.

Alle Beteiligten wussten, dass sie ein hochriskantes Geschäft zu Lasten Dritter abgeschlossen hatten. Der Dritte war in diesem Fall der Steuerzahler. Allein die bayerischen Steuerzahler kostete die Hypo Alpe Adria 3,7 Milliarden Euro. Wie teuer der Fall für die österreichischen Steuerzahler letztlich wird, lässt sich noch nicht erahnen. Fakt ist jedoch, dass die Republik Österreich Milliarden zuschießen musste und zugleich die Haftungen des Landes zu übernehmen hatte. In jedem anderen Fall wäre zuerst die Bank und unmittelbar darauf das Land Kärnten pleite gewesen.

Die Republik Österreich konnte somit zwischen Pest und Cholera wählen: Denn im Fall einer Pleite des Landes hätte sie erst recht wieder haften müssen. Dann allerdings für einen bereits realisierten Schaden, der eine kaum kontrollierbare Kettenreaktion ausgelöst hätte.

Im Januar 2011 gingen mir die der Enthüllungsplattform WikiLeaks zugespielten Depeschen der US-Botschaft in Wien zu. Unter den Depeschen fand sich auch eine vom 15. Januar 2010, die nach Washington geschickt wurde. Der vielsagende Titel: „Austria's Hypo Alpe Adria Bank in Trouble". Im Fazit der Depesche steht wörtlich, dass „der rapide Aufstieg von einer Kärntner Kleinbank zu einem ‚Mini-Imperium am Balkan' auf hochriskanten Geschäftspraktiken und dem aggressiven Streben nach politischer Unterstützung" beruht hat. Und die US-Beamten schieben noch einen Satz nach: „Die österreichischen Aufsichtsbehörden wussten von den Schwächen der Hypo, wollten aber keinen Staub aufwirbeln."

Während also der von Haider so oft beschworene „kleine Mann" am Ende die Rechnung zu begleichen hatte, verdienten andere Millionen an der Pleitebank.

Dem Weg zum Schotter waren dabei für Insider, Günstlinge und Freunde kaum Grenzen gesetzt: Manche verdienten am Verkauf der Bank an die BayernLB, andere, indem sie als Berater tätig waren, wieder andere profitierten von aufklärungswürdigen Wertberichtigungen. Manche finanzierten Projekte mit Krediten der Hypo, die sie nicht bedienten. Daraufhin wurden ihnen die Projekte von Hypo-eigenen Firmen zu weit überhöhten Preisen, die die Summe der vergebenen Kredite deutlich überstiegen, wieder abgekauft. Rund um die Hypo war also vieles möglich, was geeignet ist, um dem einfachen Steuerzahler die Zornesröte ins Gesicht zu treiben.

In einem zentralen Dokument beschreiben die zuständigen Staatsanwälte die Vorwürfe im März 2010 so:

- Die Verantwortlichen sollen „die ihnen eingeräumten Befugnisse (...) zur Auszahlung von Krediten (...) wissentlich missbraucht haben, indem sie die Auszahlung von Kreditmitteln an Personen im In- und Ausland bewilligten, von denen sie wussten, dass diese die ausbezahlten Kredite nicht zurückzahlen werden".
- Die Verantwortlichen sollen Untreue begangen haben, indem sie „unter wissentlichem Missbrauch der ihnen eingeräumten Befugnisse und unter Zusammenwirken mit bislang namentlich nicht bekannten Verantwortlichen einer (kroatischen) Investorengruppe den Verkauf der Hypo-Consultants-Gruppe an diese Investorengruppe zu einem Preis bewirkten, der deutlich unter dem realen Wert lag bzw. dieser Investorengruppe zu diesem Erwerb einen Kredit durch die Hypo Bank International einräumten, obwohl ihnen bekannt war, dass dieser Kredit nicht für die Verwendung des Kaufpreises verwendet wird."
- Außerdem besteht der Verdacht, „dass der tatsächliche wirtschaftliche Zustand der Hypo Group Alpe Adria beim Verkauf an die Bayerische Landesbank unter Verwendung inhaltlich falscher Bilanzen bewusst verschleiert wurde, um so täuschungsbedingt und mit auf unrechtmäßige Bereicherung gerichtetem Vorsatz einen überhöhten Kaufpreis zu erzielen."

In der Bank selbst herrschte offenbar eine Art von Chaos, die jeden Krämerladenbesitzer das Geschäft kosten würde. In einem Gutachten von PriceWaterhouseCoopers wird beschrieben, wie die Balkan-Beteiligungen der Hypo gemanagt wurden: So habe es bei den Gesellschaften in Serbien, Montenegro, Bosnien und Kroatien „bis zur Neuregelung im Jahr 2009 keine schriftlichen Vorgaben zur jährlichen Kreditüberwachung und Analyse der Kreditnehmer" gegeben. Und: „Es wurden Zinsen als Aktivposten ausgewiesen, obwohl bereits erhebliche Rückstände bestanden."

Zudem war das Geschäft der Bank offenbar recht eindimensional strukturiert, denn der Großteil des Kreditportfolios der Hypobank International bestand aus Cross-Border-Finanzierungen, wovon wiederum der Großteil „auf Grundstücks- und Immobilienfinanzierungen entfällt". Die Wirtschaftskrise verschärfte dieses Strukturproblem. Für diese Sparten, so heißt es im Bericht, bestünden gerade jetzt aber nahezu „keine Verwertungsmöglichkeiten, sodass die Rückführung des ausgeliehenen Kapitals nicht sichergestellt ist."

In Bulgarien hat sich beispielsweise herausgestellt, dass „347 Kreditgeschäfte überhaupt betrügerisch waren". Bei der Überprüfung offener Kredite zeigte sich zudem, dass von den 1411 überprüften Kreditnehmern 53 Prozent in die höchste Risikogruppe fielen. Die Schlussfolgerung: Diese Kredite seien mit aller Wahrscheinlichkeit wertzuberichtigen.

Schon nach relativ kurzer Zeit war für die zuständigen Staatsanwaltschaften klar ersichtlich, dass es zu wissentlichen Überfinanzierungen gekommen war – und dass von der Bank Forderungen bezahlt wurden, denen keine werthaltigen Leistungen gegenüberstanden.

Wolfgang Kulterer – der Banker mit den exzellenten Connections

Im Zentrum des Hypo-Skandals steht der im Jahr 1953 in Villach geborene Banker Wolfgang Kulterer. Kulterer war vom 8. Januar 2000 bis zum 30. September 2006 Vorstandsvorsitzender der Hypo Alpe Adria Bank International AG beziehungsweise von deren Vorgängerfirma. Ab dem 1. Oktober 2006 war Kulterer dann bis zum 9. Oktober 2007 Aufsichtsratsvorsitzender der Hypo Alpe Adria Bank International. Im Anschluss an seine Hypo-Tätigkeit wurde Kulterer als Unternehmensberater aktiv – unter anderem für die Flick-Privatstiftung.

Der einst mächtigste Manager Kärntens beteuert heute, dass er einkommens- und vermögenslos sei.

Bereits im November 2008 wurde Kulterer vom Landesgericht Klagenfurt in der sogenannten „SWAP-Affäre" zu einer Geldstrafe von 280 Tagessätzen rechtskräftig verurteilt.

In der aktuellen Hypo-Affäre hat die Staatsanwaltschaft nun entschieden, einzelne Punkte, derer Kulterer verdächtigt wird, vorzuziehen und ihn schon im Frühjahr 2011 als Angeklagten vor Gericht zu stellen. Im Wesentlichen umfasst die Anklage drei Punkte: Es geht um die pleitegegangene steirische Fluglinie „Styrian Airways", um Kredite für den Privatdetektiv Dietmar Guggenbichler, und es geht um den ersten Hypo-Untersuchungsausschuss, der den Kärntner Landtag schon im Jahr 2007 beschäftigt hatte.

Mit all diesen Fällen ist freilich ein Mann verbunden, der von der Staatsanwaltschaft nicht mehr zur Rede gestellt werden kann: der im Oktober 2008 verstorbene Kärntner Landeshauptmann Jörg Haider.

Doch der Reihe nach.

Der Fall Styrian Airways

Bei der Styrian Airways handelte es sich um ein in Unterpremstätten bei Graz ansässiges Regionalflugunternehmen. Unter den Gesellschaftern fanden sich mehrere langjährige politische Weggefährten Jörg Haiders.

Schon bei der Gründung des Unternehmens litt dieses unter massiven Liquiditäts- und Eigenkapitalproblemen. Das erste Geschäftsjahr wurde mit einem Verlust von rund einer Million Euro abgeschlossen. Im Zuge der Erstellung einer Zwischenbilanz im Herbst 2004 stellte sich heraus, dass das Working-Capital negativ war. Schon damals wurden Stundungsvereinbarungen mit den wichtigsten Lieferanten abgeschlossen. Damit die Firma zu „frischem Geld" kommt, wurde eine Kapitalerhöhung geplant, bei der die Grazer Stadtwerke vier Millionen Euro einschießen sollten. Doch das Vorhaben misslang, wurde auch noch öffentlich bekannt und führte zu einem weiteren Umsatzeinbruch bei der Styrian Airways.

In der ersten Jahreshälfte 2005 trat dann Jörg Haider auf den Plan. Über die landesnahe Kärntner Tourismusholding wollte er bei der Fluglinie einsteigen. Zur Vorbereitung dieser geplanten Beteiligung gab es am 11. Mai 2005 im steirischen Unterpremstätten eine Besprechung. Dabei zog die Kärntner Tourismusholding einen Wirtschaftsprüfer bei, der bereits am darauffolgenden Tag in einer Kurzexpertise zu dem Ergebnis kam, dass nicht nur das Eigenkapital der Styrian Airways vollständig aufgebraucht sei, sondern dass die Firma auch unter einer akuten Liquiditätskrise leide und ohne die Zufuhr von neuem Kapital schon in den nächsten Wochen in ihrer Existenz gefährdet sei.

Am 19. Mai 2005 wurde das Ergebnis dieses Kurzgutachtens Haider schriftlich mitgeteilt. In diesem Schreiben wurde Haider zudem erklärt, dass die von ihm geplante Kapitalerhöhung durch die Kärntner Tourismusholding in Höhe von vier Millionen Euro ausschließlich der Abwendung der Pleite der Styrian Airways diene. Kurzfristig seien weitere zwei Millionen Euro als Betriebsmittelrahmen von einer Bank nötig, um den Betrieb aufrechterhalten zu können.

Aus wirtschaftlicher Sicht hätte Haider somit spätestens zu diesem Zeitpunkt die Reißleine ziehen müssen. Das tat er jedoch nicht. Stattdessen kontaktierte Haider die Hypo und ersuchte um eine Finanzierung für die benötigten weiteren zwei Millionen Euro.

Am 9. Juni 2005 wurde schließlich in der Aufsichtsratssitzung der Styrian Airways die Kapitalerhöhung durch die Kärntner Tourismusholding beschlossen.

Schon zu diesem Zeitpunkt hatte der Hypo-Boss Kulterer der Styrian Airways die Finanzierung eines weiteren Flugzeuges, das von Klagenfurt aus eingesetzt werden sollte, ebenso in Aussicht gestellt wie die Gewährung des von Haider erbetenen Zwei-Millionen-Eurokredits ohne weitere Besicherung.

Damit diese zwei Millionen Euro auch fließen, hatte Haider zuvor mit Vehemenz Druck gemacht. Die Staatsanwaltschaft wirft Kulterer vor, er hätte wissen müssen, dass das Risiko bestand, dass der Kredit nicht zurückbezahlt wird. Kulterer bestreitet das – klären wird das nun der Richter.

Auf Ersuchen Kulterers schrieb Haider ihm am 18. Juli 2005 schließlich eine E-Mail. Darin nahm Haider Bezug auf eine bereits mündlich mit Kulterer getroffene Vereinbarung und ersuchte diesen, der Styrian Airways den Kontokorrentrahmen von zwei Millionen Euro „so schnell als möglich" zur Verfügung zu stellen.

Bankintern bekam schließlich ein junger Mitarbeiter den Kreditfall auf den Tisch. Der Mann befand sich noch in der sechsmonatigen Probezeit. Zudem legte man diesem Bankmitarbeiter nur einen kleinen Teil der Unterlagen vor.

Trotzdem monierte dieser Kreditsachbearbeiter bei seinem Vorgesetzten, dass das Risikomanagement der Bank mit dem Kreditfall nicht betraut wurde, und regte an, dass man – wie sonst auch üblich – einen förmlichen Kreditantrag stellen solle. Sein Vorgesetzter lehnte dies freilich ab. Der Sachbearbeiter solle anstelle eines Kreditaktes den Kreditantrag lediglich in Form eines Aktenvermerkes anlegen. Auf Basis dieses Aktenvermerkes wurde der Kredit schließlich gewährt. Ohne jede Sicherheit durch Styrian Spirit und ohne Haftung des Landes Kärnten.

Der Kredit selbst wurde in zwei Tranchen zu je einer Million Euro gestückelt. Als die Bank auf dem Konto 1705644 schließlich die erste Million bereitstellte, wurde diese beinahe zur Gänze bereits am ersten Tag, dem 1. September 2005, zur Tilgung offener Verbindlichkeiten verbraucht.

Bei der zweiten Tranche wiederholte sich dasselbe Spiel. Wie schon bei der ersten Tranche wurde der Kredit wieder lediglich auf Grundlage eines Aktenvermerkes vergeben. Wieder gab es keine Sicherheiten.

Am 27. März 2006 wurde über das Vermögen der Styrian Airways mit Beschluss des Landesgerichtes für Zivilrechtssachen Graz unter der Aktenzahl 25 S 24/06a schließlich der Konkurs eröffnet. Am 26. September 2007 wurde die Styrian Airways liquidiert und am 17. Dezember 2008 gelöscht.

Die zwei Millionen Euro Kontokorrentkredit durch die Hypo waren verloren.

Im Rahmen der Ermittlungen stießen die Fahnder dann auf einen Aktenvermerk des zuständigen Kreditsachbearbeiters, der mit 29. Juni 2005 datierte. Diesem Aktenvermerk war zu entnehmen, dass Kulterer erklärt hätte, dass „man dann eben in den sauren Apfel beißen und (den Kredit) de facto blanko vergeben müsse". Zeugen selbst sagten aus, die Kreditvergabe wäre „auf höherer Ebene" ausgemacht worden.

Welches private Unternehmen, von dem bekannt ist, dass es sich in Liquiditätsschwierigkeiten befindet und dass sein Eigenkapital aufgebraucht ist, bekommt heutzutage von einer Bank einen Kontokorrentkredit, ohne dass dafür ein förmlicher Kreditantrag gestellt wird und ohne dass irgendwelche Sicherheiten vorliegen? Welcher Landeshauptmann würde sich überhaupt trauen, für ein derartiges in Schieflage befindliches Unternehmen bei einer Bank, an der man als Land beteiligt ist, solch einen Kredit einzufordern?

Die Antwort: Jörg Haider traute sich und tatsächlich floss das Geld auch. Die Staatsanwaltschaft Klagenfurt schrieb dazu in der Anklageschrift: „Die erstmalige Einräumung des Überziehungsrahmens sowie die Aufstockung dieses Rahmens hätte nach dem Sachverständigengutachten keinesfalls ohne Bereitstellung verwertbarer Sicherheiten erfolgen dürfen."

Dem ist nichts hinzuzufügen.

Der Fall Guggenbichler

Dietmar Guggenbichler ist ein österreichweit bekannter Privatdetektiv. Vor allem im Fall Lucona hat er sich als Privatermittler seine Lorbeeren verdient.

Im Juni 2006 war Jörg Haider zu Gast bei Guggenbichler, den er vertraut „Guggi" nannte. Guggenbichler schilderte Haider seine triste finanzielle Situation und auch das Finanzamt wollte Geld von „Guggi". Haider solle ihm helfen und ihn unter Umständen auch als Sicherheitsberater engagieren. Im Lauf des Gesprächs soll Haider gesagt haben: „Das ist kein Problem. Das mit dem Kredit können wir gleich erledigen und nach der Wahl kommst du zu uns, respektive zu mir, du hast den Job."

Haider griff zum Telefon und rief Kulterer an. „Ich sitze hier bei Herrn Guggenbichler, dieser benötigt dringend einen Kredit für das Finanzamt. Regle das bitte! Im Übrigen hat der Guggi schon viel für mich und die Partei getan, er kann auch dir bei deinen Problemen helfen. Macht euch einen Termin aus, es liegt mir sehr viel daran!"

Einige Tage später kam es im Büro Kulterers in Klagenfurt zu einem Treffen zwischen Kulterer und Guggenbichler, in dessen Verlauf Guggenbichler um die Gewährung eines Kredits über 150.000 Euro bat. Kulterer wiederum soll Guggenbichler in Aussicht gestellt haben, im Auftrag der Bank als Detektiv Erkundigungen in Kroatien durchzuführen.

Kulterer informierte danach den Leiter der Hypo-Filiale am Klagenfurter Domplatz über die Kreditangelegenheit Guggenbichlers. Dabei soll Kulterer den unmissverständlichen Auftrag erteilt haben, diesen Kredit auch zu gewähren. Zudem soll Kulterer dem Filialleiter erklärt haben, dass Guggenbichler für Jörg

Haider arbeiten würde und auch für die Hypo-Bank Aufträge erledigen werde.

Am 26. Juni 2006 sprach Guggenbichler schließlich in der Hypo-Filiale am Domplatz vor und wiederholte seinen Kreditwunsch. Ganz offen sprach er auch an, dass er einen wesentlichen Teil des Geldes dringend zur Begleichung von Schulden bei der Finanz benötige. Aufgrund des von Haider in Aussicht gestellten Jobs werde er künftig in der Lage sein, monatlich 5000 Euro zurückzubezahlen.

Der Kreditsachbearbeiter überprüfte die Kreditwürdigkeit Guggenbichlers und stellte fest, dass der Kredit aufgrund von Guggenbichlers trister finanzieller Situation nicht genehmigt werden darf. Wegen Kulterers unmissverständlichem Auftrag wurde jedoch ein endfälliger Kredit über 150.000 Euro gewährt. Als Sicherheit wurde die Abtretung von Rechten aus einem beim Landesgericht Linz anhängigen Verfahren gegen ein Einkaufszentrum vereinbart. Nach bankinternen Richtlinien war die Werthaltigkeit dieser zedierten Rechte übrigens mit null Euro festzusetzen. Im Kreditantrag wurde – auch das fällt auf – festgehalten, dass Guggenbichler vom Vorstandsvorsitzenden der Hypo Alpe Adria International, Wolfgang Kulterer, an die Filiale Domplatz „vermittelt" worden war.

Die Bankführung wurde noch am selben Tag davon in Kenntnis gesetzt, dass die Ergebnisse der Bonitätsprüfung negativ ausgefallen sind. Kulterer selbst wurde dieses Ergebnis auch mitgeteilt.

Schon am 27. Juni 2006 wurde dem Filialleiter schriftlich Folgendes mitgeteilt: „Es wird hiermit festgehalten, dass im Falle auftretender Rückzahlungsprobleme bei der o.a. Finanzierung der Hypo Austria keinerlei Schaden entstehen wird, sondern dieser von der Hypo International getragen wird. Dies wurde (…) durch Herrn Kulterer am 26. Juni 2006 mitgeteilt." Wolfgang Kulterer persönlich unterschrieb in der Folge diesen Aktenvermerk. Bereits am 4. Juli 2006 wurde der Kredit ausbezahlt.

Im Mai 2008 wurde der Kreditvertrag schließlich aufgekündigt. Die Bank fiel um ihr Geld um. Am Rande sei erwähnt: Guggenbichler erhielt zwischen September 2006 und Mai 2007 laut Staatsanwaltschaft von der Hypo Bank International Zahlungen über insgesamt 180.000 Euro. Entsprechend dem Kreditvertrag – der Kredit war ja endfällig – wurde dieses Geld aber nicht zur Rückzahlung verwendet. Im Juli 2009 wurde über das Vermögen des Dietmar Guggenbichler schließlich der Konkurs eröffnet.

Der erste Kärntner Hypo-Untersuchungsausschuss

Schon im Jahr 2007 wurde im Kärntner Landtag ein Untersuchungsausschuss eingerichtet. Dieser sollte sich mit den finanziellen Auswirkungen des Verkaufs der Bank an die BayernLB beschäftigen. Als Zeuge war naturgemäß auch Wolfgang Kulterer geladen. Für Zeugen gilt auch vor dem Kärntner Untersuchungsausschuss die Wahrheitspflicht.

Kulterer behauptete in seiner Aussage vor dem U-Ausschuss, dass es vor dem 19. Februar 2007 „überhaupt noch keine Idee einer Beteiligung der Bayerischen Landesbank an der Hypo Alpe Adria Bank International AG" gegeben habe. Im Januar und Februar 2007 sei für ihn das Thema Anteilserwerb durch die Bayern „vollkommen undenkbar" gewesen.

Das erste Dreiergespräch zwischen ihm, dem Investor Tilo Berlin und dem damaligen Chef der BayernLB, Werner Schmidt, habe im März 2007 stattgefunden.

Im Rahmen der Ermittlungen zum Hypo-Skandal wurde auch Werner Schmidt einvernommen. Schmidt hat dabei angegeben, dass bereits am 19. Januar 2007 bei einem Mittagessen, an dem unter anderem Berlin und Kulterer teilgenommen hätten, die Möglichkeit einer Mehrheitsbeteiligung der Bayern erörtert worden sei. Am 31. Januar 2007, das geht aus einem Gesprächsvermerk hervor, gab es wieder eine Besprechung, an der Schmidt, Berlin und Kulterer teilnahmen. Wieder wurde der mögliche Mehrheitserwerb durch die Bayern besprochen. Am 15. Februar schließlich – nur vier Tage vor Kulterers Aussage vor dem U-Ausschuss – fand erneut eine Besprechung statt, an der neben Kulterer, Berlin und Schmidt auch noch der damalige Kärntner

Landeshauptmann Jörg Haider teilnahm. Das Thema war offensichtlich schon weiter gediehen, denn nun sollen bereits Einzelheiten über den Erwerb der Mehrheitsanteile der Hypo durch die Bayerische Landesbank besprochen worden sein.

Kulterers Aussage, das Thema Anteilserwerb bei der Hypo Alpe Adria durch die Bayern sei im Januar und Februar 2007 „vollkommen undenkbar" gewesen, scheint somit kaum nachvollziehbar. Für die Staatsanwaltschaft Klagenfurt war das jedenfalls Grund genug, den Ex-Hypo-Boss auch in diesem Punkt anzuklagen.

Ein Millionengeschenk für einen Politiker

Strafrechtlich nicht relevant und trotzdem ein Schlag ins Gesicht aller Steuerzahler ist der Fall des früheren FPÖ-Politikers Heinz Marolt. Der Ferrari-Fahrer und Hotelbesitzer hatte in Jörg Haiders damaliger Kärntner FPÖ eine steile Politkarriere hingelegt. Seine „Blaue Lagune" am Klopeiner See war in den 1990er Jahren der Hotspot der Freiheitlichen in Kärnten. Wer dazugehörte, der feierte – meist mit Haiders Entourage – in Marolts „Blauer Lagune".

Im Jahr 1998 wechselte Marolt, der 1993 den Betrieb seiner Eltern am Klopeiner See übernommen hatte, für die FPÖ in den Nationalrat. Seinem Betrieb ging es zur damaligen Zeit alles andere als gut: Schon Mitte der 1990er Jahre beträgt das Obligo bei der Hypo rund 95 Millionen Schilling – kurz vor seinem Wechsel ins Hohe Haus stiegen die Schulden bereits auf stattliche 127 Millionen Schilling an. Ob ein Mann mit einem derartigen finanziellen Hintergrund wohl ins Parlament wechseln kann?

Johann Quendler, zur damaligen Zeit einer der bekanntesten Anwälte Kärntens, erstellte ein Gutachten. Darin heißt es: „Unter Bedachtnahme auf die vorangegangenen Rechtsausführungen muss gesagt werden, dass auf Seiten des Heinz Marolt mit an Sicherheit grenzender Wahrscheinlichkeit Zahlungsunfähigkeit vorliegt, somit der allgemeine Konkursgrund der Zahlungsunfähigkeit (…) gegeben ist."

Konkurs gab es jedoch keinen. Stattdessen „sanierte" die Hypo Haiders Aufsteiger: Statt einem Konkursantrag erstellte die Bank einen Geheimvertrag. „Dem Kunden wird bei Erfüllung sämtlicher Bedingungen des Sanierungsvorschlages ein einmaliger Schuldennachlass in der Höhe von ATS 15 Millionen in Aussicht gestellt", ist darin festgeschrieben. „Und weiters erklärt sich die Hypo Bank bereit, unter denselben Voraussetzungen einen weiteren Teilbetrag von ATS 15 Millionen in Besserungskapital umzuwandeln."

Tatsächlich wurden die 15 Millionen Schilling an Schulden nachgelassen und die weiteren 15 Millionen Schilling „Besserungskapital" hat die Hypo still und leise abgeschrieben. Haiders Polit-Aufsteiger bekam somit 30 Millionen Schilling geschenkt – seine schlossähnliche Villa am Klopeiner See durfte Marolt behalten. Das Geschenk von 2,18 Millionen Euro finanzierte jene Bank, die heute mit dem Geld aller Steuerzahler gerettet werden muss.

Exkurs: Justizielle Sonderbehandlung für Politiker

Im Sommer 2009 sorgte die Wiener Wochenzeitung „Falter" für veritable Aufregung, als sie damit begann, streng geheime Akten aus der Weisungssektion des Justizministeriums zu veröffentlichen. Minutiös konnte erstmals belegt werden, wie heikle Verfahren gegen Politiker zielgerichtet abgedreht wurden.

Einer der bezeichnendsten Fälle war jener, in dem es um die Ortstafelfrage in Kärnten geht. Beim Ortstafelstreit war im Jahr 2001 vom Verfassungsgerichtshof in einem Grundsatzurteil entschieden worden, dass in Kärnten in allen Gemeinden mit einem Anteil von zehn Prozent slowenischer Minderheit zweisprachige Ortstafeln aufgestellt werden müssen. Jörg Haider hat dieses Grundsatzurteil stets bekämpft, die ausstehende Umsetzung der Entscheidung ist bis heute ein zentrales Thema für die Justiz und die heimische Bundes- und Landespolitik. Im von Florian Klenk im „Falter" veröffentlichten Akt wird von der Staatsanwaltschaft auf 170 Seiten erklärt, wieso Kärntner Politiker den objektiven Tatbestand des Amtsmissbrauchs gesetzt haben und trotzdem nicht zu bestrafen seien.

Im Fall des Kärntner Landeshauptmannes Gerhard Dörfler wurde das Verfahren mit der Begründung eingestellt, das Strafrecht erweise sich „in politischen Konflikten in keinem Fall als geeignetes Mittel der Problemlösung", da „jede Art der justiziellen Entscheidung" in der Öffentlichkeit „auf Zustimmung und Ablehnung stoßen wird". Dörfler habe zwar das Recht „penetrant" missachtet und sei „seinem Mentor Jörg Haider treu ergeben". Er habe daher „die strafrechtliche Tragweite seiner Handlungen nicht einschätzen" können.

Wörtlich heißt es etwa: Dörfler „verfügt über keine juristische Ausbildung, war vormals in einer Bank beschäftigt und kam als Quereinsteiger in die Politik. Aus seinem politischen Verhalten ist abzuleiten, dass er seinem Mentor Dr. Haider treu ergeben ist und dessen Ideen bedingungslos umsetzt. (...)" Haiders Ansichten habe er eben „unreflektiert als richtig zur Kenntnis genommen".

Der ehemalige Präsident des Verfassungsgerichtshofes Karl Korinek beurteilte kurz darauf im „Falter" den gesamten Vorhabensbericht der Staatsanwaltschaft zur Ortstafelcausa. Sein Fazit: „Dieser Vorhabensbericht ist in seiner Gesamtheit doch sehr, sehr verstörend. Es wird einerseits das objektive Vorliegen von Amtsmissbrauch bejaht. Aber die subjektive Tatseite des damaligen Landesrates Gerhard Dörfler mit abenteuerlichen Argumenten in Abrede gestellt."

Und Korinek zog einen treffenden Vergleich: „Jeder Bahnhofsvorstand muss die Regeln über das Abfertigen von Zügen kennen." Demzufolge könne ein Landesrat auch nicht damit entschuldigt werden, „in seinem Kompetenzbereich das Recht nicht gekannt zu haben." Die Staatsanwaltschaft habe daher „Verfassungsprinzipien fundamental verletzt".

Die Ortstafelcausa war freilich nicht der einzige Fall, der publik wurde:

Ein Verfahren gegen einen Richter, der von einem Baumeister zigtausende Euro genommen hatte, war ebenfalls niedergeschlagen worden. Chefinspektor Anton Kiesl, einer der renommiertesten Exekutivbeamten der Steiermark, hatte den Richter angezeigt. Ein Unternehmer war zuvor an Kiesl herangetreten. Ein Richter habe dem Unternehmer versprochen, gegen Zahlung von 300.000 Schilling bei der Wiederaufnahme eines Verfahrens zu helfen.

Vor Kiesl rief der Unternehmer dann den Richter an und schaltete das Telefon auf laut. Kiesl gab später unter Wahrheitspflicht zu Protokoll, dass der Unternehmer den Richter auf den Geldbetrag angesprochen habe und der Richter die Höhe des Geldbetrages auch noch bestätigt hätte. Das BIA (Büro für Interne Angelegenheiten) übernahm die Ermittlungen und erstattete schließlich Strafanzeige gegen den Richter wegen des Verdachts des Betruges und des Amtsmissbrauches. Laut Akt habe der Richter zugegeben, vom Unternehmer immer wieder Geldgeschenke, Städtereisen und sogar eine Beretta geschenkt bekommen zu haben. Selbst kostenlose Bauleistungen seien beim Richter erbracht worden.

Der Richter verantwortete sich dahingehend, dass diese Geschenke alle lediglich „aus Freundschaft" erfolgt seien. Der Richter gestand sogar ein, dass er für den Unternehmer Schriftsätze verfasst habe, um eine Wiederaufnahme des strittigen Verfahrens zu erreichen. Und ja: Er habe sich auch nach dem Stand des Verfahrens erkundigt.

Für das Justizministerium war somit klar: Amtsmissbrauch und Betrug seien „nicht beweisbar." Und der Polizist Kiesl? Der habe „eine eigene Interpretation" des mitgehörten Telefongesprächs vorgenommen. Und der Unternehmer? Der sei „völlig unglaubwürdig".

Ähnlich wie bei Richtern entscheidet das Justizministerium auch dann, wenn es um Polizisten geht. Laut Ermittlungen des BIA sollen 696 Polizisten bei rund 50 Schwertransportfirmen die Hand aufgehalten haben. Einige dieser Polizisten nahmen bis zu 1000 Euro pro Monat. Der „Falter" zitiert dazu einen Kenner des Falles aus der Justiz mit folgenden Worten: „Wenn die Justiz angeklagt hätte, wären wir im Korruptionsindex hinter Pakistan zurückgerutscht. Das wollte man eben nicht."

Die Fahnder hatten nämlich ein umfassendes „Trinkgeldsystem" aufgedeckt, über das innerhalb von zwei Jahren rund 400.000 Euro in Richtung der beschuldigten Polizisten flossen. Penibel wurden Fakten ermittelt, Geständnisse eingeholt, das ganze System aufgerollt. Laut Vorhabensbericht hätte bei allen (!) Polizisten der „subjektive Vorsatz" gefehlt, als sie die „Maut" kassierten. Zudem seien viele der Vorwürfe „verjährt". Zitat aus dem Akt: „Es ist zu bemerken, dass die überwiegende Mehrheit der Transportunternehmer aufgrund der bereits 30 Jahre bestehenden Übung, gar nicht den Versuch unternahmen, einmal nicht zu zahlen."

In den Forderungen der Polizisten sah man im Justizministerium nichts Kriminelles. „Zum Verdacht der Erpressung (…) ist zu ergänzen, dass die angeblichen Äußerungen (eines Polizisten) ‚Heast, mia san oba schon zwa' und ‚Ihr wollts jo a foan' zwar einen gewissen Druck zur Leistung weiterer Zahlungen ausgeübt haben können, jedoch (…) nicht als Drohung mit einer Verletzung am Vermögen zu subsumieren sind", heißt es dazu im Akt.

Verquerer kann man die Tätigkeit korrupter Polizisten wohl kaum mehr schönreden.

Kulterer hofft auf eine politische Intervention in seinem Strafverfahren

Im Rahmen der aktuellen Affäre um die Hypo Alpe Adria gibt es auch Untersuchungen der Staatsanwaltschaft München 1 in Deutschland. Der Hintergrund: Die BayernLB hatte die Mehrheit an der Hypo übernommen und dem Freistaat Bayern so Milliardenverluste verschafft.

Im Rahmen der deutschen Ermittlungen wurde 2010 auch Schriftverkehr des Kärntner Bankers Wolfgang Kulterer aus dem Jahr 2007 sichergestellt. Kulterer war damals Beschuldigter in der sogenannten SWAP-Affäre. Die Hypo hatte während Kulterers Ära als Bankchef exorbitant hohe Verluste erlitten, die in den Jahresabschlüssen der Bank so nicht dargestellt worden sind. Zum Zeitpunkt des Schreibens war noch nicht entschieden, ob Kulterer in der SWAP-Affäre auch angeklagt werden sollte – oder ob das Verfahren gegen einen der einflussreichsten Banker des Landes eingestellt wird.

In diesen Unterlagen fand sich auch ein dreiseitiger Brief Kulterers, der recht eindrücklich beschreibt, wovon die Mehrheit der gelernten Österreicher ohnehin seit Jahren ausgeht: Dass nämlich in Bedrängnis geratenen Mächtigen von der Politik geholfen werden kann – falls die Politik das will.

Kulterer hoffte offenbar auf diese Hilfe von oben. Damit dieses System der politischen Intervention bei der Justiz jedoch auch funktionieren kann, sind ein paar Rahmenbedingungen erforderlich: Der Betroffene muss jemanden finden, der willens und in der Lage ist, genügend Druck auf die Politik zu entwickeln, damit jene Politiker, die unter Umständen Einfluss auf das laufende Ermittlungsverfahren nehmen können, auch tätig werden.

Wolfgang Kulterer richtete also einen Brief an jemanden, der die Mittel und Wege haben sollte, ein derartiges System in Gang zu setzen: Er schrieb an den damaligen bayerischen Finanzminister Kurt Faltlhauser – und in Kopie ging das Schreiben auch an den früheren Chef der BayernLB, Werner Schmidt.

Kulterer schrieb: „Ich darf auf einige Angebote Ihrerseits zurückkommen, die Sie mir bei unserem zweiten Zusammentreffen gemacht haben, nämlich auch ein Gespräch mit dem Vizekanzler zu führen, falls es notwendig und für mich von Hilfe ist, darauf komme ich jetzt zurück."

Kulterer schildert Faltlhauser in seinem Schreiben das exakte Prozedere, das Staatsanwaltschaften in Österreich bei derartigen (berichtspflichtigen) Fällen einzuhalten haben. Der Ablauf dieser Kette von Berichten und Genehmigungen bietet zahlreiche Möglichkeiten für eine politische Intervention. „Die lokale Staatsanwaltschaft in Klagenfurt", so Kulterer, „arbeitet an einem Vorhabensbericht, der anscheinend stark von SPÖ-Kreisen in Kärnten beeinflusst wird. Dieser Vorhabensbericht wird von der Staatsanwaltschaft Klagenfurt zwingend an die Oberstaatsanwaltschaft Graz zu leiten sein. (…) Die Oberstaatsanwaltschaft Graz muss jedoch diese Vorgangsweise mit dem Bundesministerium für Justiz abstimmen. Justizministerin Berger gehört zur SPÖ, ihren Beamtenapparat dominiert jedoch stark die ÖVP."

Was Kulterer beschreibt, wird ebenso oft kritisiert: Will eine Staatsanwaltschaft beispielsweise Anklage erheben oder einen Strafantrag stellen und schließt sich eine Stelle der Oberbehörde(n) dem Vorhaben der Staatsanwaltschaft nicht oder nicht vollständig an, kann dies enorme Auswirkungen auf das Verfahren haben. Diese Auswirkungen können von einer Einschränkung der angeklagten Vorwürfe bis hin zur vollständigen Verfahrenseinstellung reichen. Da Staatsanwaltschaften weisungsgebunden sind, müssen sie die Vorgaben der Oberbehörden auch zwingend umsetzen.

Kulterer weiß das und kommt nach einigen Erklärungen recht schnell zum Punkt: „Meine Bitte geht dahin, dass Sie, so Sie in nächster Zeit die Gelegenheit haben, den Herrn Vizekanzler Molterer persönlich zu treffen, vielleicht in einem Satz auch den Unmut der BayernLB über weitere publicityträchtige Verfahrensschritte in dieser Causa äußern."

Das heißt nichts anderes, als dass der bayerische Finanzminister auch gleich im Namen der damals noch allmächtigen Bayerischen Landesbank seinem österreichischen Kollegen Dampf machen soll. Die Öffentlichkeit des Verfahrens schade dem Geschäft der Bayern, so der vorgegebene Tenor.

Kulterer schreibt weiters, dass er die Angelegenheit auch mit dem damaligen Vorstandsvorsitzenden der BayernLB, Werner Schmidt, besprochen habe. Schmidt habe zur Vorsicht geraten „und meinte, dass politische Intervention bei der Beamtenschaft vielleicht eine negative Reaktion auslösen würde".

Dann wird Kulterer überdeutlich: „Ich halte auch persönlich nichts davon, hier auf Beamtenebene Druck auszuüben, sondern glaube, dass das Stimmungsbild, das auch in der Regierung vermittelt werden könnte, helfen würde, entweder ein Verfahren sehr schnell zu eröffnen und zu beenden, oder eine Einstellung durch positive Stimmung im Ministerbereich zu erreichen wäre."

Die Kurzfassung dieses Schachtelsatzes muss man sich auf der Zunge zergehen lassen. Sie lautet: Durch die richtige „Stimmung im Ministerbereich" wäre eine Einstellung des Verfahrens zu erreichen. Da Kulterer die politischen Mechanismen in Österreich ganz genau kennt, dürfte seine Hoffnung auf eine Intervention nicht ganz unbegründet gewesen sein. Allein die Tatsache, dass ein österreichischer Banker einen ausländischen Minister bittet, mit einem derartigen Anliegen an einen österreichischen Parteichef heranzutreten, spricht Bände.

Auch dass die Angelegenheit überaus heikel ist, dürfte Kulterer bewusst gewesen sein. Denn am Ende seines Briefes schreibt er: „Ich lege die Angelegenheit völlig in Ihre Hände, ob Sie ein derartiges Gespräch führen wollen oder können oder ob Sie dies eher nicht tun werden; mit jeder Ihrer Entscheidungen bin ich selbstverständlich einverstanden."

Faltlhauser führte das Gespräch mit dem damaligen Vizekanzler Wilhelm Molterer jedenfalls nicht. Nachdem Kulterers Schreiben via „News" publik wurde, sagte er zur „Süddeutschen Zeitung", dass er Kulterers Brief „mit gezielter Nichtbeachtung" behandelt habe. Ihm sei das Schreiben bis heute als „unpassend" und „unangemessen" in Erinnerung.

Die „gezielte Nichtbeachtung" gereichte Kulterer jedenfalls nicht zum Vorteil. Die Staatsanwaltschaft Klagenfurt klagte Kulterer in der SWAP-Affäre an. Rund ein Jahr nach seinem Schreiben an Faltlhauser überraschte Kulterer im Verfahren mit einem Geständnis – er bekannte sich in fast allen Anklagepunkten für schuldig. Die Strafe: 140.000 Euro.

Am Rande erwähnt sei noch, dass das Gericht in der Urteilsbegründung Kulterers Leistungen um die Entwicklung der Kärntner Hypo würdigte. Aus heutiger Sicht erscheint das fast wie ein schlechter Scherz. Es zeigt aber einmal mehr: Wer Einfluss und Gewicht hat, dem wird sogar im Falle eines Geständnisses noch zugute gehalten, was er nicht alles für die Heimat getan habe ...

Ein Landeshauptmann, der lügt und Geld einfordert

Zurück zum Verkauf der Hypo an die Bayern und zurück zum ersten Kärntner U-Ausschuss, in dem geklärt werden sollte, wer wann wusste, dass die Bayern die Bank kaufen würden. Diese Frage ist deshalb so entscheidend, weil das frühe Wissen um den Verkauf in politischen und wirtschaftlichen Profit umgewandelt werden konnte.

Am 24. Mai 2007 schrieb die Sekretärin Ingeborg R. ihrem Chef, dem Investmentbanker Tilo Berlin, eine E-Mail mit dem Titel „Anfrage/Bitte von Hrn. Dr. Kulterer". Und weiter: „Herr Dr. K. benötigt alle Termine, wann Gespräche mit der BayernLB stattgefunden hatten, vor allem wann erstmalig. Es soll ein ‚gemeinsames Wording' für Dr. Kulterer, GRAWE, Herrn Schmidt und Sie gefunden werden (?)".

Zur Erinnerung: Tilo Berlin ist jener Mann, der ab Ende 2006 Investoren um sich scharte, um Anteile an der Hypo zu erwerben. Berlins Konzept ging auf: Er und seine Investoren verdienten an dem Deal Millionen.

Im ersten Halbjahr 2007 wollte der U-Ausschuss in Kärnten von den Beteiligten wissen, wer wann was vom anstehenden Deal mit den Bayern wusste. Und offenbar gab es genau dazu Absprachen. Kulterer selbst erklärte bei einer seiner Einvernahmen in Bezug auf die oben genannte E-Mail: „Es kann sein, dass dies mit dem Untersuchungsausschuss in Kärnten zu tun hat (…) Das Wording wurde vermutlich im Zusammenhang mit dem Untersuchungsausschuss in Kärnten entwickelt."

Nur eine Woche bevor Tilo Berlins Sekretärin die E-Mail betreffend des „gemeinsamen Wordings" verfasste, hatte der damalige Kärntner Landeshauptmann Jörg Haider eine „Sensation" zu verkünden: Die BayernLB kauft die Hypo. Unterschrieben wurde der Kaufvertrag am 22. Mai 2007 – also zwei Tage vor der E-Mail.

Am 30. Mai 2007, also acht Tage nach der E-Mail, wurde die Einsetzung des Untersuchungsausschusses beschlossen. Jörg Haider sagte zu diesem Beschluss und zum Verkauf der Hypo-Anteile des Landes wörtlich: „Ich erwarte eigentlich, dass der Untersuchungsausschuss eher ein Überzeugungsausschuss ist, dass er jene, die Zweifel daran haben, überzeugen soll, dass es eine zutiefst gute für Kärnten segensreiche und positive Entscheidung gewesen ist ..."

Am 12. Juli 2007 war dann Haider selbst vor den U-Ausschuss geladen. Und dort gab er zu Protokoll, dass er erst am 20. März 2007 erfahren habe, dass die Bayern Interesse an der Bank hätten.

Das war schlicht gelogen. Denn bereits am 15. Februar 2007 hatte Haider selbst an einem Treffen teilgenommen, bei dem die Bayern bekundeten, dass sie die Mehrheit an der Bank übernehmen wollen.

Heute lässt sich sogar minutiös aufrollen, wie es zu diesem Treffen mit Haider kam: Im Dezember 2006 rief der damalige Chef der BayernLB, Werner Schmidt, den Investmentbanker Tilo Berlin an und bat um die Übersendung der Investorenunterlagen, mit denen Berlin Investoren suchte, die bei ihm einsteigen wollen, um Anteile an der Hypo zu übernehmen.

Kulterer selbst wurde laut eigener Aussage schon im Januar 2007 bewusst, dass „Werner Schmidt in Richtung Hypo Gesprächsbedarf" hatte. Am 22. Januar 2007 wurde schließlich eine „Vertraulichkeitserklärung" erstellt, in der erstmals von einem Verkauf der Hypo an die Bayern die Rede war. Wenig später, am 31. Januar 2007, habe Kulterer dann den Chef der Grazer Wechselseitigen (GraWe), Othmar Ederer, kontaktiert. Die GraWe war damals Minderheitseigentümer an der Hypo.

Kulterer in seiner Einvernahme: „Fazit aus diesem Gespräch war, dass die Bayern eigentlich ein angenehmer möglicher Partner wären, dass dazu aber der politische Wille fehle." Die Schlussfolgerung: „Man musste also mit Haider ausloten, ob das überhaupt möglich wäre."

Kulterer sprach darum mit Haider – und Haider war prompt zu Gesprächen bereit. Kulterer: „Hinsichtlich der Bayern äußerte sich Haider interessiert. Ich habe Tilo Berlin informiert, dass Haider zu Gesprächen bereit sei."

Am 15. Februar 2007 habe man sich dann auf dem Ulrichsberg getroffen – mit Haider. Und ein zweites Mal traf man sich am 4. April 2007 – wieder mit Haider. Kulterer wörtlich: „Haider machte den Eindruck, als wäre ihm der Einstieg der Bayern genehm, weil das Geld bedeutete."

Doch selbst Haider konnte in Kärnten nicht allein schalten und walten, wie er wollte. Im Landtag verfügte Haider über keine absolute Mehrheit. Schon beim ersten Treffen auf dem Ulrichsberg sei daher klar geworden, dass auch Haider ein Gespräch führen müsste: nämlich mit dem Kärntner ÖVP-Chef Josef Martinz. Martinz, den die Justiz zum Zeitpunkt des Redaktionsschlusses dieses Buches auch als Beschuldigten führte, sei daher beim zweiten Treffen mit von der Partie gewesen.

Ganz gleichgültig dürfte Martinz der Fall nicht gewesen sein. „Er hatte fürchterliche Sorge", meint Kulterer, „wie er das der ÖVP erklären sollte. Er hatte Riesensorgen, weil diese Transaktion an den österreichischen Interessen völlig vorbei ging."

Und noch ein Problem galt es zu lösen: Auch wenn die Kärntner Politik ver- und die Bayern kaufwillig waren – die Katze im Sack konnten die Münchner auch nicht kaufen. Sie mussten zuvor überprüfen, was die Bank eigentlich wert war.

Deshalb musste ein sogenanntes Due-Diligence-Verfahren durchgeführt werden – ein üblicher Vorgang bei Bankenkäufen. Doch wie führt man ein derartiges Verfahren durch, ohne dass ruchbar wird, dass jemand die Landesbank kaufen möchte?

Ganz einfach: Man erfindet eine Legende, um die Prüfung zu tarnen.

Bankintern wurde nun die Fama verbreitet, dass Prüfer der BayernLB im Haus wären, um die Finanzierung des Investors Tilo Berlin zu checken. Denn – und auch das soll keinem bayerischen Steuerzahler verheimlicht werden – die Bayern gehörten auch zu den Financiers von Berlin. Im Klartext: Die Bayern gewährten einen Kredit, damit Berlin Bankanteile kaufen konnte, die er später um deutlich mehr Geld an die Bayern verkaufte.

Vorerst ging alles gut. Die Bayern kauften die Bank, Berlin machte seinen fetten Schnitt, Haider überrumpelte seine politischen Gegner und VP-Chef Martinz hielt still. Dann kam der U-Ausschuss, Haider wurde geladen – und log.

Doch warum war es Haider so wichtig, dass seine politischen Gegner nicht erfahren, dass er ungleich früher vom anstehenden Deal mit den Bayern wusste?

Was hatte er zu verheimlichen? Was war so wichtig, dass er dafür das Risiko einer Lüge in Kauf nahm? Denn für Auskunftspersonen vor dem U-Ausschuss gilt dasselbe wie für Zeugen vor Gericht: die Wahrheitspflicht.

Der Kärntner Fußball und die Bestechung eines Amtsträgers

Fußball war Jörg Haider eine wichtige Angelegenheit. Im Jahr 2008 war die Fußball-Europameisterschaft in Österreich und der Schweiz zu Gast. Als Austragungsorte in Österreich dienten das Ernst-Happel-Stadion im Wiener Prater, das Tivoli-Stadion in Innsbruck, das Salzburger Stadion in Wals-Siezenheim und die Klagenfurter Hypo Group Arena.

Die Hypo Group Arena steht am Platz des ehemaligen Wörtherseestadions. Dieses war die Arena des FC Kärnten. Als der jedoch im Jahr 2004 aus der Bundesliga abstieg, gab es keine wirkliche Verwendung für das damals 11.000 Zuseher fassende Stadion.

Etwa zur gleichen Zeit wurde beschlossen, dass in Kärnten im Jahr 2008 EM-Spiele ausgetragen werden sollen. Daher wurde am Platz des Wörtherseestadions eine neue Sportarena errichtet. Den Spatenstich nahm im Januar 2006 Jörg Haider höchstpersönlich vor. Wie der Kärntner Landesrechnungshof im Jahre 2010 bemängeln wird, ließ sich die Kärntner Landespolitik die Eröffnungsfeierlichkeiten einiges kosten: Bei der Stadioneröffnung im September 2007 karrten Shuttlebusse Besucher aus allen Kärntner Gemeinden ins neue Stadion, was allein 60.560 Euro kostete. Als dann im April 2008 der SK Austria Kärnten um den Klassenerhalt kämpfte (ohne den das Stadion wenig Sinn haben würde), griff das Land erneut tief in die Tasche: Wieder rollten die Busse, dieses Mal für 70.380 Euro. Und: Damit ja genügend Zuschauer zum Spiel kommen, wurden noch Tickets für 35.000 Euro mit Steuergeld angekauft.

Das Fassungsvermögen des neuen Stadions: stolze 32.000 Sitzplätze. Wenig überraschend war das etwas viel für den FC

Kärnten, der in der Zweitklassigkeit mit einem überschaubaren Zuschauerandrang zu kämpfen hatte.

Doch es gab eine Lösung: Sie hieß SK Austria Kärnten. Im Mai 2007 beschloss der ASKÖ Pasching, damals im Gegensatz zu allen Kärntner Vereinen in der Bundesliga aktiv, seinen Vereinssitz mit 1. Juni 2007 nach Kärnten zu verlegen. Wenig später wurde auch der Name der Paschinger geändert. Der ASKÖ Pasching mutierte formal zum SK Austria Kärnten.

Möglich gemacht hat diesen kurios anmutenden Deal der Kärntner Landeshauptmann Jörg Haider, dessen Sachzwänge zumindest nachvollziehbar waren. Denn wer ein Stadion für 32.000 Zuseher hat, sollte auch in der Bundesliga spielen. Für ein paar EM-Spiele ein eigenes Stadion zu bauen, das faktisch keine Nachnutzung hat, würde selbst den nachsichtigsten Steuerzahlern kaum zu erklären sein.

Das kuriose Vereinsgeschachere hatte selbstverständlich auch reges Interesse bei Haiders politischen Gegnern ausgelöst. Von fünf Millionen Euro war die Rede, die bei dem Deal geflossen sein sollen. Natürlich wollten sofort alle wissen, woher dieses Geld kam – und wer wie viel bekommen hat. Haider selbst konterte seinen Gegnern trocken: Das Geld würde von der Hypo stammen, „anderslautende Informationen seien unrichtig". Seine Erklärung: „Mit den durch die Vergabe des Stadionnamens an die Hypo Group Alpe Adria lukrierten fünf Millionen hat der Fußballklub einerseits für drei Millionen die Lizenz von Pasching für die erste Fußball-Bundesliga erworben, andererseits den Spielbetrieb des SK Austria Kärnten sichergestellt."

Doch warum lukriert der neu geschaffene Verein die Millionen für den Stadionnamen, wo das Stadion doch einer Tochterfirma der Stadt Klagenfurt gehört?

Das ging so: Der SK Austria Kärnten hat einen Vertrag mit der Sport-Park-GmbH abgeschlossen, die zu hundert Prozent der Stadt Klagenfurt gehört. Mit diesem Vertrag hat der Verein die Nutzungsrechte für das Stadion erworben. Vereinbart wurde, dass der Verein dafür jährlich 223.000 Euro an die Firma der Stadt bezahlen soll. Unter anderem beinhaltete der Vertrag auch die Vergabe des Stadionnamens. Und diesen habe der Verein eben für fünf Millionen an die Hypo für die Dauer von zehn Jahren verkauft.

Aus der Sicht des Vereins sah das nach einem exzellenten Geschäft aus. Ein Vorwurf, den man den Verantwortlichen der Stadt Klagenfurt jedenfalls nicht machen kann.

Bei den Ermittlungen zum Crash der Hypo im Jahr 2010 kam jedoch ans Tageslicht, dass die fünf Millionen Euro gar nie von der Hypo kamen.

Werner Schmidt, Ex-Chef der BayernLB, hat bei seiner Beschuldigteneinvernahme nämlich kein Geheimnis daraus gemacht, woher die fünf Millionen Euro stammten. Jörg Haider habe die bayerischen Banker bedrängt, den Kärntner Fußball zu sponsern. Wenn dies nicht geschähe, hätte das Land Kärnten seine Anteile an der Hypo nicht an die Bayern verkauft. Und: Haider hatte dies von Beginn an zur Bedingung gemacht – also bereits bei jenem ersten Treffen auf dem Ulrichsberg, über dessen Stattfinden er vor dem U-Ausschuss gelogen hatte.

Schmidt wörtlich: „Ich möchte hier ganz offen sein: Das war ein Thema, das Haider bei diesem Treffen am Ulrichsberg auf den Tisch gelegt hat. (…) Haider machte deutlich, dass er dieses Sponsoring zur Bedingung für einen Anteilsverkauf der Kärntner Landesholding an die BayernLB mache. Er sagte zu uns: ‚Wir brauchen das Geld. Das muss gesponsert werden.' (…) Auf die Zustimmung der Landesholding waren wir, wie gesagt, angewiesen, da ohne die Bereitschaft des Landes Kärnten, eigene Anteile an uns zu verkaufen, ein Mehrheitserwerb der Hypo Group Alpe Adria nicht möglich gewesen wäre. Das wusste Haider und nutzte es aus."

Die deutsche Justiz hat einen unmissverständlichen Begriff für diesen Vorgang: Sie ermittelt wegen des Verdachts der „Bestechung eines ausländischen Amtsträgers", der Beihilfe zur Bestechung und der Untreue in einem besonders schweren Fall.

Bei den Erhebungen traten die deutschen Ermittler dementsprechend forsch auf: Sie stellten mehrere Haftbefehle gegen involvierte Manager aus. Diese Haftbefehle wurden nur deshalb nicht exekutiert, weil die Banker in ihren Einvernahmen umfassend darüber auspackten, wie der Deal wirklich lief.

Klar ist jedenfalls, dass mit einem Teil der fünf Millionen, die Haider einforderte, die Lizenz aus Pasching gekauft wurde. Die BayernLB hatte jedoch das Problem, dass es mangels werthaltiger Gegenleistung wirtschaftlich nicht darstellbar war, dass sie fünf Millionen Euro nach Kärnten zahlt. Also suchte man in München nach einer anderen „Lösung" und trat an die Deutsche Kreditbank (DKB) heran, die eine Tochter der BayernLB ist.

Die DKB musste sich daraufhin mit 2,5 Millionen Euro am „Sponsoring" des Kärntner Fußballs beteiligen. Und das, obwohl diesem Sponsoring für die DKB keine Gegenleistung entgegenstand.

Schmidt hat in seiner Einvernahme jedenfalls unmissverständlich erklärt, was Sache war: Haiders Verhalten sei „unmöglich" gewesen, man habe den Deal jedoch „nicht gefährden" wollen. Schmidt: „Das Stadion heißt jetzt ‚Hypo Group Arena'. Über das Sponsoring gibt es keinen schriftlichen Vertrag mit der BayernLB. Die BayernLB sollte unter keinen Umständen offiziell nach außen auftreten. Es sind aber Sponsoring-Verträge direkt von der Hypo Group Alpe Adria und/oder der DKB gemacht worden. Angesichts dieser Papierlage, die man geschaffen hat, bin ich überzeugt, dass die Hypo Group Alpe Adria damals erkannt hatte, dass hier Korruption im Spiel war."

Was genau aus den von Haider eingeforderten fünf Millionen Euro wurde, muss nun die Justiz klären. Einfach dürfte das nicht werden, denn am 14. Juni 2010 meldete die SK Austria Kelag Kärnten Wirtschaftsbetriebe GmbH den Konkurs an. Schon zuvor hatten sich die Kärntner Kicker, für die Haider Geld organisiert, im U-Ausschuss gelogen und Steuergelder flüssig gemacht hatte, nicht mit Ruhm bekleckert: In der Meisterschaft 2009/10 landete man abgeschlagen auf dem letzten Tabellenplatz. Lediglich 2 von 36 Spielen konnten gewonnen werden. Zuletzt war man nicht einmal mehr in der Lage, die Spielergehälter zu bezahlen.

Die Bundesliga verweigerte daraufhin den Kärntnern die Lizenz für die nächste Saison. Und als wäre das Muster mittlerweile nicht für jeden Österreicher nördlich der Packalpe erkennbar, war aus der Sicht der Kärntner Landespolitik einmal mehr Wien schuld. Es sei eine „Intrige aus Wien", dass man keine Lizenz erhalte, meinte etwa Gerhard Dörfler.

Nach dem Tod Jörg Haiders kursierte übrigens sogar der Vorschlag, das Stadion nach dem Ex-Landeshauptmann umzubenennen. Ein Blick in den Veranstaltungskalender des Stadions belegt eine heutzutage ziemlich dürftige Auslastung. In der letzten beim Firmenbuchgericht eingereichten Bilanz der Sportpark Klagenfurt GmbH, deren wirtschaftliche Ergebnisse bescheiden anmuten (Bilanzverlust per 31. Dezember 2007: 157.000 Euro), findet sich ein Satz, der perfekt illustriert, was Sache ist: „Wir weisen darauf hin, dass der Fortbestand des Unternehmens nur gesichert ist, wenn die Alleingesellschafterin Stadt Klagenfurt wie bisher auch die in Zukunft eintretenden Abgänge aus dem laufenden Betrieb durch Gesellschafterzuschüsse deckt."

Sechs Millionen Euro für sechs Seiten

Als Jörg Haider am 22. Mai 2007 den Verkauf der Kärntner Hypo an die BayernLB verkündete, ließ er in einem Nebensatz den Namen des Villacher Steuerberaters Dietrich Birnbacher fallen. Haider behauptete keck, die Verhandlungen zwischen dem Land Kärnten und den bayerischen Bankern hätten erst in der Vorwoche stattgefunden, nachdem die Bayern ein erstes schriftliches Angebot zur Übernahme der Hypo-Mehrheit gestellt hätten. Einschränkend fügte er jedoch hinzu: Der „Wirtschaftsexperte" Dietrich Birnbacher habe sich vor Aufnahme der offiziellen Verhandlungen zu einer „Expertenrunde" in München aufgehalten.

Was Haider nicht verriet: Welchen konkreten Auftrag Birnbacher hatte und wie viel Geld ihm dafür zugesichert wurde. Das wurde erst im Februar 2008 publik: Birnbacher sollte zwölf Millionen Euro bekommen.

Als im Februar 2008 die Wogen wegen der Höhe des Honorars hochgingen, bezeichnete Haider dieses gar als „gerechtfertigt". Die zwölf Millionen Euro entsprächen lediglich 1,5 Prozent der Verkaufssumme der Landesanteile von rund 800 Millionen Euro. „Ein großartiges Geschäft ist auch mit Aufwendungen verbunden", meinte Haider dazu.

Der Kärntner ÖVP-Chef Josef Martinz stand Haider prompt bei: „Die zwölf Millionen an Honorarleistung für Birnbacher sind eine wirkliche Ersparnis für das Land." Andere Anbieter wären viel teurer gewesen. Auch Birnbacher selbst verteidigte sein Honorar. 1,5 Prozent der Verkaufssumme seien eine „Okkasion". Die Kärntner SPÖ sah das anders: Sie schickte umgehend eine Sachverhaltsdarstellung an die Staatsanwaltschaft Klagenfurt.

Unterschrieben wurde Birnbachers lukrativer Vertrag von Haider und Martinz. Und zwar ohne dass Beschlüsse dazu in der Landesregierung oder in der Landesholding, die die Hypo-Anteile vor dem Verkauf hielt, erfolgten.

Nur eine Woche nach der Sachverhaltsdarstellung der Kärntner SPÖ präsentierten Haider und Martinz bei einer Pressekonferenz ein Gutachten, wonach die Höhe von Birnbachers Honorar gerechtfertigt sei. Wieder eine Woche später verkündete Haider den nächsten „Erfolg". Man habe mit Birnbacher weiterverhandelt, die Diskussionen und die öffentliche Aufregung seien auch an Birnbacher „nicht spurlos vorbeigegangen". Darum habe sich Birnbacher entschlossen, sein Honorar zu halbieren und auf sechs Millionen Euro zu verzichten. Diese Summe, so Haider, solle auf Birnbachers Wunsch für „soziale Maßnahmen und Jugendprojekte" verwendet werden. Haider: „Der Mann wäre sicher auch die zwölf Millionen Euro wert gewesen."

Die damalige Kärntner SP-Chefin Gabi Schaunig konterte mit einem neuen Gutachten. Der Jurist Christian Zib kam darin zu dem Schluss, dass die Vereinbarung von Haider und Martinz mit Birnbacher deren Privatangelegenheit sei. Die Politiker hätten nicht im Namen der Kärntner Landesholding die Vereinbarung mit Birnbacher treffen dürfen – und müssten das Honorar daher von ihrem eigenen Geld zahlen.

Wieder zwei Wochen später meldete sich die Kärntner Landesholding zu Wort: Man habe im Vorstand beschlossen, die sechs Millionen Euro Birnbacher-Honorar zu bezahlen. Der Aufsichtsratsvorsitzende der Landesholding, VP-Chef Martinz, sei in die Entscheidung „nicht involviert" gewesen.

Über die nächsten Jahre hin versandete die Aufregung um das Honorar Birnbachers. Im März 2010 veröffentlichte ich dann die Zeugenaussage des früheren Hypo-Chefs Wolfgang Kulterer im Hypo-Skandal. Kulterer sagte dabei, dass er wegen der Höhe des vereinbarten Honorars für Birnbacher „vom Hocker gefallen" sei. Er sei davon ausgegangen, „dass das Honorar 100.000 Euro beträgt".

Erst im Juni 2010 kam dann endlich durch ein journalistisches Husarenstück des „Kurier" jenes Papier an die Öffentlichkeit, für das sechs Millionen Euro gezahlt wurden: die „Expertise" des Steuerberaters Birnbacher zum Verkauf der Hypo an die Bayern. Was dabei freilich überrascht: Die „Studie" umfasste nur knapp sechs Seiten.

Doch es kommt noch besser. Das so teuer bezahlte Dokument strotzt vor wenig aussagekräftigen Allgemeinplätzen: „Man kann nicht Anteile an einem Betrieb verkaufen und dafür verlangen, dass man sämtliche Rechte, die man als alter Eigentümer hatte, behält", schrieb Birnbacher etwa in seiner „Studie". Oder dass sich über Wertberichtigungen „trefflich streiten" lasse, worauf dann aber auf eine Ausgleichsvereinbarung verzichtet worden sei. „Aus meiner Sicht ist das für das Problem Wertberichtigung gut und klug", schreibt Birnbacher in seiner Studie. Und zur Spanne des Preises fiel ihm ein, dass diese „sicher breit" sei. Der ausgehandelte Preis sei „fair" und die Verhandlungen seien „ordentlich" geführt worden.

Birnbachers sechs Millionen Euro teure Studie bestand aus exakt 44 Sätzen. Ein einziger Satz kostete somit mehr als 136.000 Euro. Wie nannte das Birnbacher einst? Eine „Okkasion".

Die Klagenfurter Staatsanwaltschaft hat das durch die SPÖ-Sachverhaltsdarstellung eingeleitete Verfahren am 18. Februar 2009 eingestellt und Birnbachers Honorar als „angemessen" bezeichnet.

Dafür schritt jetzt eine andere Behörde ein: die Korruptionsstaatsanwaltschaft. Und die kam zu einem grundlegend anderen Ergebnis als die Klagenfurter Staatsanwaltschaft. Sie stellte nun fest, dass Anzeigen der Opposition von der Klagenfurter Staatsanwaltschaft nicht ausreichend geprüft worden seien, dass es neue Erkenntnisse und Hinweise gibt, die bisher nicht thematisiert worden seien, und regte daher eine neuerliche Untersuchung des Falles an. Der Bericht der Korruptionsstaatsanwaltschaft wurde daraufhin der Kärntner Staatsanwaltschaft überreicht.

Im Januar 2011 vermeldete schließlich die Staatsanwaltschaft Klagenfurt, dass das im Februar 2009 eingestellte Ermittlungsverfahren gegen VP-Landesrat Josef Martinz und den Steuerberater Birnbacher nun doch wieder fortgeführt wird. Grund dafür seien „neue Erkenntnisse".

Wie Enthüllungen verhindert werden sollten – durch kräftige Mithilfe der Justiz

Am Mittwoch, den 24. März 2010 war ich schon etwas früher im Büro. Ich musste eine Reihe von Presseaussendungen vorbereiten. Schon die letzten Tage waren ziemlich aufregend und zugleich unterhaltsam: Ich hatte den vollständigen Ermittlungsakt der Staatsanwaltschaft Klagenfurt in der Causa Hypo bekommen. Der Akt wurde eingescannt, mit einer Texterkennungssoftware behandelt und dann tagelang mit Suchwörtern durchforstet, um im Schnellverfahren die wichtigsten Geschichten aus dem Dokument zu filtern.

Gegen elf Uhr war ich mit den Vorausmeldungen fertig. Die erste setzte ich gleich ab. Titel: „NEWS hat den Hypo-Akt der Staatsanwaltschaft Klagenfurt".

Wenige Minuten nachdem die Meldung „on air" war, rief mich bereits mein Chefredakteur Peter Pelinka an. Er hatte einen besorgten Anruf von der Justizministerin erhalten, die fragte, ob wir mit dem heiklen Dokument auch sorgsam umgehen. Kaum war das Telefonat mit Pelinka beendet, meldete sich schon Bandion-Ortners Kabinettschef Georg Krakow mit derselben Sorge. Nach Krakow folgten zahlreiche Journalisten, Politiker, Anwälte und Politsekretäre.

Der Wirbel war perfekt. Der Kärntner FPK-Politiker Martin Strutz reagierte heftig: „Die Unterlagen müssten direkt von der Staatsanwaltschaft an News weitergeleitet worden sein", spekulierte er via Presseaussendung: „Jeder Bürger" müsse, wenn er „vor der unabhängigen Justiz aussagt, wenige Tage später schon fürchten, alles in den Medien zu lesen", so Strutz. „Ich fordere die Justizministerin auf, endlich zu den Lecks in ihrem System Stellung zu beziehen und die Lücken zu schließen."

Jeder Bürger? Mitnichten. Sondern wohl nur jene, die nicht wollen, dass öffentlich wird, wer beim größten Bankendebakel in der Geschichte der Zweiten Republik welche Verantwortung trägt.

Am Freitag derselben Woche ging es dann Schlag auf Schlag. Der „alte" Vorstand der Hypo, der am Tag des Erscheinens von „News" seinen letzten Arbeitstag hatte, veranlasste, dass die Bank beim Bezirksgericht Leopoldstadt eine einstweilige Verfügung gegen „News" beantragte. Eine Richterin des Bezirksgerichts Leopoldstadt gab diesem Antrag ohne Anhörung von „News" statt. Die (sehr kurze) Entscheidung der Richterin mutete etwas kurios an: Sie kam zu dem Schluss, dass ich aufgrund der mir vorliegenden Akten „wahllos" das Bankgeheimnis brechen könnte und dass die zwischenzeitlich notverstaatlichte Bank durch meine Veröffentlichungen „in ihrer Existenz" gefährdet sei.

In ihrer Entscheidung fand sich freilich kein einziger konkreter Fall, in dem ich ein Bankgeheimnis verletzt hatte. Auch eine umfassende Abwägung zwischen den Rechtsgütern Pressefreiheit und Bankgeheimnis wurde nicht getroffen. Stattdessen war die einstweilige Verfügung so weit gefasst, dass mir die Berichterstattung zur Causa Hypo faktisch untersagt wurde. „News" wurde verboten, das Heft zu verbreiten und aus den Akten der Staatsanwaltschaft zu zitieren. Dasselbe Verbot galt auch für mich.

Klarerweise war dies ein eklatanter Eingriff in die Medien- und Informationsfreiheit, die durch den Artikel 10 der Europäischen Menschenrechtskonvention geschützt ist. Die renommierte „Süddeutsche Zeitung" nahm den Fall prompt auf und deren Aufdecker Klaus Ott sprach im Hinblick auf die Tragweite der Entscheidung der Bezirksrichterin aus der Taborstraße von „Zensur", wie man sie „sonst nur von autoritären Regimen" gewohnt sei. Mein Chefredakteur Peter Pelinka stellte klar, worum es geht: „Die Vorgänge rund um die Geschäfte und den Verkauf der Hypo Alpe Adria schreien direkt nach vollständiger Aufklärung." Das sei auch Aufgabe unabhängiger Medien. Und unser Anwalt Gabriel Lansky brachte die Empörung auf den Punkt: „Dieser Eingriff wiegt umso schwerer, als die Klägerin dieses Verfahrens eine nunmehr verstaatlichte Bank ist." Kurzum: Die Republik wollte verhindern, dass in allen Details öffentlich wird, was in jener Bank geschehen ist, die sie soeben mit Milliarden Euro an Steuergeldern vor der Bruchlandung gerettet hat.

Da es mir verboten war, aus den Akten der Staatsanwaltschaft Klagenfurt zu zitieren, musste ich mir einen anderen Weg suchen. Die Lösung fand sich im Akt der Staatsanwaltschaft München 1, der aufgrund der wechselseitigen Rechtshilfe in weiten Teilen deckungsgleich mit dem Akt der Kärntner Justiz war. Also zitierte ich ab sofort aus dem deutschen Akt. Denn das vom Bezirksgericht angeordnete Veröffentlichungsverbot galt nur für den österreichischen Akt. Durch diese Hintertür konnte ich nun öffentlich machen, dass Jörg Haider im Kärntner U-Ausschuss gelogen hat, konnte publik machen, dass der Investor Tilo Berlin Karl-Heinz Grasser ein lukratives Investment in Sachen Hypo offeriert hat, und ich konnte aufdecken, dass die Münchner Justiz im Fall des Sportsponsorings für den Kärntner Fußball den Verdacht der Bestechung Jörg Haiders veraktet hatte.

Der neue Vorstand der Bank, Gottwald Kranebitter, erkannte schnell, in welches PR-Desaster er von seinen Vorgängern getrieben wurde und dass es nicht darum ging, dass Medien willkürlich irgendwelche Bankgeheimnisse brechen, sondern darum geht, die Steuern zahlende Öffentlichkeit über die aufgedeckten Malversationen zu informieren. Noch im April war der Streit um die einstweilige Verfügung einvernehmlich beendet.

Statt der Bank trat nun ein neuer Player in Erscheinung, der die brisanten Veröffentlichungen unterbinden wollte: Der einstige

Hypo-Investor Tilo Berlin, der für sich und seine einflussreichen Investoren ein Millionenvermögen am Verkauf der Bank von Kärnten nach Bayern lukrieren konnte.

Am 28. Juni bekam ich Post von der Staatsanwaltschaft Wien, die mich davon in Kenntnis setzte, dass ein Rechtshilfeersuchen der Staatsanwaltschaft München eingelangt sei. In Deutschland ist das Zitieren aus Gerichtsakten vor einer Erörterung in einer öffentlichen Hauptverhandlung verboten. In Österreich gibt es jedoch keinen derartigen Straftatbestand. Im Gegenteil: In Österreich ist es seit Jahrzehnten Usus und gängige Praxis, aus den Akten zu zitieren.

Obwohl das Zitieren aus den Akten in Österreich nicht verboten ist, lud mich die Staatsanwaltschaft Wien als Beschuldigten vor. Meine erste Beschuldigteneinvernahme Anfang August ließ ich platzen, da ich im Ausland war. Somit wurde ich für Ende September erneut als Beschuldigter ins Landesgericht für Strafsachen Wien geladen.

In der Zwischenzeit startete die Staatsanwaltschaft München auch Ermittlungsverfahren gegen meine „profil"-Kollegen Ulla Schmid und Michael Nikbakhsh, die einige Zeit nach mir ebenfalls aus Tilo Berlins „Tagebuch" zitiert hatten. Schmid und Nikbakhsh wurden nur einen Tag vor meiner geplanten Beschuldigteneinvernahme als Beschuldigte befragt und machten ihrem berechtigten Ärger, wegen eines in Österreich gar nicht strafbaren Delikts als Beschuldigte befragt worden zu sein, prompt auch öffentlich Luft. Die Pressemeldung des „profil" wurde nur eine Stunde vor meiner Einvernahme publik, wodurch auch die Spitze des Justizministeriums vom Fall – und meiner bevorstehenden Beschuldigteneinvernahme – erfuhr.

Was folgte, war die kurioseste Beschuldigteneinvernahme, die mein Anwalt je erlebt hatte. Offenbar war der für die Einvernahme zuständigen Staatsanwältin nur Minuten zuvor erklärt worden, dass sie mich nicht als Beschuldigten vernehmen dürfe, weil die Rechtslage noch unklar sei.

Anwalt Gerald Ganzger und ich wurden von der Staatsanwältin überaus freundlich empfangen. Aus früheren Beschuldigtenvernehmungen in anderen Fällen war ich anderes gewohnt. Unmittelbar darauf erklärte mir die Staatsanwältin, dass sie mich nicht als Beschuldigten vernehmen werde. Auf die Frage meines Anwalts, warum sie das nicht tue, antwortete sie ausweichend. Sie habe ein Protokoll vorbereitet, welches wir bitte unterschreiben mögen. Dieses „Protokoll" bestand aus einem Satz, der im Wesentlichen lautete, dass ich darüber in Kenntnis gesetzt werde, dass die Staatsanwaltschaft München gegen mich ermittelt.

Auf meine Frage, was nun mit diesem Protokoll geschehe, gab sie eine erhellende Antwort: „Das ist das Ergebnis der österreichischen Ermittlungen und wird nun nach München geschickt." Nachsatz: „Darf ich Sie bitten, falls Sie Zeit haben, mit mir noch bei der stellvertretenden Leiterin der Staatsanwaltschaft vorbeizuschauen?"

Natürlich wollten wir. Die kurioseste Beschuldigtenvernehmung Wiens endete bei einem Kaffee im Büro der Leiterin der Staatsanwaltschaft Wien, die versicherte, dass es nicht die Wiener Staatsanwaltschaft sei, die die Pressefreiheit einschränken wolle. Dass die Rechtshilfe aus Deutschland genehmigt worden sei, wäre ein Fehler gewesen, der nun behoben sei.

München focht das freilich wenig an, die deutsche Justiz ermittelte fleißig weiter. Zu Weihnachten kam dann über meinen Münchner Anwalt ein „Angebot": Gegen Zahlung von 2000 Euro würde man das Verfahren in München einstellen. Die Sache hatte bloß einen Haken: Die Zustimmung zu diesem „Angebot" inkludiere ein Schuldeingeständnis. Da ich in der Zwischenzeit als Beschuldigter vom Recht auf Akteneinsicht Gebrauch gemacht hatte, wusste ich, dass das ganze Verfahren auf einer Anzeige des Anwalts von Tilo Berlin in München fußte. Berlins Anwalt hatte am Flughafen München ein (!) Exemplar von „News" gekauft und samt Rechnung und Anzeige bei der Staatsanwaltschaft München vorgelegt. Aufgrund dieses einen Exemplars von

„News" erklärte sich die Staatsanwaltschaft München als „tatortzuständig".

Dieser rechtliche Kunstgriff von Berlins Anwalt hat – im Erfolgsfall – enorme Auswirkungen auf die Pressefreiheit in Österreich und auf den investigativen Journalismus im Besonderen. Jeder österreichische Journalist müsste sich künftig überlegen, ob seine Veröffentlichungen in irgendeinem ausländischen Land möglicherweise strafbar sein könnten und er dadurch Gefahr läuft, vor einem Strafrichter zu landen oder in Zivilverfahren Haus und Hof zu verlieren.

Konsequent zu Ende gedacht, würde dies auch das Ende für derartige Veröffentlichungen im Internet bedeuten.

Aus diesem Grund waren in der Zwischenzeit auch die EU-Kommission und der Europäische Rat mit dem Fall befasst worden. Der Präsident der österreichischen Journalisten-Gewerkschaft Franz C. Bauer bezeichnete das Angebot der Münchner Justiz treffend als „europäischen Justizskandal und barbarischen Akt des Strafrechts-Kolonialismus". Und Anwalt Ganzger analysierte trocken: „Wenn sich ein Staat anmaßt, Journalisten weltweit zu verfolgen, gleich, wo sie publizieren, wäre das das Ende des investigativen Journalismus."

Am Fallbeispiel der Hypo zeigen sich die Probleme derartiger länderübergreifender Strafverfolgungsansätze: Die Bank hatte Niederlassungen von Montenegro über Rumänien und Bulgarien bis in die Ukraine. Überall wird jetzt ermittelt, welche Malversationen es gab. Muss nun vor einer Veröffentlichung eines Hypo-Falles in der Ukraine geprüft werden, ob eine derartige Publikation gegen das ukrainische Strafgesetz verstößt? Zählt es nicht mehr, dass ein österreichischer Fall den österreichischen Gesetzen entsprechend für österreichische Leser journalistisch aufbereitet wird?

Die Münchner Justiz hat Ende Januar 2011 einen durchaus unterhaltsamen Ausstieg aus der verfahrenen Situation gefunden – sie stellte das Verfahren gegen mich ein. Die kuriose Begründung: Da die österreichischen Behörden meine „maßgeblichen Personendaten", darunter „insbesondere das Geburtsdatum" nicht beauskunftet hätten, habe keine Anklage erhoben werden können. Im Falle einer allfälligen Geldstrafe hätte diese nämlich „im Zweifelsfalle" nicht vollstreckt werden können, da ja mangels Geburtsdatum nicht sichergestellt sei, dass eine Gehaltspfändung auch den richtigen Kurt Kuch treffe.

In Sachen Pressefreiheit ist es somit unerlässlich, auf europäischer Ebene nationalstaatliche Regelungen einzuführen. Und es ist immer wieder aufs Neue nötig, jede Einschränkung der Pressefreiheit entschieden zu bekämpfen. Wie anders als durch investigativen Journalismus soll der geprellte Steuerzahler denn auch erfahren, wofür sein Geld verbraten wird und welche Haftungen für welche Malversationen er nun zu schultern hat?

Wie wichtig es ist, dass auch darüber berichtet werden darf, was hinter verschlossenen Türen passiert, zeigt der nächste Fall, der zugleich verdeutlicht, wie die Hypo-Affäre und der Fall Meischberger/Grasser unmittelbar miteinander verknüpft sind.

Die letzte Amtshandlung der Regierung Schüssel

Am 10. Januar 2007 fand der letzte Ministerrat der schwarz-orangen Regierung Schüssel statt. Im nicht öffentlichen Teil dieser Sitzung bringt der damalige Innenminister Günther Platter noch eine „Ergänzung" unter. Es geht um die Verleihung österreichischer Staatsbürgerschaften an zwei Russen. Der Antrag, diese Herren einzubürgern, wurde vom Wirtschaftsministerium noch ausführlich behübscht, unter anderem mit angeblichen Verdiensten der Russen rund um eine „strategisch wichtige Initiative Club Mittelkärnten".

Der Strippenzieher dieser noch überfallsartig durchgezogenen Einbürgerungen war beim Ministerrat nicht dabei: Jörg Haider.

Denn die beiden Neo-Österreicher hatten eine erhellenswerte Vergangenheit, die durch den „Kurier"-Kollegen Rainer Fleckl ans Tageslicht kam.

Am 2. März 2005 hatte Patrick Friesacher, späterer Kurzzeit-Formel-1-Pilot, bei der Hypo Alpe Adria ein Kreditkonto eröffnet. Von diesem Konto flossen in zwei Tranchen 1,1 Millionen Dollar an das Minardi-Formel-1-Team. Das war das Eintrittsgeld, damit Friesacher im Jahr 2005 elf Rennen für das finanziell stets brustschwache Minardi-Team bestreiten durfte.

Friesachers Helm trug den Schriftzug „Kärnten" und der damalige Kärntner Landeshauptmann Jörg Haider erklärte nicht ohne Stolz, man habe dem gebürtigen Wolfsberger Friesacher geholfen, zwei Millionen Dollar aufzutreiben, damit er im Minardi-Cockpit Platz nehmen konnte.

Am 13. Juli 2005, somit etwas mehr als vier Monate nachdem Friesacher bei der Hypo den Kredit bekommen hatte, langte im

Büro von Jörg Haider ein Fax einer Wiener Privatbank ein. Darin heißt es unter anderem: „Im Auftrag unseres Kunden bestätigen wir Ihnen hiermit, dass folgender Auftrag durchgeführt wurde: EUR 1.000.000 an Patrick Friesacher für Sponsoring Formel 1, Minardi Team." Die Bank hatte im Namen zweier russischer Klienten somit Friesachers Kredit beglichen. Mehr noch: Die Million der Russen überstieg sogar das offene Kreditvolumen.

Bei den Russen handelte es sich um Alexey B. und Artem B., somit um jene beiden Personen, für die in der letzten Ministerratssitzung von Schwarz-Orange die Verleihung der österreichischen Staatsbürgerschaft beschlossen wurde. Der Antrag zur Verleihung der österreichischen Staatsbürgerschaft stammte übrigens vom Land Kärnten.

Auch die Russen hatten eine Kärntner Vorgeschichte: Sie besaßen eine atypische stille Beteiligung bei einem „Blumenhotel", das, wie Haider einst pries, „Impulse für die gesamte Region Mittelkärnten setzt". Das Hotelprojekt wurde übrigens mit zehn Millionen Euro von der öffentlichen Hand gefördert.

Das Magazin „Format" enthüllte im Mai 2010, dass die Korruptionsstaatsanwaltschaft in der Causa tätig geworden ist: Denn neue Dokumente aus der Hypo Alpe Adria würden belegen, dass der frühere Haider-Sekretär Franz Koloini vom Hypo-Konto Friesachers 250.000 Dollar auf sein Privatkonto bei der Volksbank hat transferieren lassen. Das Geld selbst stamme aus der Zahlung der Russen – und war somit jener Betrag, um den die bezahlte eine Million Euro den offenen Kredit von einst 1,1 Millionen Euro überstiegen hat.

Koloini selbst wurde rund um die Enthüllung von Ermittlern des Büros für Korruptionsbekämpfung und Korruptionsprävention (BAK) befragt und gab mir schließlich für „News" ein Interview. Seine Erklärung: „Ich habe mir dieses Geld nicht behalten. Ich habe dieses Geld in bar vor einem Zeugen an Jörg Haider übergeben. Das habe ich auch vor den Ermittlern ausgesagt."

Der schöne Franz und ein brisantes Tagebuch

Am 10. Februar 2010 fand im Döblinger Haus des Walter Meischberger eine Hausdurchsuchung statt. Im Rahmen dieser Hausdurchsuchung wurde auch ein Notizbuch der Kultmarke Moleskine sichergestellt, das im Sommer 2010 als „Meischbergers Tagebuch" wochenlang für Schlagzeilen sorgen sollte. Der Turbo für die Headlines waren dabei von Meischberger niedergeschriebene Aussagen Franz Koloinis.

Von außen wirkt Meischbergers Tagebuch recht unscheinbar, brisant war jedoch der Inhalt der Aufzeichnungen. Denn Meischberger notierte einfach, was er während der Ermittlungen zur Buwog-Affäre erlebt, gedacht und empfunden hat. Und er notierte brav, mit wem er worüber gesprochen hat.

Doch schon die ersten Eintragungen dokumentieren recht lebensnah, was sich aus Meischbergers Perspektive abgespielt hat.

„11. September 2009: Meldung Wirtschaftsblatt":
An diesem Tag erschien im „Wirtschaftsblatt" ein Bericht, wonach der frühere Immoeast-Finanzvorstand Christian Thornton im Strafverfahren gegen ehemalige Manager der Immofinanz-Immoeast-Gruppe den PR-Unternehmer Peter Hochegger schwer belastet haben soll. Thornton, so das „Wirtschaftsblatt", habe ausgesagt, dass bei der Privatisierung der Bundeswohnungen in der Ära Grasser „sieben bis acht Millionen Euro" an Hochegger als Provision geflossen sein sollen. Dazu seien fiktive Rechnungen für nie erbrachte Leistungen erstellt worden. Der Auftrag, so vorzugehen, sei vom Immofinanz-Boss Karl Petrikovics erteilt worden.

Laut Tagebuch kehrte Meischberger am 13. September 2009, zwei Tage nach der Zeitungsmeldung, aus seinem (mit eben diesen Provisionsgeldern finanzierten) Urlaubsdomizil auf Ibiza nach Österreich zurück. Schon am 14. September trifft er Peter Hochegger. Am 18. September ist er beim Anwalt und Steuerberater Gerald Toifl, über den in diesem Buch noch an anderer Stelle ausführlich berichtet wird.

Am 18. September 2009 erstattet Walter Meischberger Selbstanzeige bei der Finanz. Nun ist die Kugel im Lauf.

Am 21. September 2009 steht im Tagebuch: „NEWS hat meine Selbstanzeige".

Zwei Tage später notiert Meischberger: „Der mediale Wahnsinn bricht aus".

Am 2. Oktober ist zu lesen: „Karlheinz kommt zunehmend ins Zentrum der Storys" und „Als ich frühmorgens nach Altenrhein abflog, hatte ich noch keine Ahnung, dass dieser Tag zu einem der dramatischsten meines Lebens werden würde. Nachdem ich in Altenrhein von (…) abgeholt wurde, erreichte mich in seinem Büro die hektische Nachricht, dass zehn Beamte vor meiner Tür zu Hause stehen …"

3. Oktober: „Kronzeuge Ramprecht sickert durch. Er war mir immer unsympathisch. (…) führt hier offensichtlich ‚späte Rache' an KHG und auch an Ernst Plech."

5. Oktober: „… es hat sich relativ bald herausgestellt, dass es sich bei dem Zeugen um Ramprecht handelt. KHG geht in die Offensive …" und „abends haben wir eine längere Sitzung mit Fachleuten bei Geri Toifl. Die Linie wird relativ klar …"

7. Oktober: „unglaublich auch die Entwicklungen um den ‚Profil'-Zeugen Ramprecht. Dieser Mann muss krank sein …"

9. Oktober: „Die Nacht vor der Aussage war leider ein einziges Wachliegen. Wir, Dr. Toifl und ich, traten in ein unsympathisches Büro des Sachverständigen DDr. Altenberger, eine ebenso unsympathische wie feindlich aggressive Stimmung hat uns empfangen. (…) Der Staatsanwalt ist hervorragend (…) Ich

hatte alle Hände voll zu tun, nicht die Nerven zu verlieren (…) Das Finanzamt ging auf der Stelle in mein Grundbuch und zwei Beamte ‚besuchten' noch während ich dort saß, Nati zu Hause um Gegenstände zu exekutieren. Ich wusste nun: Der ‚Kuckuck' klebt ab sofort überall auf meinem Haus …"

11. Oktober: „Am Abend gibt es dann in der Kanzlei Leitner-Leitner ein Treffen in ‚großer Runde'. Um 23.30 Uhr waren die Analysen gemacht und die Linie gelegt …"

13. Oktober: „Heute habe ich die ersten 700.000 Euro an das Finanzamt überwiesen."

18. Oktober: „Um 16 Uhr wieder große Runde bei Geri Toifl"

19. Oktober: „Am Abend dann wieder lange, große Sitzung bei Geri Toifl. Es wird dabei klar, dass die Sache noch lange nicht gegessen sein wird … Ein Schriftsatz mit noch nachzuliefernden Erklärungen ist abzugeben, auf den der Staatsanwalt noch wartet. In diesem Schriftsatz ist wohl der Sukkus der wirklichen Gefahren zu behandeln. Die Mandarin-Überweisung ebenso wie der Immobilienfonds. Der Name eines Züricher Treuhänders interessiert ihn ganz besonders. Die Beträge sind zu ‚finden' und abzustimmen etc. Plätze, an denen solche Verträge liegen, Zahlen abzuklären … KH spricht die Geldsumme immer wieder an, verhält sich dabei aber großzügig. Letztlich liegt es aber an Ernst …"

Mit KH ist übrigens Karl-Heinz Grasser gemeint – das ergibt sich aus weiteren Tagebucheinträgen. Und „Ernst" ist ganz offensichtlich der Immobilienmakler Ernst Plech.

22. Oktober: „Die nächste Welle der medialen Vernetzung (Vernichtung?) rollt. Alle hauen sich auf die Tatsache, dass KHG nun Beschuldigter ist …"

24. Oktober: „Das Golfen bei bestem Wetter hilft die Dinge zu verdrängen."

25. Oktober: Grasser hat der Tageszeitung „Österreich" ein Interview gegeben. Meischberger passt das gar nicht: „Verpackt ist alles in einem fürchterlich schlechten Artikel, der nur darauf abzielt, mich als Trottel und KH als Opfer darzustellen". Und:

„Ich habe gute Lust, ihm meine Freundschaft wirklich aufzukündigen. Ernsthaft."

29. Oktober: „KHG hört, dass sehr viel in Sachen Buwog und nach ihm gefragt wurde. Er hat dies etwas unrund bei Geri Toifl gemeldet."

31. Oktober: Anwalt Toifl ruft an und hat schlechte Nachrichten: Die Staatsanwaltschaft legt den Fokus auf das Thema Buwog und weniger auf die Immofinanz. Am Abend meldet sich Toifl noch mal – wieder mit schlechten Nachrichten: „Er berichtet, dass sich der Staatsanwalt offensichtlich in der Buwog-Sache festgebissen hat." Meischberger notiert, wer jetzt wohl alles einvernommen werden dürfte. Dann schreibt er: „Dann werde wieder ich dran sein. Da kann ich mich auf eine ziemlich brutale Art gefasst machen. Selbst Beugehaft ist für Geri nicht ausgeschlossen."

2. November: „Die nächste Hiobsbotschaft. Die Hypo Liechtenstein hatte Besuch von der Geldwäschebehörde. Die Hypo hat alles gemeldet (...) Wird alles etwas schwirig zu erklären. (...) Da kann ich mich auf etwas gefasst machen."

10. November: „Wieder ein langer, langer Tag mit dem Herrn Staatsanwalt." Anwalt Toifl habe die Einvernahme mit dem Argument, dass Meischberger „müde" sei, beendet. Meischberger notiert: „Der Staatsanwalt gefällt mir immer besser. Sehr intelligent und einer, der seine Grenzen erkennt und doch nicht bösartig wird. ‚Und Sie müssen entscheiden, ob Sie für (alle) alles tragen wollen, ob Ihre Schultern breit genug sind', sagt er mit einem Schmunzeln bei der Verabschiedung. Ich hab ja immer gesagt: Ein gescheiter Bursch, der Herr Staatsanwalt!"

11. November: „Komisch entwickelt sich die Sache mit KHG. Er hat sich nun schon lange, ca. 14 Tage nicht mehr gemeldet. Ich höre er ist supernervös."

19. November: „Am Abend (spät) meldet sich Geri per SMS. Er war bei KHG zu Hause (...) KHG hat zunehmend Sehnsucht nach Geri."

20. November: „Geri erzählt mir, dass KHG etwas von der Rolle ist. Sogar ziemlich. Das muss auch so sein. Sonst hätte er mir nicht von Geri ausrichten lassen, dass ich ihm bereits eine Million gekostet habe."

24. November: „Heute habe ich seit langem wieder einmal mit KHG gesprochen. Er ist noch immer etwas paranoid und wir haben uns ins Hinterzimmer meines Büros gesetzt. Zuerst gab es eine kleine Diskussion über die medialen Verhaltensweisen (...) Er wird am 3. 12. 2009 nach Zürich fliegen und die Dinge mit Wicki klären. Hier steckt noch Gefahrenpotenzial."

Bei „Wicki" handelt es sich um den in Liechtenstein ansässigen Vermögensverwalter Norbert Wicki, der Eigentümer der Mandarin Group ist. Über die Mandarin Group wickelte Meischberger Aktiengeschäfte ab, die mit Geldern aus der in Liechtenstein gebunkerten Buwog-Provision finanziert wurden. Wicki und Meischberger hatten sich durch einen Hypo-Mitarbeiter kennengelernt. Meischberger suchte damals jemanden, der für ihn treuhänderisch Aktien der Meinl International Power erwirbt. Meischberger dürfte nicht gewollt haben, dass bekannt wird, dass er MIP-Papiere hält, denn sein alter Spezi Grasser war damals für Meinl tätig. Daher wurde ein Kreditvertrag erstellt. Meischberger lieh der Mandarin Group 500.000 Euro und die kaufte dafür MIP-Papiere. Der Deal sah vor, dass die Mandarin Group für den Kredit nur 3,5 Prozent Zinsen zahlte – und im Gegenzug den Gewinn für den Aktienverkauf behalten konnte. Außerdem wurde ein „Securities-Lending-Vertrag" abgeschlossen, mit dem dasselbe Ziel verfolgt werden sollte: Diesmal wurde für das ausgeliehene Geld eine Pauschale von 8000 Euro vereinbart – im Gegenzug legte die Mandarin Group Rechnung für die treuhänderische Tätigkeit. Bei diesem Geschäft war die Dividende für Meischberger vorgesehen.

Doch noch jemand hatte Kontakt zur Mandarin Group und somit zu Wicki: Karl-Heinz Grasser. Denn laut Wickis Anwalt betreut dieser „schon seit mehr als 15 Jahren eine Frau Marina

Giori-Lhota in finanziellen Angelegenheiten". Marina Giori-Lhota ist wiederum Grassers Schwiegermutter. Zitat aus dem Schriftverkehr von Wickis Anwalt mit der Liechtensteiner Staatsanwaltschaft: „Nach Aussage der Mandantin von Herrn Wicki übergab Frau Giori-Lhota ihrem Schwiegersohn im Jahr 2005 Euro 500.000 zur Veranlagung. Herr Grasser war offenbar sehr erfolgreich, sodass er seiner Schwiegermutter im Jahr 2009 insgesamt den Betrag von Euro 783.971,50 zurückzahlen konnte. Nachdem Herr Wicki der Vermögensverwalter von Familie Giori-Lhota ist, hat er das Geld treuhändig entgegengenommen. Zu diesem Zweck wurde die Catherine Participation Corp. gegründet, und es wurde ihr ein Konto bei der St. Galler Kantonalbank eingerichtet."

500.000 Euro? Mandarin Group? Richtig. Beim erfolgreichen Investment Grassers handelte es sich um einen Genussschein beim Hypo-Investor Tilo Berlin. Zum Zeitpunkt des Abschlusses dieses Investments war Grasser übrigens noch aktiver österreichischer Finanzminister.

Es lässt sich also ungefähr erahnen, von welchem „Gefahrenpotenzial" Meischberger am 24. November 2009 in seinem Tagebuch schreibt.

Am selben Tag trifft Meischberger auch noch den bereits zuvor erwähnten Ex-Haider-Sekretär Franz Koloini. Und genau an dieser Stelle sorgen Meischbergers Tagebuchaufzeichnungen später für Schlagzeilen.

Koloinis Erzählungen über Haider-Millionen in Liechtenstein

Denn bei einem Treffen im Szene-Lokal „Fino" in Wien soll Franz Koloini gegenüber Walter Meischberger „aus der Schule geplaudert" haben. Zumindest beschreibt dies Meischberger so in seinem Tagebuch.

Unter anderem habe Koloini erzählt, dass Gerald Mikscha (ein in diesem Buch im Zusammenhang mit Parteispenden bereits genannter früherer Haider-Sekretär) den Kärntner Landeshauptmann „anständig hineingelegt" habe (Zitat Meischberger). Koloini habe bestätigt, dass Haider Geld von Saddam Hussein und Muammar Gadaffi bekommen habe.

Als die Berichte aus Meischbergers Tagebuch im Sommer 2010 publik wurden und wenige Tage zuvor die Kollegen Ulla Schmid und Michael Nikbakhsh im Magazin „profil " berichteten, dass Haider Millionen in Liechtenstein gebunkert habe, überschlugen sich die Meldungen.

Peter Westenthaler, langjähriger Mitarbeiter Haiders, ortete „ein widerliches Aufkochen haltloser Gerüchte auf Bassenaniveau". Westenthaler: „Noch quakt sie verzweifelt – die Zeitungsente".

Und auch Walter Meischberger ruderte prompt kräftig zurück: Sein Tagebuch sei eigentlich „nur ein Notizbuch", erklärte er der „Presse". Und dem „Kurier" beschied er: „Ich würde Ihnen raten, die ganze Geschichte nicht besonders ernst zu nehmen." Sein „Notizbuch" sei als „Aufarbeitungsinstrument" angelegt worden, damit er eine „Gedächtnisstütze" für die Einvernahmen in der Buwog-Causa habe.

Nichtsdestotrotz nahm nun die Korruptionsstaatsanwaltschaft Ermittlungen gegen Gerald Mikscha auf – der die Vorwürfe samt und sonders bestreitet.

Im Rahmen der intensiven Recherchen tauchten bald weitere Vorwürfe auf – und die wurden umgehend auch bestätigt: So kassierte die im Eigentum des BZÖ stehende Agentur „orange" im Jahr 2006 von einem Glücksspielunternehmen 300.000 Euro für eine Studie mit dem sinnigen Titel „Responsible Gaming" („Verantwortungsvolles Glücksspiel"). Die sogenannte Studie war gerade zehn Seiten stark und wurde – wie der Studienautor erklärte – im „Copy-and-Paste"-Verfahren aus dem Internet zusammengestoppelt. Die Studie habe ohnehin nur einen „Vorwand" dargestellt, damit es einen „formalen Titel" gebe, mit dem man die Zahlung an die BZÖ-Agentur rechtfertigen könne.

Die Abhörprotokolle: „Wo woar mei Leistung?"

Doch zurück zu Walter Meischbergers „Notizbuch". Am 26. Januar, dem Tag der großen Welle an Hausdurchsuchungen, notierte Meischberger:

„Der bisherige Staatsanwalt wurde von der Immofinanz-Sache abgezogen und an seiner Stelle drei neue Staatsanwälte eingesetzt. Zwei davon kümmern sich jetzt um die Immofinanz und einer wurde direkt für die Buwog abgestellt. Und dieser ist jetzt richtig aktiv geworden. An 15 (!) Stellen werden Hausdurchsuchungen durchgeführt. (…) Die große Armada an Polizisten war im Büro, auch zwei Staatsanwälte sind vorbeigekommen. (…) Es wird jetzt durch den Hausdurchsuchungsbefehl klar, dass Hochegger auch den Ernst hineinzureiten versucht." Seine Schlussfolgerung: „Wir müssen jetzt auf Zeit setzen. Am Abend habe ich wieder mit Ernst geskypt. Er ist schon besorgt, aber ganz gut drauf."

Was Meischberger nicht wusste: Beim Telefonieren und beim Skypen hörten die Ermittler bereits zu. Seit dem 20. Januar liefen die Telefonüberwachungen.

28. Januar 2010: „Heute geht es munter weiter. Medienberichte, Telefonate, etc. Mein Gespräch mit (…) hat mich auch nicht gerade beruhigt. Bei ihm sind die Behörden ziemlich scharf vorgegangen. Er steht aber wie ein Fels. (…) Die Fragen drehten sich hauptsächlich über die Bargeldübergaben. (…) All diese Vorgänge haben hauptsächlich die Aussagen des Peter Hochegger veranlasst. Der zweite Fragen-Komplex, (…) drehte sich um Raiffcisen Liechtenstein, Mandarin. Das zeigt, dass es sich dabei um die Jagd auf den KHG handelt."

30. Januar 2010: „Ich habe viel nachgedacht über diese neue Situation. Alles in allem ist alles sehr gefährlich. (…) Ich werde extrem unter Druck gesetzt, alles nur weil man die Chance KHG zu erwischen, vermutet. Wie das ganze ausgehen wird, wird man sehen. Wahrscheinlich nicht so bald. Ich erwarte mir ein monate-, wenn nicht jahrelanges Verfahren. Mit allen erdenklichen Risiken. Man sieht, dass die Jäger vor gar nichts zurückschrecken. Am liebsten würden sie uns einsperren. Sie werden es auch versuchen."

2. Februar 2010: „Treffen mit Geri. Bei der Vorbereitung fällt mir auf einmal das Brot aus dem Mund. Zufällig!!! komme ich gerade drauf, dass Ernst in seinem Tresor die Unterlagen meines damaligen Haider-Deals gehabt hat. Alles bei der Hausdurchsuchung gefunden und mitgenommen. Inklusive einer Kopie des Sparbuches. Ein Wahnsinn! Ein gefundenes Fressen für die rote Meute. Ich mach mir Sorgen. Geri zerstreut diese dann, indem er mir sagt, dass die Sache in jedem Falle verjährt ist und deshalb – zumindest steuerlich – nicht mehr relevant ist. Politisch aber in jedem Fall."

Und weiter: „Am Abend treffe ich Franz Koloini. Er erklärt mir die Hintergründe bezüglich des Staatspolizisten, der mir seine Dienste anbietet. Es handelt sich um einen Kärntner (…) Er will ca. 5000 Euro und würde dafür den positiven Kontakt zu einer leitenden Beamtin der Staatsanwaltschaft herstellen. Damit könnte man den Bericht sozusagen positiv ‚drehen'. (…) Ich habe Bereitschaft signalisiert." Und: „Weiters erfahre ich am Rande genaueres über die Zahlungen in Sachen FC Kärnten. Da geht es nicht um die kolportierten zwei Millionen, sondern um sieben Millionen Euro. (…) Auch spannend."

6. Februar 2010: „Heute hat mich Franz Koloini angerufen." Es geht um den Kärntner Staatspolizisten. Zitat: „Der hat alle seine Forderungen zurückgenommen. (…) Ich habe top Informationen bekommen. Zum ersten erhielt ich die Nachricht, dass ich nicht besonders observiert werde. Das war aber schon die einzig

gute Nachricht. Schlecht ist, das ‚Normalprogramm', das mit mir und den anderen durchgeführt wird. Abhören per Computer, das ‚Nachhören' aller verdächtigen Gespräche durch Beamte, das Wissen über meine Anwesenheit an jeder beliebigen Stelle durch GPS-Peilung, das Abhören von Gesprächen (...), das komplette Verfolgen meiner Internetverbindungen und aller Emails etc. (...) Das heißt, die wissen so ziemlich alles. Das bedeutet auch, dass jedes meiner Skype-Gespräche – auch mit Ernst – abgehört wurde. Auch sind meine Treffen und meine Gespräche mit (...) vor seiner Aussage irgendwie aufgezeichnet. Das heißt, dass auch meine Aussagen nicht gestimmt haben. Bin gespannt, was da noch herauskommt." Meischbergers Fazit: „Jedenfalls habe ich ein ungutes Gefühl, denn ich kann praktisch nicht mehr kommunizieren ohne auch andere zu gefährden."

Meischberger hatte völlig recht.

Und schon am 16. Februar 2010, nur sechs Tage nach dem Ende der ersten Telefonüberwachungswelle, machte ich publik, dass sein Telefon und zahlreiche weitere Anschlüsse abgehört wurden. Insgesamt waren von der Maßnahme 22 Telefone, davon 9 Festnetzanschlüsse, betroffen. Telefonanschlüsse des Ex-Finanzministers Karl-Heinz Grasser wurden nicht abgehört. Da Meischberger und Grasser im Überwachungszeitraum miteinander telefonierten, geriet der frühere Finanzminister unbeabsichtigt in die Telefonüberwachung.

Für Grasser war das doppelt prekär: Denn am 9. März 2010 war er als Zeuge unter Wahrheitspflicht vor Gericht geladen. Grasser hatte Privatanklage gegen seinen früheren Kabinettsmitarbeiter Michael Ramprecht erhoben, der im Herbst des Vorjahres im „profil" schwere Vorwürfe gegen Grasser gerichtet hatte.

Der Verteidiger Ramprechts, Michael Pilz, stellte Grasser eine entscheidende Frage: „Wie ist Ihr Verhältnis zu Herrn Meischberger?" Grassers Antwort: „Zu Meischberger habe ich kein Verhältnis. Weil ich die Medienberichterstattung in dieser Frage brauche wie einen Kropf, also alles, nur das nicht. Dass ich in irgendetwas hineingezogen werde (...) hätte ich nie vermutet, und das ärgert mich in hohem Maße, und deswegen habe ich keinen Kontakt."

Am 15. Juli 2010 war eine weitere Verhandlung im Verfahren gegen Ramprecht. Michael Pilz hatte in der Zwischenzeit eine Sachverhaltsdarstellung an die Staatsanwaltschaft wegen des Verdachts der Falschaussage Grassers geschickt. Nun musste Grasser wieder als Zeuge unter Wahrheitspflicht aussagen. Grasser war das auch bewusst, denn in seiner Aussage wies er nun sogar selbst darauf hin, dass er unter Wahrheitspflicht steht.

Der Anwalt Hubert Simon fragte Grasser nun: „Sie haben am 9. März in Ihrer Einvernahme gesagt, zu Herrn Meischberger habe ich kein Verhältnis, weil ich die Medienberichterstattung zu dieser Frage brauche wie einen Kropf, also alles nur das nicht. Ist diese Aussage richtig?"

Darauf Grasser: „Danach steht dann ‚kein Kontakt' und Mag. Pilz hat dann eine Sachverhaltsdarstellung gemacht wegen falscher Zeugenaussage. Ich habe selbstverständlich die Wahrheit gesagt. Ich hatte am 9.3. als ich befragt wurde keinen Kontakt mit Herrn Meischberger und ich hatte am Abend davor keinen Kontakt mit ihm. Ich habe Herrn Meischberger seit dem 9.3. nicht gesehen und ich habe, meiner Erinnerung nach, seither auch nicht mehr mit ihm telefoniert. (...)"

Darauf Simon: „Wann haben Sie das letzte Mal telefoniert mit Herrn Meischberger?"

Grasser: „Ich glaube, das war Anfang Februar."

Simon: „Haben Sie ihn nach der Berichterstattung, die im September/Oktober 2009 war, persönlich getroffen?"

Grasser: „Ich habe ihn anlässlich einer Gerichtsverhandlung persönlich getroffen und bin dann mit ihm hier im Umkreis auf einen Kaffee gegangen. Er war mein Trauzeuge, ein sehr sehr guter Freund und wenn dann so eine Geschichte passiert, dann ist es logisch, dass dieses Verhältnis immer schlechter wird und abkühlt, und dass damit auch der Kontakt abnimmt. Ich habe vor dem 9.3. schon keinen Kontakt mehr mit Herrn Meischberger gehabt und auch seit dem 9.3. habe ich keinen Kontakt mehr."

Glaubt man dem Notizbuch Walter Meischbergers, dann hat Grasser als Zeuge unter Wahrheitspflicht freilich längst nicht alles erzählt: Denn Meischbergers Aufzeichnungen zufolge traf man sich am 19. Oktober 2009 zur Besprechung, am 19. November war Meischbergers Anwalt Gerald Toifl bei Grasser und hat Meischberger darüber informiert, und schließlich war Grasser höchstpersönlich am 24. November 2009 bei Meischberger im Büro. Das aber hat Grasser vor Gericht als Zeuge unter Wahrheitspflicht nicht zum Besten gegeben.

Tatsache ist auch, dass gleich mehrere Telefonate zwischen Grasser und Meischberger aufgezeichnet wurden. Davon hat Grasser zumindest in seiner ersten Einvernahme und vor der Sachverhaltsdarstellung des Anwalts Pilz nichts erzählt. In der parlamentarischen Anfrage 7154/J, eingebracht am 21. Dezember 2010 von der Abgeordneten Gabriele Moser (Grüne), wird aus diesen Telefonaten zitiert. Wörtlich heißt es in der Anfrage zu einem Telefonat zwischen Grasser und Meischberger vom 29. Januar 2010: „Grasser und Meischberger diskutieren die ihrerseits mit RA (…) geführten Gespräche und über die derzeit stattfindende ‚Grasserjagd' und dass man beweisen müsste, dass er – Grasser – einen Amtsmissbrauch gemacht hat oder dass er Geld genommen hätte und da sei er entspannt, da er sich nichts vorzuwerfen hat."

Am 1. Februar 2010 telefonieren Grasser und Meischberger wieder. In der parlamentarischen Anfrage heißt es: „Grasser schlägt vor, dass es gescheit wäre, den P. zu treffen. Meischberger glaubt nicht, dass es zu spät sei und fragt nach, ob er den von der Baufirma meint. Grasser bejaht."

Am selben Tag findet um 22:16 Uhr ein weiteres Telefonat zwischen den beiden statt. Zitat aus der parlamentarischen Anfrage: „Beide beraten, wie Meischberger bei der bevorstehenden

Einvernahme argumentieren soll, unter anderem wird über Porr gesprochen."

Dann folgt diese Konversation:

„Grasser: na, aber das würd ich mir ah bisserl anschauen verstehst, in welchen Ländern, in welchen Ländern ist die Porr, in welchen Projekten war sie tätig, ein bisschen in die Richtung argumentieren in die sie auch selber argumentieren.
Meischberger: Da bin ich jetzt supernackt.
Grasser: Da würd ich halt ein bisschen eine Recherche machen.
Meischberger: Aber wie willst du denn das machen. Da kriegst nicht einen Kontakt von denen.
Grasser: Na, gar nicht, aber ich würde mir anschauen sozusagen, ich mein, das siehst eh im Internet, in welchen Ländern sind's, was haben sie gemacht, welche Projekte haben's wo gemacht.
Meischberger: Das was i eh, aber ich kann nicht Projekte ansprechen. Leistungen, und vor allem, da sag ich lieber nix."

Dank dieser Anfrage weiß die Öffentlichkeit nun, was Grasser bei seiner Zeugenaussage unter Wahrheitspflicht offensichtlich gemeint hat, wenn er fünf Wochen nach diesen Telefonaten sagt, „zu Meischberger habe ich kein Verhältnis (…) und deswegen habe ich keinen Kontakt."

In die Geschichte des heimischen Kabaretts dürfte freilich ein anderes aufgezeichnetes Telefonat Meischbergers eingehen, das in derselben parlamentarischen Anfrage erwähnt wird. Dabei geht es um ein Telefonat zwischen Meischberger und Ernst Plech über die am nächsten Tag stattfindende Einvernahme Meischbergers bei der Polizei.

Zitat aus der parlamentarischen Anfrage 7152/J, die ebenfalls von der Abgeordneten Moser eingebracht wurde:

„Meischberger: na, ober wos is die Leistung, an wen? Weil die Rechnung hob i an die Porr gestellt.

Plech: die Leistung?
Meischberger: Wo woar mei Leistung?
Plech: deine Leistung war, ah, deine Leistung woar, ahhh das du, i bin jetzt völig durcheinander wegen der anderen Gschicht do, vollkommen, weil i hob des ahhh
Meischberger: ja, denk kurz nach bitte."

Ein Finanzminister vergisst seine Steuern zu bezahlen

Ende Januar 2011 war es dann wieder der Busenfreund von Plech und Meischberger, der die Schlagzeilen dominierte: Der Kollege Ashwien Sankholkar deckt im Magazin „Format" auf, dass Ex-Finanzminister Karl-Heinz Grasser am 30. September 2010 beim zuständigen Finanzamt für den 1. und 23. Bezirk in Wien eine Selbstanzeige eingebracht hat. Der Einbringungszeitpunkt ist nicht uninteressant: Wenige Wochen vor der Selbstanzeige war Grasser in der Buwog-Affäre erstmals einvernommen worden.

Verfasst wurde die Selbstanzeige von der Kanzlei Ernst & Young und sie umfasst den Zeitraum der Jahre 2002 bis 2008. Grasser war vom Jahr 2000 bis zum Januar 2007 Finanzminister der Republik Österreich. Das bedeutet: Der von der Selbstanzeige umfasste Zeitraum betrifft auch seine Zeit als Finanzminister.

Laut Grassers Anwalt Manfred Ainedter geht es bei der Selbstanzeige um Geld, das Grasser in seiner Zeit als Magna-Manager verdient und auf ein kanadisches Wertpapierdepot gelegt habe. In Summe, so Ainedter, habe das Wertpapierdepot sogar einen Verlust eingefahren. Allerdings: Zwischenzeitlich habe es auch „unterjährige" Gewinne abgeworfen – und die wären (was ein Finanzminister jedenfalls wissen sollte) in Österreich zu versteuern gewesen.

Grasser habe im Zuge der Buwog-Affäre damit begonnen, seine Unterlagen zu durchforsten. Dabei sei festgestellt worden, dass die Gewinne aus dem Wertpapierdepot in Kanada hätten versteuert werden müssen. Insgesamt soll es um 18.000 Euro gehen, die Grasser nicht versteuert haben soll. Die Summe der Veranlagung Grassers betrug laut seinem Anwalt „eine halbe Million Schilling", also etwa 35.000 Euro.

Grasser selbst gestand ein: „Es war klar mein Fehler." Und: „Das darf einem ehemaligen Finanzminister nicht passieren." Seine steuerliche Situation sei jetzt aber „absolut perfekt". Zitat: „Ich hab's selbst sofort korrigiert, daher glaub ich, dass es doch ein, so hoff ich, ein entschuldbarer Fehler sein soll." Er habe sein Investment „komplett aus den Augen verloren, ja, weil ich überhaupt keine Zeit hatte". Vor ein paar Jahren habe er die Veranlagung beendet – mit Verlust. Grasser: „Ich bin daher nicht einmal auf die Idee gekommen, dass ich dafür Steuern zahlen müsste." Sein Fazit: „Unterm Strich klar mein Fehler."

Die Reaktionen auf Grassers Fehler waren erwartungsgemäß heftig. Zum einen war Grassers Selbstanzeige strafbefreiend und zum anderen wurde bekannt, dass in der Ära Grassers die Verjährungsfrist für Steuerdelikte von zehn auf sieben Jahre gesenkt wurde. Von dieser Verkürzung der Verjährungsfrist hatte nun ausgerechnet Grasser selbst profitiert.

Was das Ganze für Grasser noch verschlimmerte: Erst am Tag vor der Enthüllung sandte er öffentlichkeitswirksam einen „offenen Brief" an Justizministerin Claudia Bandion-Ortner. Grassers Brief war dabei eine Reaktion auf die Enthüllungen von Medien gegen den Ex-Finanzminister. Zitat aus dem Schreiben: „Seit mehreren Monaten haben die Ermittlungsbehörden zu verantworten, dass ein nichtöffentliches Ermittlungsverfahren de facto zu einem öffentlichen ‚Schauprozess' umfunktioniert wird." Grasser werde dadurch „großer wirtschaftlicher Schaden zugefügt und meine Reputation und mein Ansehen in der Öffentlichkeit schwerstens beschädigt". Er habe „immer und ausschließlich im Interesse unseres Landes gehandelt".

Unterlagen, die ausschließlich den Ermittlern zugänglich gewesen sind und die dem Amtsgeheimnis unterliegen, seien in die Medien gelangt. Diese Unterlagen habe er selbst Ermittlern übergeben, „um ein meines Erachtens völlig willkürlich und nicht korrekt eröffnetes Finanzstrafverfahren aufzuklären." Diese Unterlagen hätten daher nur von Ermittlern an Medien weitergegeben werden können, „um mich öffentlich zu denunzieren und mir zu schaden".

Grasser wörtlich: „Ich darf Sie, sehr geehrte Frau Bundesminister, daher ersuchen, dafür Sorge zu tragen, dass die Ermittlungen fair und gesetzeskonform geführt werden und so rasch wie möglich zum Abschluss gebracht und die offenkundigen Fehlentwicklungen und Rechtsbrüche in meinem Fall entsprechend geahndet werden." Die Dauer seines Verfahrens sei ihm „unbegreiflich": „Es geht hier schließlich nicht um komplexe Sachverhalte, sondern vielmehr um die ohne großen Verfahrensaufwand zu beantwortende Frage, ob ich in meiner Verantwortung als Bundesminister für Finanzen Verfahren illegal beeinflusst und/oder irgendeinen finanziellen oder sonstigen Vorteil erhalten habe. Dies war definitiv nicht der Fall."

Was Grasser noch wurmte: „Entsetzt und empört bin ich darüber, dass es in unserem Rechtsstaat möglich ist, streng vertrauliche und geheime Abhörprotokolle von Telefonüberwachungen, die noch dazu unter dem besonderen Schutz des Mediengesetzes stehen, im Audimax der Universität Wien unter Gejohle und Gepfeife der ‚Gäste' kabarettistisch vorzutragen. Es ist wohl unstreitig einer funktionierenden Demokratie nicht zuträglich, derartige eindeutige Umgehungen des Gesetzes sanktionslos zur Kenntnis zu nehmen." Dass der renommierte Verfassungsrechtler Heinz Mayer an der „Vorlesung" der Kabarettisten im Audimax teilnahm, stört Grasser ganz besonders: Mayer habe damit „dem Ansehen unseres Rechtsstaates mit Sicherheit einen schlechten Dienst erwiesen."

Grassers moralisch überhöhte Empörung war nur einen Tag später ad absurdum geführt. Denn die Antwort auf die Frage, wer hier wohl der Demokratie und dem Rechtsstaat einen „schlechten Dienst" erwiesen hat, scheint anders zu lauten, als sich Grasser das in seinem „offenen Brief" gewünscht hat. Bandion-Ortners

Antwort ließ daher auch nicht lange auf sich warten: „Man muss Herrn Grasser schon deutlich zurechtweisen und von seinem hohen Ross herunterholen."

Grassers Stiftungen in Liechtenstein

Grassers aufgeregte Empörung kam nicht von ungefähr. Denn kurz vor Grassers „offenem Brief" war publik geworden, dass der frühere Finanzminister über Stiftungen in Liechtenstein verfügt. Die Namen dieser Stiftungen: „Waterland" und „Silverland".

In die Waterland-Stiftung soll Grasser seinen Drittel-Anteil an der Meinl Power Management (MPM) eingebracht haben. Die Waterland wiederum hat Tochtergesellschaften gegründet: eine „Silverwater Invest and Trade Inc." sowie eine „Man Angelus Ltd.", die in Zypern residiert. Auch die Silverland-Stiftung hat Tochtergesellschaften gegründet, etwa die Levesque-Holding Ltd., die wiederum eine Tochter namens Gemain Ltd. besitzt. Die Gemain Ltd. ist wiederum Treugeberin für die österreichische SMW OG, die Grasser gemeinsam mit seinem „Nenn-Onkel" Burkhard Graf gehört. Die SMW OG wiederum erwarb jene Luxusvilla am Wörthersee, für die Grassers Frau Fiona Miete bezahlt. So weit, so undurchsichtig.

Der klassische österreichische Häuslbauer würde wohl einen Kredit aufnehmen, wenn er ein Haus baut. Im kompliziertesten Fall ist das ein endfälliger Fremdwährungskredit, der über einen Tilgungsträger getilgt wird. Beim früheren Finanzminister ist das alles ein wenig glamouröser und internationaler. Zudem: Wer organisiert seinen Hausbau so, dass am Ende des Tages die Gattin Miete im eigenen Haus zahlt?

Auch bei Grassers Penthouse, das er in der Wiener Babenbergerstraße gemietet hat, liegen die Dinge nicht so einfach: Die Levesque-Holding, die der Silverland-Stiftung gehört, gewährte dem früheren Finanzminister etwa ein Darlehen über 3,7 Millionen Euro zum Zinssatz von zwei Prozent, rückzahlbar in 20 Jahren. Als Besicherung des Darlehens hat er wiederum Teile seiner Mietrechte verpfändet.

Durch die Aussage von Peter Haunold, den Steuerberater Grassers, vor Ermittlern des Bundeskriminalamtes lässt sich nachvollziehen, wie welche Geldflüsse im Stiftungskonstrukt liefen. Haunold erklärte, dass die Einnahmen beider Stiftungen zur Gänze aus der Managementgesellschaft Meinl Power Management (MPM) und der Meinl International Power (MIP) stammen.

Die österreichische Firma Grassers, die Valuecreation, habe mit der Silverwater Invest and Trade einen Beratungsvertrag. Grasser habe für die Silverwater Investoren für die MIP gesucht. Über diesen Beratungsvertrag habe die Valuecreation von 2007 bis 2009 vier Millionen Euro lukriert. Für dieses Geld wurde in Österreich ordnungsgemäß Körperschaftssteuer bezahlt. Das wirft die Frage auf, wozu das komplizierte Konstrukt dient, wenn wie in diesem Fall kein Steuervorteil lukriert wurde?

Insgesamt flossen also mehr als 9 Millionen Euro aus dem Stiftungskonstrukt: 4 Millionen Euro an die Valuecreation, 3,7 Millionen Euro als Darlehen und geschätzte 2 Millionen Euro für den Kauf und die Sanierung der Villa am Wörthersee. Grasser ist 2007 aus der Politik ausgeschieden. Eines lässt sich somit sagen: In den etwas mehr als drei Jahren in der Privatwirtschaft hat er jedenfalls exzellent verdient.

Walter Meischberger:
Kosten der Abgabenverkürzung als „Betriebsausgabe"

Doch auch Grassers Vertrauter Walter Meischberger hadert mit der Finanz. Mitte Januar 2011 berichtete ich über eine besondere Chuzpe Meischbergers, der beim Unabhängigen Finanzsenat einen Einspruch gegen die nachzuzahlende Steuer aus seinen Provisionsdeals eingebracht hatte.

Meischberger berief sich in seinem Einspruch auf zwei Punkte: Zum Ersten auf einen Erlass des Finanzministeriums aus der Ära Grasser, wonach alle im Zusammenhang mit der Buwog-Privatisierung stehenden Vorgänge von Steuern und Abgaben befreit seien. Aus Meischbergers Sicht sollte dies auch für seine Provision gelten. Also wurde im Einspruch behauptet, die Bescheide des Finanzamtes seien „rechtswidrig". Und zum Zweiten wollte Meischberger – und das treibt wohl vielen Steuerzahlern die Zornesröte ins Gesicht – die Kosten für die Verschleierung des Zahlungsflusses zur Hinterziehung der Abgaben als „betrieblich veranlasste Aufwendungen" geltend machen.

Der Unabhängige Finanzsenat sah das freilich grundlegend anders: So seien die von Meischberger angeführten „Lobbyingtätigkeiten" treffender mit „Informationsbeschaffung" zu beschreiben, da Meischberger in der Buwog-Causa dem Käufer „den optimalen Anbotspreis" für die Buwog „empfohlen" habe. Durch diesen „mitentscheidenden Tipp" sei sicher „der letztlich erfolgreichen Käufergruppe gedient gewesen". Ohne „Lobbyingtätigkeit" Meischbergers „wäre es für den Verkäufer Bund aber mit hoher Wahrscheinlichkeit zu einem höheren Kaufpreis gekommen". Es sei daher „denkunmöglich", dass es das „Ziel des Gesetzgebers" sein könne, dass diese Einnahmenminderung der Republik zu einer Einkommens- und Umsatzsteuerentlastung von Meischbergers Honorar führe.

Und auch beim zweiten Punkt holte sich Meischberger eine Abfuhr: Jene rund 400.000 Euro, die die in Delaware ansässige Gesellschaft Omega für den Transfer von Meischbergers Anteil an der Buwog-Provision von Zypern nach Liechtenstein verrechnet hat, könnten nicht als „betrieblich veranlasste Aufwendungen" geltend gemacht werden. Meischberger hatte sein Ansinnen damit begründet, dass nicht er die Zahlungsmodalitäten konzeptioniert habe, sondern dies von anderen vorgenommen worden sei. Die Kosten für die Omega seien daher eine Folge der Konzeption des Zahlungsflusses. Er selbst habe keine „private Veranlassung" gehabt, die Omega zwischenzuschalten. Vielmehr wäre die Involvierung der Omega „notwendig" gewesen, „um die Einnahmen überhaupt zu erzielen".

Der Fall Toifl – von Meischberger bis zur Formel 1

Anfang 2011 landete eine Geschichte auf meinem Schreibtisch, die wenig später international für Schlagzeilen sorgen würde. Im Mittelpunkt der Affäre standen dabei die frühere Nummer zwei der BayernLB, Gerhard Gribkowsky, unter dessen Ära die Münchner die Hypo Alpe Adria erworben hatten, sowie Gribkowskys Anwalt Gerald Toifl, der bereits als Meischberger-Anwalt aus der Buwog-Affäre bekannt war. Es ging dabei um 50 Millionen US-Dollar, die Gribkowsky während seiner Zeit als Bayern-Banker aus Mauritius und den Virgin Islands erhalten und in Österreich in eine Privatstiftung eingebracht hatte.

Ausgelöst wurden die Ermittlungen einmal mehr durch die Hypo-Affäre. Gribkowsky, einst Risikomanager der BayernLB, wurde im Rahmen der Hypo-Ermittlungen von der Staatsanwaltschaft München im Februar 2010 als Beschuldigter einvernommen. Wie bei Beschuldigteneinvernahmen üblich, fragten die Ermittler auch nach Gribkowskys Vermögens- und Einkommensverhältnissen. Gribkowsky gab zu Protokoll, dass er eine Immobilie besitze, die mit 300.000 Euro belastet sei, und dass er Wertpapiere im Wert von 300.000 Euro habe.

Was Gribkowsky nicht erwähnte, war, dass er Stifter und Begünstigter der Sonnenschein-Privatstiftung mit Sitz im österreichischen Salzburg ist. Diese Sonnenschein-Privatstiftung hat wiederum Tochtergesellschaften. In einer dieser Tochtergesellschaften, der GREP GmbH, bunkert wiederum ein Vermögen von fast 25 Millionen Euro.

Als die „Süddeutsche Zeitung" Gribkowsky mit der Stiftung und dem Vermögen konfrontierte, marschierte der frühere Bayern-Banker zur Münchner Staatsanwaltschaft, um diese von der Existenz der Stiftung zu informieren – das wiederum veranlasste die deutschen Ermittler, zu erheben, woher das Geld stammt. Die Spur führte zur Formel 1.

Nach der Pleite des Medienmoguls Leo Kirch (Bezahlsender Premiere) hatte die BayernLB, die Kirchs Imperium einst Milliarden lieh, Formel-1-Anteile aus Kirchs implodiertem Reich geerbt. Gribkowskys Job als Banker war es, diese Anteile zu einem möglichst hohen Preis zu verwerten. Nach einigem Hin und Her verkaufte er diese Anteile der BayernLB an einen Finanzinvestor, mit dessen Hilfe der Formel-1-Boss Bernie Ecclestone seine damals gerade im Schwinden begriffene Macht im Formel-1-Business einzementieren konnte.

Ecclestone stand zu jener Zeit vor dem Problem, dass die großen Autokonzerne damit drohten, mithilfe von Banken eine eigene Rennserie zu gründen. Ecclestones Macht wäre damit gebrochen gewesen. Doch durch den Deal mit der BayernLB blieb Ecclestone Herrscher der Formel 1.

Anwalt und Steuerberater von Gribkowsky war in der Causa der als Meischberger-Anwalt bekannt gewordene Österreicher Gerald Toifl. Toifl hatte Mitte 2010 sein Mandat für Meischberger niedergelegt. Der Hintergrund: Die Staatsanwaltschaft Wien führte Toifl mittlerweile selbst als Beschuldigten im Fall Buwog. In einem Polizeibericht ist zusammengefasst, warum Toifl im Buwog-Fall Beschuldigter wurde: „Rechtsanwalt Gerald Toifl ist verdächtig, gemeinsam mit Ernst-Karl Plech und Walter Meischberger zwischen dem 19. Oktober und dem 10. November 2010 eine inhaltlich falsche Immobilieninvestvereinbarung zwischen Walter Meischberger und Ernst Plech, datiert mit 12. März 2006, erstellt zu haben."

Erste Hinweise auf diesen Vorgang hatten die Ermittler ausgerechnet aus dem bei Walter Meischberger beschlagnahmten „Notizbuch" Meischbergers erhalten.

Toifl begleitete Gribkowsky in der Formel-1-Causa jedenfalls in die Redaktion der „Süddeutschen Zeitung", die Sonnenschein-

Privatstiftung residierte an der Büroadresse der Kanzlei Leitner & Leitner, bei der Toifl bis in den Januar 2010 hinein tätig war. Und Toifl war zum Zeitpunkt der Enthüllung Geschäftsführer bei den Tochtergesellschaften der Sonnenschein-Privatstiftung.

Kein Wunder daher, dass die Staatsanwaltschaft München den österreichischen Anwalt nun in der Formel-1-Causa wegen des Verdachts der Beihilfe ebenfalls zum Beschuldigten machte. Gribkowsky wiederum wanderte kurz nach der Veröffentlichung der Enthüllungen in Untersuchungshaft.

Und auch für das in Österreich bunkernde Vermögen des Stifters Gribkowsky gibt es schlechte Nachrichten. Bayerns Wirtschaftsminister Martin Zell (FDP) erklärte prompt, dass nun geprüft werden müsse, ob auf das Millionenvermögen der Sonnenschein-Privatstiftung zugegriffen werden kann. Schon im Februar 2011 wurden auf Antrag der bayerischen Justiz mehr als 20 Millionen Euro des Geldes in Österreich eingefroren.

Toifl wiederum packte vor der Staatsanwaltschaft München aus. Sein Klient Gribkowsky habe ihn dazu gedrängt, bei Ecclestone Honorare einzutreiben. Laut einem Bericht des deutschen Magazins „Focus" habe Anwalt Toifl aus Angst vor U-Haft beschlossen, auszusagen.

Toifl, der auch Meischbergers Selbstanzeige bei der Finanz verfasst hatte, bekam nicht nur Probleme mit der deutschen Staatsanwaltschaft, sondern auch mit der Rechtsanwaltskammer und schied noch im Januar 2011 aus der Steuerberatungskanzlei Leitner & Leitner sowie aus der Rechtsanwaltskanzlei Kerschbaumer & Toifl aus.

In der Buwog-Causa wiederum konnte sich Toifl zumindest bei einem Faktum glücklich schätzen: Bei der Überwachung von Meischbergers Telefonanschlüssen wurden auch „35 teilweise relevante Gespräche" aufgezeichnet, die Meischberger mit Toifl geführt hatte. Diese Gespräche wurden „mangels Verwertbarkeit im Verfahren" – Gespräche mit dem Anwalt sind geschützt – nicht verschriftlicht und später auch vernichtet.

Anders als in München wurde Toifl in der Causa Buwog in Österreich jedenfalls nicht mit U-Haft bedroht. Von der österreichischen Justiz wurde – zumindest bis zum Redaktionsschluss dieses Buches – kein einziger Beschuldigter in der politisch so brisanten Buwog-Causa mit U-Haft oder ähnlichen Zwangsmaßnahmen bedacht oder auch nur bedroht. Warum das so ist, lässt sich nicht eruieren. Über ihre Ermittlungsstrategie darf die Justiz nicht sprechen. Ob nun also einfach in heiklen Fällen Samthandschuhe angezogen werden oder ob es eine besonders gefinkelte Strategie ist, den Druck auf die Beschuldigten möglichst gering zu halten, lässt sich somit nicht abschließend beurteilen.

Der Fall Bawag und Verfahren, die nicht stattfinden

Nicht nur in der rechten Reichshälfte – Stichwort Wende – haben sich Wirtschaftsskandale mit politischer Verwicklung zuletzt gehäuft. Auch die SPÖ kämpft sich mit einer Reihe parteinaher Affären ab. Der gewichtigste Fall ist jener der ehemaligen Gewerkschaftsbank Bawag. Die Bawag war einst eine der tragenden Säulen der österreichischen Sozialdemokratie. Bis in die 1990er Jahre stand die einstige Arbeiterbank im Eigentum von ÖGB und Konsum, der dritten Säule der heimischen Sozialdemokratie. Nachdem bereits der Konsum Mitte der 1990er Jahre in die Insolvenz schlitterte, stieg die heute aus der Hypo-Affäre bekannte BayernLB bei der Bawag ein. Ab 2004 war dann der Österreichische Gewerkschaftsbund (ÖGB) Alleineigentümer der Bank.

Mitte 2005 begann die Bawag-Affäre unaufhaltsam publik zu werden. Die Gewerkschaftsbank hatte dem Chef des US-Derivatehändlers Refco, Phillip Bennett, einen 350 Millionen Euro schweren Kredit gegeben. Wenige Tage nach diesem aufklärungswürdigen Geschäft wurde Bennett wegen des Verdachts der Bilanzfälschung verhaftet, danach ging es Schlag auf Schlag. Die Kurzfassung der Ereignisse sah schließlich so aus, dass die Bawag einen Vergleich mit Refco-Opfern schließen musste, der sie zu einer Zahlung von 683 Millionen Euro verpflichtete. Zudem musste die Bawag auf ihre Refco-Forderungen verzichten. Außerdem wurde festgelegt, dass ein Teil des Verkaufserlöses der Bawag ebenfalls an Refco-Opfer zu zahlen ist. In Summe kostete die Refco-Angelegenheit mehr als 1,3 Milliarden US-Dollar.

Im Jahr 2006 wurden im Rahmen der Turbulenzen der Bawag auch noch deren „Karibik-Geschäfte" bekannt. Wolfgang Flöttl,

Sohn des ehemaligen Bawag-Generaldirektors Walter Flöttl, hatte von der Bawag über Jahre hinweg enorme Summen zur Veranlagung erhalten. Die hochriskanten Spekulationsgeschäfte gingen schief, die gewaltigen Verluste wurden durch die Konstruktion von Briefkastenfirmen geschickt verschleiert.

Das Ergebnis des Bawag-Skandals: Ein wesentlicher Teil des ÖGB-Vermögens, das durch die Zahlungen der Beiträge der Gewerkschaftsmitglieder seit dem Ende des Zweiten Weltkrieges angehäuft worden war, ging flöten. Der berühmte und geheimnisumwitterte Streikfonds entpuppte sich somit als Chimäre.

Der ÖGB-Chef Fritz Verzetnitsch musste abtreten. In einem ersten Verfahren wurden die früheren Manager der Bawag, allen voran Helmut Elsner, vor Gericht gestellt und erstinstanzlich verurteilt. Der Oberste Gerichtshof gab später den eingebrachten Nichtigkeitsbeschwerden teilweise statt.

Das wirklich Interessante an der Bawag-Affäre sind jedoch jene Verfahren, die bisher nicht stattgefunden haben: Schon zu Beginn des Skandals hieß es, es werde ein Verfahren „Bawag 2" geben. Einzig: 2011, somit fünf Jahre (!) nachdem der Mega-Skandal ins Rollen kam, ist von einer Anklage noch immer keine Rede. Der ÖGB hatte beispielsweise im Mai 2006 Anzeige gegen seinen früheren Chef Fritz Verzetnitsch erstattet. Bei Redaktionsschluss dieses Buches war die Staatsanwaltschaft Wien noch immer nicht zu einem abschließenden Ergebnis gekommen, wie mit der Causa nun umzugehen sein wird.

Ähnliches gilt für den noch älteren Refco-Fall, der ja der eigentliche Startschuss für die Causa Bawag war. Von einer Anklage in Sachen Refco – immerhin geht es um einen Kredit von 350 Millionen Euro und um einen mutmaßlichen Schaden von mehr als einer Milliarde Euro – ist bis heute ebenfalls noch nichts zu hören.

Spannend scheint auch, dass die von Flöttl verspekulierten Gelder von der heimischen Justiz nie gesucht wurden. Der Anwalt Stefan Prochaska, der im Bawag-Fall den Ex-Bawag-Vorstand

Josef Schwarzecker vertritt, beschreibt Flöttls Spekulationsgeschäfte so: „Das war nichts anderes als eine Wette. Es muss also jemanden gegeben haben, der bereit war, die Gegenwette anzunehmen. Diese Option, um die es geht, war eine Wette darauf, dass der Yen im Verhältnis zum Dollar fallen wird."

Die Frage, wer diese Wette letztlich gehalten hat und jetzt somit über jenes Vermögen verfügt, das mühevoll über Jahrzehnte hinweg aus den Mitgliedszahlungen der gewerkschaftlich organisierten Arbeiter, Angestellten und Beamten des Landes als gewichtigstes Argument im Kampf um Arbeitnehmerrechte erarbeitet wurde, bleibt ungeklärt. Der Senatsvorsitzende des Obersten Gerichtshofes, Rudolf Lässig, hat bei der Erläuterung der Urteilsbegründung in der Causa Bawag auch erklärt, warum das so ist: „Wo das Geld ist, das ist für die Untreue irrelevant."

Juristisch mag das für das Verfahren völlig zutreffend sein. Dass der Spur des Geldes jedoch überhaupt nicht nachgegangen wurde, hinterlässt einen mehr als fahlen Nachgeschmack.

Derart klaffende Wunden in Sachen Strafverfolgung und Aufklärung gibt es in der jüngeren Justizgeschichte sonder Zahl: Bei der Pleite des Papierhändlers Libro dauerte es zehn Jahre, bis sich im Januar 2011 endlich fünf Angeklagte vor Gericht verantworten mussten. Der Komplex Immofinanz sprengt in seiner Dimension wohl sogar den Fall Hypo Alpe Adria. In der Causa Hypo Niederösterreich beschweren sich die Ermittler der Polizei, dass die Staatsanwaltschaft die Erhebungen torpediere. Die politisch so brisante Causa des Lobbyisten Alfons Mensdorff-Pouilly dümpelt seit bald vier Jahren vor sich hin. Noch leidenschaftsloser wird der Fall des früheren Airchiefs Erich Wolf behandelt. Und die Megapleite des Internet-Dienstleisters Yline, der einst über so exzellente politische Kontakte verfügte, scheint schon völlig in Vergessenheit geraten zu sein. Was nicht verwundert: Immerhin liegt der Fall seit acht Jahren bei der Staatsanwaltschaft.

Und bei der viel zu spät eingerichteten Korruptionsstaatsanwaltschaft müssen sieben Staatsanwälte jährlich mehr als eineinhalbtausend Anzeigen aufarbeiten. Zu den Fällen gehören auch hochkomplexe Causen, die international zu ermitteln sind, wie beispielsweise die Fälle Siemens und Strabag.

Das Versagen der Klagenfurter Staatsanwaltschaft in der Causa Hypo

Am 4. April 2008 schrieb die Oberstaatsanwaltschaft Graz an die Staatsanwaltschaft Klagenfurt in der Strafsache gegen Wolfgang Kulterer, Günter Striedinger und andere. Es geht um die SWAP-Verluste der Hypo. Die Oberstaatsanwaltschaft schreibt: „Vorweg ist darauf zu verweisen, dass – wie im Bericht vom 27.11.2007 (etwa auf Seite 12) zutreffend erwähnt – der Gesamtvorstand bereits am 14.12.2004 über die SWAP-Verluste informiert war (…) Geteilt wird die Einschätzung der Staatsanwaltschaft Klagenfurt, wonach (zumindest derzeit) keine ausreichend konkreten Anhaltspunkte dafür vorliegen, über die drei Vorstandsmitglieder hinaus gegen weitere Verantwortliche aus dem Nahebereich der Hypo-Alpe-Adria-Bank International AG Ermittlungsschritte wegen § 255 Aktiengesetz zu setzen. Sollte sich an dieser Beurteilung auf Grund der Ergebnisse des Beweisverfahrens etwas ändern, wird – unter Bedachtnahme auf die Verjährungsproblematik – mit entsprechender Antragstellung vorzugehen sein."

Und weiter: „Im Lichte dieser Ausführungen wird es zur gegebenen Zeit allenfalls geboten sein, die strafrechtliche Verantwortung des Dr. Karl-Heinz Moser als Vorstand des Aufsichtsrates wegen § 255 Absatz 1 Ziffer 5 Aktiengesetz (nochmals) zu hinterfragen."

Mehr als ein Jahr später, am 28. August 2009 langt beim Büro für Interne Angelegenheiten (BIA) des Innenministeriums eine Anordnung der Staatsanwaltschaft Klagenfurt in obiger Causa, die nun die Aktenzahl 3 St 94/09 trägt, ein. In der Strafsache gegen die Verdächtigen Dr. Karl-Heinz Moser, Dr. Othmar Ederer und Mag. Günter Striedinger wegen § 255 Absatz 1 Ziffer 5 Aktiengesetz ersucht die Staatsanwaltschaft das BIA um Erhebung.

Bei Karl-Heinz Moser handelt es sich um einen namhaften Wirtschaftsprüfer, bei Othmar Ederer um den einflussreichen Chef der Grazer Wechselseitigen, einer der führenden Versicherungen des Landes. Im Laufe meiner Hypo-Recherchen lernte ich beide kennen, sie eint ein durchaus freundliches, mitunter jedoch auch sehr bestimmtes Auftreten gegenüber Journalisten.

Seit dem Schreiben der Oberstaatsanwaltschaft hatte sich einiges getan: Das Verfahren zur SWAP-Affäre gegen Kulterer, Striedinger und einen weiteren Hypo-Manager war Ende 2008 durchgeführt worden. Zitat aus der Anordnung an das BIA: „Nach den Feststellungen des Urteils des Landesgerichtes Klagenfurt (...) wurden der genannte Aufsichtsratsvorsitzende (Anmerkung: Karl-Heinz Moser) und dessen Stellvertreter, Dr. Othmar Ederer, am 19. 5. 2005 über Verluste der Bank von 300 Millionen Euro aus den SWAP-Geschäften unterrichtet. (...) Dr. Karl-Heinz Moser bzw. Dr. Othmar Ederer haben weder eine Aufsichtsratssitzung einberufen, noch die weiteren Vorstandsmitglieder in den Aufsichtsratssitzungen vom 24.6.2005, 23.9.2005 und 12.12.2005 über den in Rede stehenden Sachverhalt in Kenntnis gesetzt. Erst in der Aufsichtsratssitzung vom 5.4.2006 sei erstmals über die Verluste von 300 Millionen Euro informiert worden, nachdem diese Verluste bereits medial dargestellt worden seien."

Am 7. April 2010 verschickt die Staatsanwaltschaft in der Causa 3 St 94/09 plötzlich Benachrichtigungen von „der Einstellung des Verfahrens". Im „Beisatz", in dem erklärt wird, warum eingestellt wurde, heißt es wörtlich: „Einstellung des Ermittlungsverfahrens gegen Dr. Karl-Heinz Moser und Dr. Othmar Ederer wegen § 255 Absatz 1 Ziffer 5 Aktiengesetz und gegen Mag. Günter Striedinger wegen § 255 Absatz 1 Ziffer 5 Aktiengesetz.

Einstellung hinsichtlich Mag. Striedinger mangels hinreichenden Tatverdachts (betrifft Faktum Brodomerkur/Saponia) und hinsichtlich Dr. Moser und Dr. Ederer auf Grund eingetretener Verjährung (hinsichtlich Faktum SWAP-Verluste) sowie aufgrund aussichtsloser Beweislage bzw. mangels hinreichenden Tatverdachts (hinsichtlich Faktum Brodomerkur/Saponia)."

Das bedeutet: Die Staatsanwaltschaft Klagenfurt hat das Verfahren in Sachen SWAP-Verluste gegen den Vorsitzenden des Aufsichtsrats und dessen Stellvertreter wegen Verjährung eingestellt. Dieses Faktum war der Öffentlichkeit bis heute verborgen geblieben – und auch die Justiz hat bisher nicht publik gemacht, wie es dazu kommen konnte und wer dafür die Verantwortung trägt.

Wie Parteienfinanzierung wirklich funktioniert

Von der Theorie zur Praxis ist es oft nur ein kurzer Weg. Bei der Recherche für dieses Buch wurde ich auf eine unscheinbare Firma aufmerksam.

Das Unternehmen heißt „Connect Werbe- & Beratungsagentur GmbH" und residiert in der Klagenfurter Karfreitstraße 4/1. An derselben Anschrift findet sich auch die Parteizentrale der „Freiheitlichen in Kärnten". Wenig überraschend steht die „Connect Werbe- & Beratungsagentur GmbH" im Alleineigentum der Partei.

Geschäftsführer der „Connect" ist Manfred Stromberger. Der 56-jährige Glandorfer ist zugleich Landtagsabgeordneter, war von 2003 bis 2009 Landesgeschäftsführer der Freiheitlichen in Kärnten und zwischendurch sogar Bundesgeschäftsführer des BZÖ.

Wie viele Kärntner Freiheitliche, ist Stromberger Anfang 2010 vom BZÖ mit zur FPK gewechselt, die seither sozusagen eine Art selbstständiger Ableger der FPÖ in Kärnten ist.

Errichtet wurde die „Connect" mit Gesellschaftsvertrag vom 19. Dezember 2006, eingetragen ins Firmenbuch wurde sie am 24. Februar 2007.

Die „Connect" bekam gleich zur Gründung eine Internet-Domain namens „www.connect-austria.at", Homepage gibt es freilich bis heute keine, lediglich eine E-Mail-Adresse namens office@connect-agentur.at. Eine Abfrage des heimischen Domainregisters zeigt, dass die „Connect Werbeagentur" Inhaber der Domain ist.

Die Mobiltelefonnummer, die auf den Adresskarten der „Connect" angegeben wurde, war jene, die Manfred Stromberger auch als Landesgeschäftsführer der Freiheitlichen in Kärnten verwendete.

Am 1. März 2007 stellte die Abteilung Gewerberecht des Magistrats der Landeshauptstadt Klagenfurt einen Gewerbeschein für „Werbung und Marktkommunikation" aus. Gewerberechtlicher Geschäftsführer wurde Manfred Stromberger, der dem Ansuchen um die Gewerbeberechtigung einen Firmenbuchauszug, seine Geburtsurkunde, seinen Staatsbürgerschaftsnachweis und seinen Meldezettel ordnungsgemäß beigelegt hatte.

Aus der beim zuständigen Firmenbuchgericht hinterlegten Bilanz der „Connect" ist ersichtlich, dass das Unternehmen recht profitabel läuft: Im ersten Geschäftsjahr, das laut Bilanz vom 1. Oktober 2006 bis zum 30. September 2007 lief, wurde ein Bilanzgewinn von 110.851,35 Euro erzielt. Im zweiten Geschäftsjahr, das vom Zeitraum 1. Oktober 2007 bis zum 30. September 2008 reicht, weist die Bilanz immerhin noch einen Bilanzgewinn von 72.598,47 Euro aus (davon 110.851,35 Euro Gewinnvortrag). Die Verbindlichkeiten scheinen im Vergleich dazu verschwindend gering: In beiden Bilanzen liegen sie unter 15.000 Euro.

In der Endphase der Recherche zu diesem Buch ging mir eine Flut von Datensätzen von einer Festplatte eines Computers der Kärntner Freiheitlichen zu. Eine genaue Überprüfung der Datensätze, die bis in das Jahr 2003 zurückreichen, zeigte, dass aus den Metadaten sogar ersichtlich ist, welcher Parteimitarbeiter welches Dokument wann erstellt hat, wann die Daten zuletzt gespeichert und sogar wann sie zuletzt ausgedruckt wurden.

Die Datensätze legen den Verdacht nahe, dass die Freiheitlichen in Kärnten in den letzten Jahren offenbar ein besonders spezielles System der Parteienfinanzierung etabliert haben. Unter den Dateien befinden sich zahlreiche Rechnungen, Briefwechsel, Verträge und weiteres Material. Manche der Rechnungen sind von Stromberger unterschrieben, andere nur als Word-Dokument vorhanden. Sollten diese Rechnungen auch bezahlt worden sein – und das lässt sich beispielsweise durch eine Konteneinsicht bei dem auf allen Rechnungen angegebenen Hypo-Konto der „Connect" klären –, drängt sich eine ganze Reihe von Fragen auf.

Denn die stets recht kurz gehaltenen Begründungen der Rechnungen lassen angesichts der soliden Rechnungshöhen den Verdacht aufkommen, dass diesen hohen Rechnungssummen keine adäquaten Gegenleistungen gegenüberstehen.

Mein erster Gedanke bei der Durchsicht der Datensätze war: „In meinem nächsten Leben werde ich Layout-Berater". Oft ist nämlich derselbe Rechnungszweck angegeben: Für nicht näher definierte „Layout-Beratungen" werden stolze Summen verrechnet. Mitunter wird als Rechnungszweck auch „Anrainer-Beratung", „Beratung Marketing-Konzept" oder „Recherchen, Kontaktaufnahmen und Beratungen" angegeben. Die eingesetzten Rechnungssummen sind enorm: Für diverse Beratungen wurden auch Einzelrechnungen ausgestellt, die in alter Währung die Summe von einer Million Schilling deutlich übersteigen.

Der stets recht kurze Rechnungstext, in dem oft von „Pauschalen" die Rede ist, endet meist mit der Floskel „Wir bedanken uns für den Auftrag und ersuchen um baldige Überweisung".

Aufschlussreich ist, wer für die diversen Beratungsleistungen zur Kasse gebeten wurde: Die Liste umfasst beispielsweise namhafte Baufirmen, die in Kärnten einer regen Geschäftstätigkeit nachgehen, einen namhaften Anwalt, dazu eine Wiener Werbeagentur, deren Inhaber lange Zeit für die Bundes-ÖVP tätig war.

Eine gespeicherte Datei scheint besonders hinterfragenswert: Es geht dabei um eine Rechnung, die an einen „Herrn Stephan Zöchling" von der „RRS Capital Strategic Services" gerichtet ist.

Wörtlich heißt es in der „Rechnung Nr. 105/2007": „Wir erlauben uns, Ihnen nachstehende Leistungen in Rechnung zu stellen: Recherchen, Kontaktaufnahmen und Beratungen in den Wörthersee-Gemeinden Maria Wörth, Krumpendorf, Pörtschach und Velden Euro 22.500 plus 20 % Mehrwertsteuer Euro 4.500, Summe Euro 27.000." Und weiter: „Wir bedanken uns für den Auftrag und ersuchen um baldige Überweisung des o.a. Betrages."

Zudem existiert ein Begleitschreiben, das in zwei Varianten vorliegt. Ein von Stromberger unterschriebenes Schreiben richtet sich an die „RRS Capital Strategic Services – zu Handen Stephan Zöchling", beim zweiten – nicht unterschriebenen – Schreiben ist der Rechnungsempfänger eine „PEM Unternehmensberatung und Beteiligungs GmbH".

Stephan Zöchling ist seit Oktober 2006 bis zum Redaktionsschluss dieses Buches Geschäftsführer bei der PEM und war früher lange Zeit Geschäftsführer der „RSS Capital Strategic Services".

Das Interessante ist Zöchlings Verbindung zu Haiders Landesbank, der Hypo Alpe Adria.

Am 11. April 2007, somit am Tag genau drei Monate bevor die am Datensatz gespeicherte „Rechnung Nr. 105/2007" der „Connect" an Zöchling datiert wurde, schickte Zöchling namens der „PEM Unternehmensberatung & Beteiligungs GmbH" eine Rechnung an die Hypo Alpe Adria Leasing Holding AG, zuhanden Herrn Vorstandsdirektor Josef Kircher.

In dieser „Rechnung Nr. 2" an die Hypo heißt es: „Vereinbarungsgemäß erlauben wir uns, Ihnen für die Vermittlung der Köck Privatstiftung als Investor für die Vorzugsaktien der Hypo Leasing Holding AG mit einem Volumen von EUR 6 Mio wie folgt in Rechnung zu stellen: Vermittlungsfee 1,5 % von EUR 6 Mio". Der Rechnungsbetrag: 90.000 Euro.

Zöchlings Provision stößt aus heutiger Sicht vielen Insidern sauer auf: Denn die Hypo-Vorzugsaktien waren oft ein Selbstläufer. Viele Aktienkäufer finanzierten den Erwerb der Papiere durch Kredite einer Hypo-Tochter. Dabei fielen die Kreditzinsen meist niedriger aus als die von der Bank – über Optionen und Patronatserklärungen – abgesicherten Dividenden. Das Geschäft für die Aktionäre, die den Kauf der Papiere fremdfinanziert haben, war die Zinsdifferenz zwischen Kreditkosten und Dividende.

Der Deal war somit für viele Aktionäre ein sicheres Geschäft. Wozu sollte man also unbedingt Vermittler nötig haben?

Damit wird erstmals deutlich, was im Zusammenhang zwischen der Hypo und Haiders Partei passiert ist: Die Hypo schaltet bei der Vermittlung ihrer Vorzugsaktien einen Provisionär ein, der solide entlohnt ist und im konkreten Fall 90.000 Euro erhält. Wenig später wird bei der Parteifirma „Connect" eine Rechnung für Beratungsleistungen in Höhe von 27.000 Euro an eine Firma erstellt, bei der just dieser Hypo-Provisionär Geschäftsführer ist.

Die RSS Capital Strategic Services existiert mittlerweile nicht mehr. Die Firma wurde in Bearshare Strategic Solutions GmbH umbenannt und schlitterte im Juni 2010 in die Pleite. Der Konkurs wurde mangels Kostendeckung nicht eröffnet. Schon zuvor hatte die Finanzmarktaufsicht der RSS die Wertpapierkonzession entzogen.

Die gespeicherten Rechnungen der „Connect" wurden auch noch zu einem Zeitpunkt erstellt, als der langjährige Parteichef Jörg Haider längst tot war. Dieses unter Haider etablierte System wurde also auch nach seinem Ableben weitergeführt.

Daher hat vor allem ein Politiker Erklärungsbedarf: Laut Vereinsregister des Innenministeriums ist Uwe Scheuch seit dem 15. November 2008 Obmann der „Freiheitlichen in Kärnten", die Alleineigentümer der „Connect Werbe- und Beratungsagentur GmbH" sind. Das bedeutet: Auch unter Scheuchs Obmannschaft wurden namens der Agentur „Connect" zahlreiche Rechnungen ausgestellt – unter anderem auch an Firmen aus dem Wahlbezirk Scheuchs.

Ein Satz, den Scheuch in der „Part-of-the-game"-Affäre ausgesprochen hat, scheint jetzt besonders interessant. Als Scheuch damals angesprochen wurde, wie der Zahlungsfluss in der Russen-Causa abgewickelt werden könnte, sagte er: „Wobei, über die Modalität, die Art und Weise, muss man sich dann halt unterhalten. Ob es über eine Agentur läuft, das fände ich ganz gut, man muss nur irgendwie zuwikommen."

Nun muss geklärt werden: Welche Leistungen hat die Agentur der Kärntner Freiheitlichen für die ausgestellten Rechnungen wirklich erbracht? Standen allfälligen Zahlungen auch adäquate und nachvollziehbare Gegenleistungen gegenüber? Und warum wurde diese Agentur überhaupt gegründet?

Klar ist auch: Hier geht es nicht um ein wenig bedeutendes Kärntner Phänomen. Es geht um grundsätzliche Fragen der österreichischen Parteienfinanzierung und um Fragen der politischen Hygiene. Es geht um mangelnde Transparenz, fehlende Kontrolle, Wettbewerbsverzerrung und somit um Grundfragen unserer Parteiendemokratie.

Wie würde denn in Deutschland mit derartigen Konstrukten verfahren? Die Antwort: Grundlegend anders. Im Fall des FDP-Politikers Jürgen Möllemann ging es im Bundestagswahlkampf 2002 etwa um die – aus österreichischer Sicht völlig banale – Frage der Finanzierung von Flugblättern. Anfang Juni 2003 hob der Bundestag Möllemanns Immunität auf, unmittelbar danach führten Ermittler von Polizei und Staatsanwaltschaft zahlreiche Hausdurchsuchungen durch. Nur eine halbe Stunde nachdem seine Immunität aufgehoben wurde, verstarb Möllemann bei einem Absturz beim Fallschirmspringen. Ermittlungen ergaben später, dass Fremdverschulden als Todesursache auszuschließen war. Im Jahr 2009 wurde Möllemanns Partei wegen seiner Verstöße gegen das Parteiengesetz zu einer Strafe von mehr als vier Millionen Euro verurteilt.

Im Gegensatz zu Österreich gibt es in Deutschland Veröffentlichungspflichten für Parteispenden, Großspenden werden gar alle vier Wochen in Sammelübersichten auf der Homepage des Deutschen Bundestages publik gemacht. Und es gibt horrende Strafen bei Gesetzesverstößen.

Zustände wie in Österreich wären in Deutschland schlicht undenkbar. Umgekehrt gilt: In Österreich ist es undenkbar, dass Strafverfolgungsbehörden in Sachen Parteienfinanzierung derart rigide vorgehen, wie deutsche Behörden das tun.

Epilog

Die Moral von der Geschichte ist einfach zu erkennen: Österreich befindet sich in einem Zustand, der jenem Italiens in den frühen 1990er Jahren ähnelt. Es geht um Korruption, Amtsmissbrauch und vor allem um illegale oder unter aufklärungswürdigen Umständen legalisierte Parteienfinanzierung. Dieses System der wechselseitigen Abhängigkeiten hemmt die wirtschaftliche Entwicklung unseres Landes und führt zu einem dramatischen Anstieg der Politik(er)verdrossenheit. Es manifestiert sich eine Stimmungslage in weiten Kreisen der Bevölkerung, die sich am ehesten mit den Worten „es reicht" beschreiben lässt.

Was Österreich vom damaligen Italien unterscheidet, ist lediglich das Fehlen von physischer Gewalt.

In Italien führten die hartnäckigen Ermittlungen der Staatsanwaltschaften und die damit zusammenhängenden Enthüllungen zum Zusammenbruch der traditionellen politischen Parteien Partito Socialista Italiano und Democrazia Cristiana. In Österreich gibt es derartige Ermittlungen mit derselben Hartnäckigkeit, wie sie beispielsweise Antonio Di Pietro in Italien geführt hat, noch nicht. Die Mailänder Staatsanwaltschaft hat bei ihren Untersuchungen, die unter dem Begriff „mani pulite" subsummiert wurden, innerhalb von zehn Jahren gegen mehr als 5000 Personen Ermittlungen eingeleitet und 1254 (!) Verurteilungen erreicht.

Ein derart rigides Vorgehen der Justiz gegen politische Korruption lässt sich in Österreich derzeit nicht einmal im Ansatz erkennen. Der Punkt, an dem Verdächtige aus der Politik oder mit politischen Verbindungen hierzulande derart rigoros verfolgt werden, scheint weit entfernt. Während beispielsweise die Staatsanwaltschaft München in vergleichbaren Fällen (Hypo und Causa Gribkowsky) die Androhung der U-Haft zum Zweck der Zielerreichung relativ oft und erfolgreich einsetzt, muss in denselben Fällen in Österreich niemand seine Verhaftung fürchten. Auch der Einsatz von Telefonüberwachungen endet in Österreich regelmäßig dort, wo die Einflusssphäre der Politik beginnt.

Allerdings zeichnet sich zunehmend ab, dass die bisherigen Mechanismen, die politisch bedingte Korruption schützen, immer weniger greifen. Die traditionelle Überlastung der Staatsanwaltschaften wurde endlich als Problem erkannt, die Defizite der Strafverfolgungsbehörden im Bereich der Wirtschaftskriminalität werden sukzessive abgebaut, internationale Standards zur Korruptionsbekämpfung (widerwillig aber doch) zumindest teilweise umgesetzt, Schwerpunktstaatsanwaltschaften eingerichtet. Künftig müssen Verfahrenseinstellungen auch öffentlich begründet werden – und ganz entscheidend: Weisungen durch das Ministerium werden auch öffentlich. Wenn diese neue Transparenz auch für die Tagebücher der Staatsanwälte gelten würde, hätten diesem Buch wohl noch weitere Kapitel hinzugefügt werden müssen.

Wohl sind das nur kleine Schritte in die richtige Richtung, allerdings sind diese Maßnahmen dazu angetan, in nächster Zeit noch weitaus umfassendere Skandale aufbrechen zu lassen.

Der Schlüssel zur effizienten Korruptionsbekämpfung und zur weiteren Demokratisierung Österreichs liegt zweifellos in der dringend nötigen Reform des Parteienfinanzierungsgesetzes. Einzig: Um die Ankündigungen der großen Koalition, die schon zu Beginn des Jahres 2011 ein neues Parteienfinanzierungsgesetz vorstellen wollte, ist es sehr ruhig geworden. Das ist verständlich, denn nach mehr als 65 Jahren zwielichtiger Parteienfinanzierung fällt der Abschied vom zweifelhaften Privileg, anonyme Parteispenden in faktisch jeder Höhe von jedermann annehmen zu können, extrem schwer. Die Finanzierung der Parteipolitik durch die öffentliche Hand ist kaum mehr steiger- und vor den Wählern längst nicht mehr argumentierbar. Die zwingende Folge einer sauberen, gerechten und demokratiepolitisch dringend notwendigen Reform wäre somit zwangsläufig mit einer Redimensionierung der Parteiapparate und der extrem aufwendig und teuer geführten Wahlkämpfe und Themenkampagnen verbunden.

In Italien führte der Zusammenbruch des alten Systems übrigens dazu, dass in einer ersten Phase zahlreiche neue politische Gruppierungen entstanden und Miniparteien zu Mittelparteien wurden (beispielsweise die Lega Nord). Die Neuordnung des parteipolitischen Systems hatte zur Folge, dass maßgebliche Strippenzieher der alten Ordnung nun – in einer Art erzwungenen „Flucht nach vorne" – selbst Schlüsselrollen in der neuen Parteienlandschaft einnehmen mussten. Die erhofften umfangreichen Verbesserungen durch die Implosion der alten Traditionsparteien blieben jedoch aus: Durch parteiübergreifende Bündnisse etablierten sich wieder Strukturen, die in ihren Grundzügen den untergegangenen Parteien ähneln. Obwohl die 1. Republik ihr Ende in den Parteispendenskandalen der 1990er Jahre fand, hat sich die Parteienlandschaft innerhalb einer Dekade wieder in einer Form konsolidiert, die sich im Wesentlichen durch zwei „Bündnisse" links und rechts der Mitte auszeichnet und die Macht der alteingesessenen Eliten festigt.

An den Problemen Italiens – beispielsweise an der enormen Staatsverschuldung, an der chronischen Steuerhinterziehung und vor allem an der strukturellen Unterentwicklung des Landessüdens – hat sich im Wesentlichen nichts geändert. Es gelang nicht einmal, die in Italien besorgniserregend lange Dauer von Gerichtsverfahren, die zu zahlreichen Verfahrenseinstellungen wegen Verjährung führten, zu verkürzen.

Was hieße das für Österreich? Die „Es-reicht-Stimmung" scheint derzeit wohl in erster Linie einer klassischen Protestpartei wie der FPÖ zum Vorteil zu gereichen. Allerdings hat genau diese Partei nach ihrer Regierungsbeteiligung im Jahr 2000 unter Beweis gestellt, dass sie selbst nicht als Antibiotikum gegen politisch bedingte Korruption wirken konnte, sondern viel eher als Katalysator der um sich greifenden Selbst- und Parteienbereicherung wirkte.

Österreich steht somit an einem Wendepunkt: Wird mehr Demokratie gewagt, wird Korruption bekämpft, werden endlich jene dringend nötigen gesetzlichen Grundlagen geschaffen, um dieses Ziel auch zu bewerkstelligen, und werden die Strafverfolgungsbehörden mit jenen materiellen und personellen Ressourcen ausgestattet, die nötig sind, um den Anschluss an Westeuropa nicht zu verlieren? Bekommen auch die Kontrollinstanzen, der Rechnungshof des Bundes, die Landesrechnungshöfe, die Kontrollämter und die Innenrevisionen der Ministerien endlich jene Kompetenzen, die echte Kontrolle ermöglichen? Vor allem: Werden diese Institutionen, die in der Öffentlichkeit völlig zu Recht hohes Ansehen genießen, auch endlich einer gesetzlichen Anzeigepflicht unterliegen?

Die nötigen Änderungen wären nicht allzu schwierig herbeizuführen. Im Regelfall reichen einfache Mehrheiten in den Parlamenten in Bund und Ländern, um längst überfällige Mindeststandards in Sachen Transparenz und Kontrolle einzuführen. Das Parteienfinanzierungsgesetz muss geändert und wenigstens an deutsche, besser jedoch skandinavische Standards angepasst werden. Das Um- und Weiterleiten von Parteispenden muss strikt verboten und mit Strafen, die ein Vielfaches der dann illegalen Spenden betragen, sanktioniert werden. Die unerträglichen Privilegien für Abgeordnete, in deren Fall es ausdrücklich erlaubt ist, dass sie von Lobbyisten „angefüttert" werden dürfen, müssen fallen und ersatzlos gestrichen werden. Zudem braucht es ein Lobbying-Register, aus dem klar ersichtlich wird, wer in wessen Auftrag welchen Einfluss auf die Politik ausübt. Schließlich muss das Amtsgeheimnis neu geregelt werden, damit Beamte die Möglichkeit haben, straffrei über Missstände, Misswirtschaft und Korruption an Außenstehende (wie Journalisten) berichten zu dürfen.

Auch für die Justiz muss es Erleichterungen bei der Pressearbeit geben. Die derzeitige Situation führt dazu, dass Hauptverdächtige in der medialen Umsetzung der Ermittlungen zu Herren des Verfahrens werden: Wer in U-Haft sitzt, bekommt jedenfalls umfassende Akteneinsicht. Im Gegensatz zu den Gerichten können und dürfen diese Personen Akten weiterreichen und damit Einfluss auf die Berichterstattung nehmen. Je (einfluss)reicher die Beschuldigten, desto besser und zahlreicher sind ihre Medienberater, die im Zusammenspiel mit ganzen Batterien an Großkanzleien PR-Strategien entwickeln und umsetzen, denen nebenberufliche Pressesprecher der Strafverfolgungsbehörden gegenüberstehen, die noch dazu zum Schweigen verpflichtet sind.

Umgekehrt wird die Jagd auf mutmaßliche Informanten der Medien auf immer obskurere Spitzen getrieben. Abgedruckte Akten in Magazinen führen mittlerweile fast zwangsläufig zu Einvernahmen der Journalisten, obwohl alle Beteiligten wissen, dass diese sich auf das Redaktionsgeheimnis berufen werden und die Ermittlungen nach den ominösen Informanten an diesem Punkt enden. Der zweifelhafte Höhepunkt einer derartigen Whistle-Blower-Jagd fand zuletzt im Bereich der Bundespolizeidirektion Wien statt: Über zahlreiche Tageszeitungen und sogar die Austria Presse Agentur wurde verbreitet, dass in einem Wiener Nobelbezirk in die Villa eines prominenten Unternehmers eingebrochen wurde. Der beschwerte sich darüber, dass diese Information – und vor allem seine Identität – an die Medien durchgesickert war. Daraufhin beauftragte die Staatsanwaltschaft Wien das Büro für Besondere Ermittlungen (BBE) der Wiener Polizei damit, die undichte Stelle zu finden. Nach Vorerhebungen stellte sich heraus, dass rund 150 Polizisten im Bereich der Wiener Polizei von der Identität des Einbruchsopfers gewusst haben dürften. Trotzdem beharrte die Staatsanwaltschaft darauf, dass all diese als Informanten in Frage kommenden Journalisten vom BBE einvernommen werden müssen. Dies band die Kapazitäten der Hälfte des BBE für knapp ein halbes Jahr. Das absehbare Ergebnis: Keines. Wenig überraschend hat sich nicht ein Polizist gefunden, der ausgesagt hat, dass er die Medien über den Einbruch und den Namen des prominenten Opfers informiert hat.

Eine derart unverhältnismäßige Ressourcenverschwendung kennt man sonst nur vom Tierschützerprozess in Wiener Neustadt, wo nach einfachen Sachbeschädigungen nach dem Anti-Mafia-Paragrafen umfangreichste Ermittlungen aufgenommen wurden, als gelte es, Al-Qaida oder die Cosa Nostra zu stoppen.

Dabei wäre der (ohnehin umstrittene) Anti-Mafia-Paragraf im Bereich der politischen Korruption durchaus zielführender und sinnvoller einsetzbar. Es hat sich nur noch kein Staatsanwalt gefunden, der dieses Mittel beantragt hat. Und es würde sich angesichts der Berichtspflicht wohl auch keine Oberbehörde finden, die den Mut hat, derartigen Maßnahmen zuzustimmen. Wobei ohnehin zweifelhaft wäre, ob der Einsatz des Anti-Mafia-Paragrafen gegen politische Korruption überhaupt Sinn haben kann, wenn letztlich die Politik darüber zu entscheiden hat, ob dieses Mittel auch eingesetzt wird. Selbst im unwahrscheinlichen Fall einer Genehmigung wäre die Wahrscheinlichkeit groß, dass die Betroffenen von der Maßnahme informiert wären, bevor diese überhaupt umgesetzt wird.

Und schließlich der zentrale Punkt: Wer in die Politik geht, muss sein Vermögen und sein Einkommen auf den Cent genau offenlegen. Diese Offenlegung ist in kurzen Intervallen zu wiederholen. Dieses Vermögensmonitoring macht es möglich, Vermögens- und Einkommensveränderungen minutiös nachvollziehen zu können, und entfaltet zugleich eine Präventionswirkung, die nicht zu unterschätzen wäre.

Zudem müssen die Lücken im Unvereinbarkeitsgesetz geschlossen werden. Die Möglichkeit, dass ein Justizminister – unter welchem Titel auch immer – von einer Rechtsanwaltskanzlei während seiner Amtszeit ganz legal umfangreiche Zahlungen erhalten darf, muss abgestellt werden. Andernfalls könnte ein Finanzminister nach demselben Muster Geld von einer Steuerberatungskanzlei oder ein Infrastrukturminister von einer Baufirma erhalten.

Und zuletzt muss auch die Pressefreiheit als Rechtsgut über das Bank- und das Steuergeheimnis gestellt werden. Die Öffentlichkeit hat ein Recht darauf, zu erfahren, wer Steuern hinterzieht und sich so auf Kosten der Allgemeinheit bereichert.

Wer, wenn nicht die Medien in ihrer Funktion als „public watchdog" soll denn für Transparenz und Öffentlichkeit sorgen, wenn die Justiz in Fällen politisch bedingter Wirtschaftskriminalität versagt, weil sie von der Politik behindert, ausgehungert und blockiert wird?

„Ende der parlamentarischen Anfrage"